U0619925

深度学习与智能治理

2018上海基础教育信息化发展蓝皮书

Shendu Xuexi Yu Zhineng Zhili

2018 Shanghai Jichu Jiaoyu Xinxihua Fazhan Lanpishu

上海市电化教育馆　组织编著

上海教育出版社

SHANGHAI EDUCATIONAL
PUBLISHING HOUSE

编写指导委员会

主　任　　陆　靖(上海市教育委员会主任)

副主任　　贾　炜(上海市教育委员会副主任)

　　　　　李永智(上海市教育委员会副主任)

　　　　　倪闽景(上海市教育委员会副主任)

　　　　　尹后庆(上海市教育学会会长)

　　　　　袁　雯(上海开放大学校长)

专家组成员

王珠珠(中央电化教育馆馆长)

任友群(华东师范大学党委常务副书记、副校长)

王　宏(上海开放大学副校长)

杨振峰(上海市教育委员会基础教育处处长)

李海伟(上海市教育委员会信息办负责人)

周　飞(上海市教育委员会督导室副主任)

焦小峰(上海市教育委员会基教处副处长、青保处副处长)

黄宗逵(上海市教育委员会基教处副处长)

祝智庭(华东师范大学终身教授、教育技术学博导)

蒋鸣和(上海市教育科学研究院研究员)

董玉琦(上海师范大学教育技术系系主任、教授)

谢忠新(浦东教育发展研究院教育信息中心主任)

仲立新(上海教育报刊总社社长)

缪宏才(上海教育出版社社长、总编辑)

王明政(上海市教育委员会信息中心主任)

张　治(上海市电化教育馆馆长)

编写工作组成员

主　　编：杨振峰

执行主编：张　治

副 主 编：陈　骁　谢忠新

文本策划：徐和祥　许　哲　陈　敏　官芹芳　马　敏

第一部分执笔：谢忠新　刘惠琴　李晓晓　曹杨璐

第二部分执笔：祝智庭　杨晓哲

第三部分执笔：董玉琦　江丰光　胡　航　毕景刚　陈兴冶　高子男

第四部分执笔：张　治　徐冰冰　朱思奇　李馨瑶　顾明诗

第五部分执笔：蒋鸣和

序

2017 年，无论是对中国还是对上海，都有着重要的意义。10 月，举世瞩目的中国共产党第十九次全国代表大会的召开；12 月，国务院批复了《上海市城市总体规划（2017—2035 年）》，明确了上海打造"卓越全球城市"和"社会主义国际大都市"的方向。值得注意的是，此前讨论的"四个中心"和科创中心，在批复中也首次被并称为"五个中心"，作为上海在下一阶段需要深化的核心功能而被提及。这是中央在新时代给上海的新定位、新目标、新要求。

"卓越全球城市"仰赖"卓越于全球的人才"，"卓越于全球的人才"呼唤"卓越于全球的教育"，"卓越于全球的教育"需要"卓越于全球的教育信息化"。上海的教育不可谓不卓越，作为全国唯一的教育综合改革试验区，2009、2012 两次 PISA 测试，上海均夺得全球桂冠；上海的教育，尤其是上海的基础教育，已经成为世界各国认识中国教育的一张"名片"。那么上海的教育信息化是不是也能被称为"卓越"？面对这一问题，我们回答时可能会颇费思量。的确，作为邓小平同志"计算机的普及要从娃娃抓起"这一论断的提出地，就全国范围来说，上海的教育信息化起步最早，一度也是发展最快。但客观地说，"最早""最快"已是"明日黄花"，面对兄弟省市凭借后发优势迎头赶上的局面，我们大概还能说"最早"，但"最快"在今天可能已难以启齿，更何况"最快"也未必就一定意味着"最好"。"没有信息化，就没有现代化"，"没有教育信息化，就没有教育的现代化"；上海的教育，尤其是上海的基础教育要持续保持"卓越"，缺乏卓越的教育信息化的支撑，可能难以为继。面对新时代上海的新定位、新目标、新要求，上海的基础教育的信息化该怎么办？这是个可以被反

复讨论,也应该被反复讨论的大问题。笔者认为,要解答这一问题,先要思考四个"前置问题":

一是要思考上海基础教育信息化下一步的总体方向问题。上海基础教育信息化建设应当面向教育的现代化、面向教育的未来。未来的学校以及学习的场景将呈现怎样的形态,可能谁都不能轻下断言。在我看来,未来的教育至少将有以下四重趋势:一是,教育范式亟待从经验走向科学;二是,教育目标亟待从知识走向能力;三是,教育机制亟待从管理走向治理;四是,教育过程亟待从阶段走向终生。如果没有新理念、新方式支撑下的教育信息化的参与,上述趋势将难以达成。可以说引领、支撑教育走向科学、走向能力、走向治理、走向终生就是上海基础教育信息化的下一阶段发展方向。在这方面,诞生于美国以浸润式全球体验、完全线上授课为特色的密涅瓦大学,以通过信息技术完全个性化提升学生问题解决能力为特色的 altschool 的办学理念和建设方式给我们带来了诸多启示(altschool 目前虽遇到挫折,但这并不意味着它的理念和模式就无可取之处)。

二是要思考教育信息化"先建地区"如何保持领先的问题。上海在教育信息化领域的全国"先发"地位毋庸置疑,但信息化领域的"先发"未必就意味着"优势"。由于缺乏榜样可资参照,缺乏经验可资借鉴,缺乏规章可资遵循,信息化的"先发区域"往往会出现区域内"野蛮生长"的状况。"野蛮生长",从正面说就是"百花齐放",终会催生优质个体,但对区域整体而言,由此产生的个体与个体间的少协调、缺联通、无规范却可能是不容忽视的大问题。因此在下一阶段,上海要更加注重科学前瞻的信息化顶层设计,以规避系统性风险和无序建设,确保资金、技术、人才和资源的合理、合规配置。

三是要思考如何有效提升教育工作者的信息素养的问题。教师在基础教育信息化推进过程中的地位举足轻重,但目前上海教师的信息素养却不容乐观。2015 年的 TALIS 显示,仅有 15.2% 的上海教师经常让学生使用 ICT(信息与通信技术)完成项目或作业,该比例不到国际平均值 38% 的一半。这一结果暴露了上海教师在应用信息技术进行教学实践上的不足,说明上海教师的信息素养亟待提升。此外,需要特别指出的是,由美国国际教育技术协会(International Society for Technology in Education)发布的 2017 版教师教育技术标准(ISTE - Educator)首次将适用对象从教师(Teacher)变为全体教育工作者(Educator)。这从一个角度表明，信息素养在教育领域具有全局必要性，不仅是教师的必备素质，也是全体教育工作者适应时代和社会发展、促进教学和提升管理效能以及制定科学教育决策的必备素质。这提醒我们，教育领域所需提升信息素养的不仅仅只有教师，还包括教育管理者、教育科研人员等。

四是如何有效提升学生信息素养的问题。提升学生的信息素养是持续推进教育信息化的目标与保障。实践表明，课堂是提升学生信息素养的有效空间。长期以来，上海都非常重视利用课堂、利用课程培养、提升学生的信息素养。2017 年，新的高中课程标准出台，义务教育阶段课程标准的制定工作也会提上议事日程。新课标背景下，我们既要做好上海信息科技课程的升级改版，也要利用信息化手段去推动各学科课程实施方式与评价方式的改革创新。课程实施方面，信息技术的发展使得高层级的信息交互成为可能，其将在开课环境和实验条件方面为基础教育阶段的学生提供更符合其认知特点的资源和环境，从而为教学赋能；课程评价方面，技术环境下的教学过程、结果等将以数据的形式被实时记录、储存、挖掘、分析，从而实现教学的伴随式记录、过程性评价。

事实上，上海教育界对上海教育信息化的发展有着清醒的认识，上述四个问题已受到广泛关注。近年来，上海各级教育行政部门和各中小学高度重视教育信息化的作用和价值，锐意改革、推陈出新，推出了一系列新做法、好做法，本书中的一些案例即是其中典型。当然教育信息化的推进不是一蹴而就的，但我们相信，在智慧、勤奋的上海教育人的推动下，上海的教育信息化，尤其是基础教育信息化，一定能续写辉煌，成为中国教育向全世界展示的一张"名片"。

任友群

二〇一八年四月二十日于丽娃河畔

目　录

扫一扫，获取更多有关上海基础教育
信息化发展的精彩案例。

第一章
上海市基础教育信息化的实践探索

　　《上海市中长期教育改革和发展规划纲要（2010—2020 年）》提出了，到 2020 年上海要率先实现教育现代化，而教育信息化是上海全面实现教育现代化进程中一项紧迫而艰巨的任务。上海基础教育信息化自 2015 年以来主要围绕教育教学主战场，在全面优化教育信息化基础设施与应用环境的基础上，深入实践探索信息技术的大规模与常态化教育教学实践应用，在基础教育信息化的实践探索上形成了一定的特色与亮点。

上海基础教育信息化近几年来是如何进行实践探索的？基础教育信息化的现状如何？有什么特色与亮点？本章在调研基础上进行了比较全面的回顾与总结，其中第一节探讨基础教育信息化基础设施与应用环境优化，后面几节主要围绕信息技术在教育管理、课程教学、学生自主学习、综合素质评价和教师专业发展五个方面的应用，进行了比较全面的总结与归纳：

➤ 信息化推动教育管理向教育治理转换的探索；

➤ 新技术支持下教育教学手段和模式改革的探索；

➤ 信息化环境下以学生为中心的新型学习方式的探索；

➤ 大数据等技术支持下学生综合素质评价的探索；

➤ 网络研修助推教师专业发展的探索。

第一节
教育信息化基础设施与应用环境全面优化

上海市教育信息化基础设施和应用环境持续优化,全市义务教育阶段学校信息化建设等教育资源配置逐步标准化、均等化。各区域教育数据中心建设不断完善,在此基础上整合、完善与建设区域各类信息化系统平台,规范学校各类信息化系统建设,促进信息化基础设施、业务流程、数据的整合、优化和共享。教育网络安全防护升级,各区域建设教育网站群,加强网络安全设备建设,完善教育网安全运维和监控手段,探索区域统一网络与信息安全保障体系。

一、教育信息化基础设施与设备规范配置

1. 教育城域网与校园网络

上海教育城域网在原有基础上扩展教育专用光缆 2 100 多千米,建设 37 个主干节点,覆盖全市所有区,实现宽带网络"校校通"。上海市中小学校互联网接入方式和校园网主干带宽情况如图 1-1-1 和图 1-1-2 所示,核心主干带宽提升至 100 Gbps,与 CERNET 互联出口达 20 Gbps,与运营商互联带宽超过 15 Gbps。

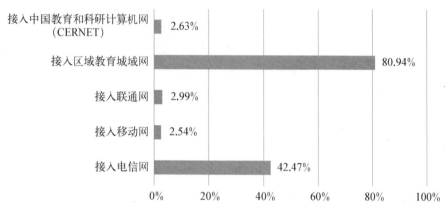

图1-1-1 上海市中小学校互联网接入方式

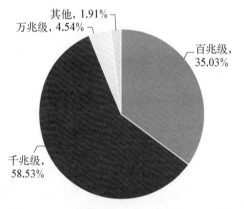

图1-1-2 上海市中小学校校园网主干带宽

全市各级各类学校基本形成了"网络可访问、资源可获取、师生可交流"的信息化环境。各区"校校通网"全面覆盖本地区所有教育单位,并万兆接入上海教育城域网。包括农村学校在内的中职学校、中小学及幼儿园的宽带接入率达100%,完成学校校园网建设的学校占比99.56%。本市最近一年因网络故障而停止服务的时间平均为0.27小时/月。

郊区农村义务教育学校信息化环境建设力度逐步加大。上海从2015年起在全市范围内启动了城乡义务教育一体化促进工作,推进义务教育资源配置标准化、均等化,到2020年将实现全市义务教育阶段信息化建设统一标准,提升全市基本公共教育服务水平。例如:浦东新区义务教育阶段学校共计304所学校/校区,2017年无线网络覆盖学校达128所,预计2018年新增100所,2019年将全部建设完成;虹口区义务教育阶段学校 2015 年无线网络覆盖学校 6 所,2016 年增加 6 所, 2017 年再增加 4 所。

2. 普通教室互动多媒体设备

全市中小学普通教室互动式信息化教学环境持续优化,配置了多媒体电子白板(或投影机,或大屏幕电视,或组合使用)、数字视频展示台、中央控制系统、音响、计算机终端等设备及宽带网络支持,满足各学科课堂多媒体互动教学需求。根据 2017 年上海市学校信息化发展状况各区统计数据,各区平均每所学校配有多媒体投影设备的情况以及平均每所学校能够连接外网的教室数量情况如图 1-1-3 所示。

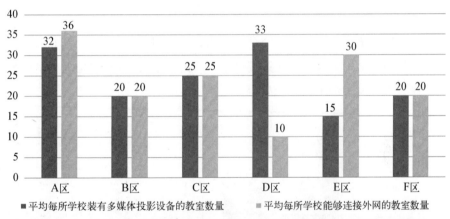

图 1-1-3 各区平均每所学校配有多媒体投影设备/能够连接外网的教室数量

平均每所学校配有多媒体投影设备的教室数量最高的区与最低的区相差较大,前者是后者的近 2 倍。平均每所学校能够连接外网的教室数量最高的区与最低的区的差距也较为明显,前者是后者的近 4 倍。学校多媒体教室平均使用率为 74.45%(多媒体教室平均使用率=平均每间多媒体教室一周使用多媒体设备教学的课时数/平均每间多媒体教室一周总排课量,平均每间多媒体教室一周总排课量一般为小学 30 课时,中学 40 课时)。

3. 教师与学生信息化终端

根据各区义务教育阶段统计数据,2017 年上海市各区中小学在职教师总人数与教师用计算机比(简称"师机比")如图1-1-4所示,各区师机比均小于等于1,所有教师都有独立的计算机可用。

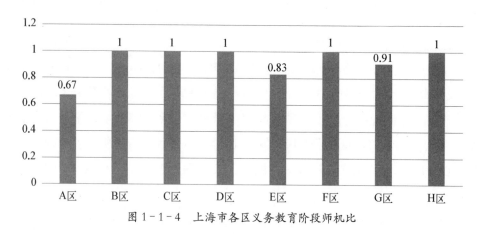

图1-1-4　上海市各区义务教育阶段师机比

教师在校教学用各类信息化终端设备占比情况如图1-1-5所示,其中台式机在教师开展教学用到的信息化终端设备中所占比重最高,其次是笔记本电脑,平板电脑在教师开展教学中使用比较少。

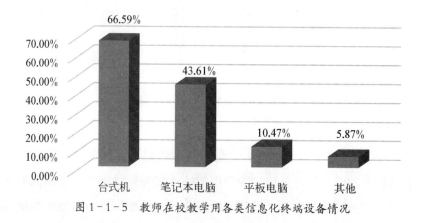

图1-1-5　教师在校教学用各类信息化终端设备情况

根据各区义务教育阶段统计数据,2017年上海市各区中小学生总数与教学用计算机比(简称"生机比"),如图1-1-6所示。生机比最高的区约每5名学生拥有一台计算机,绝大部分的区约每6~8名学生拥有一台计算机。从全市来看,生机比最低的区近每20名学生拥有一台计算机,与生机比最高的区差距较为明显。

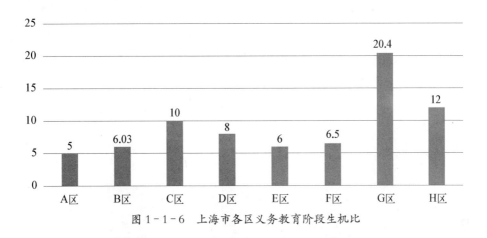

图 1-1-6　上海市各区义务教育阶段生机比

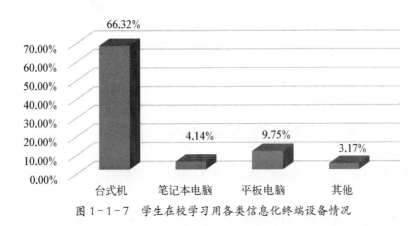

图 1-1-7　学生在校学习用各类信息化终端设备情况

　　学生在校学习用各类信息化终端设备占比情况如图 1-1-7 所示,学生在校学习用到的信息化终端设备以台式机为主,相对而言,平板电脑的使用率要高于笔记本电脑。

　　4. 创新实验室

　　上海中小学创新实验室已经初步形成"与基础型课程配套的学科性创新实验室、与拓展型课程配套的体验式创新实验室、与研究型课程配套的主题化创新实验室"三层递进的实验室配置新形态。截至 2016 年底,上海共建设中小学创新实验室 1 141 个,学校覆盖率如图 1-1-8 所示,小学阶段为 40.97%,初中阶段为 55.45%,高中阶段为 82.93%,涉及生命科学、物理、化学、工程技术、地理、信息技术、艺术、金融等众多学科(或跨学科)和领域①。已经建设的创新实验室类型集中在创客实验室、机器人实验室、3D打印实验室、虚拟实验室,如图 1 - 1 - 9 所示。中小学创新实验室建设进入全面普及期,至 2020 年上海每一所中小学至少要建一个创新实验室,实现中小学创新实验室全覆盖。

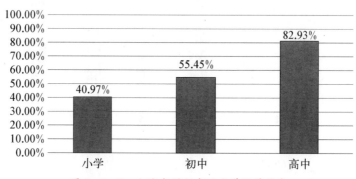

图 1 - 1 - 8　上海市创新实验室学校覆盖率

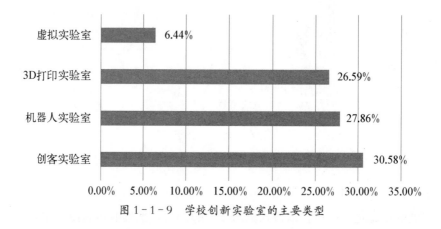

图 1 - 1 - 9　学校创新实验室的主要类型

二、基于区域数据中心的统一认证与数据服务

上海市注重以用户为中心,夯实构建"统一认证中心"和"统一数据中心",在此基础上整合、完善与建设区域各类信息化系统平台,规范学校各类信息化系统建设。整合现有区域系统平台的认证体系,推进区域教育身份统一认证,对接市级教育身份认证联盟,为各个教育系统提供统一的认证入口。遵循数据标准和系统开发规范,开展

---

①　徐倩. 装备,为未来教育做好准备 2017 第二届上海国际教育装备博览会侧记[J]. 上海教育,2017
(30): 56 - 57.

学生数据、教师数据、学校数据等区域数据的整合与互通,实现与市级数据的对接。

在市级层面,上海教育数据中心(IDC)已完成基本建设并全面投入使用,有力支撑了上海市义务教育入学报名系统、高中综合素质评价系统、学校安全管理中心以及教育部国家教育管理信息系统、省级云平台等一大批教育核心业务系统的运行。

在区级层面,例如:长宁区以教育数据中心为依托,建设完成长宁教育统一身份认证中心,方便、可靠、安全、高效地实现各类教育应用系统的用户接入,并能与市级身份认证平台相互对接。该数据中心提供全区师生一人一个账号,通过统一的登录界面进行用户认证、单点登录,进而为集成的应用系统提供访问控制功能,支持 web 应用、移动应用、客户端应用、网络接入、代理、VPN 各种类型的统一认证。部分学校的无线网络也接入统一认证中心,并与"高校无线通"系统互通,实现跨校认证,让学生便捷地无线上网。目前数据中心已与长宁教育行政平台、人事系统、学籍系统、招生系统、管理通系统、GIS 系统、微视频系统、卫生系统、师训系统、问卷调查系统、家校共育系统、学业评价系统、安保系统、学生考勤系统、门户网站等平台实现了数据交互,促进了信息交换、流通与共享,提高了信息的准确性、实效性,提升了数据质量。又如:黄浦区近两年致力于数据中心(EDC)规划建设,将原来传统的数据中心改造为虚拟数据中心,在此基础上逐步建设黄浦教育私有云,提高资源利用率和管理效率,降低运行和维护成本,开放共享资源,为区内各单位提供云服务。①

在校级层面,除了市、区两级大力开展区域数据中心的统一认证工作之外,各学校也关注到各校级平台割裂分离的状况。近年来,各校采用各种方法,解决常用管理信息系统之间的统一身份认证问题。目前,已经实现统一身份认证的学校比例达60%,如图 1-1-10 所示。

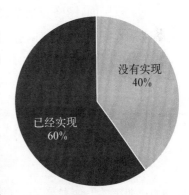

图 1-1-10 是否实现统一身份认证的学校比例图

三、区域统一网络与信息安全保障体系

随着信息化的快速发展和信息技术的广泛应用,网络安全面临的威胁持续加

① 李宁. 借力教育信息化促进黄浦教育腾飞[J]. 现代教学,2017(Z1):25-26.

大。为了应对新形势,《中华人民共和国网络安全法》自 2017 年 6 月 1 日起正式施行。教育行业网络与信息安全工作关系着教育信息化的稳步推进和教育事业的改革发展。为深入贯彻中央关于网络安全工作的总体部署,落实《国务院关于大力推进信息化发展和切实保障信息安全的若干意见》(国发〔2012〕23 号)与信息安全等级保护制度的要求,加快建立健全教育行业网络与信息安全保障体系,提高防护能力和水平,保障教育事业健康有序发展,上海市各区着手建设智慧型教育网站群,提升网站服务质量,同时加强网络安全设备建设,探索构建区域统一信息安全保障体系。

在区级层面,以青浦区自 2015 年开始学校网站集群化的建设工作为例,该区通过近三年的努力,已经建立起一个统一标准、统一技术体系、统一数据格式的网站集群管理系统。将区域内所有公办中小学及幼儿园纳入网站集群服务,这从根本上杜绝了安全隐患,同时加强了区教育信息中心的网络安全设备建设,防范和规避安全问题,保障了网站集群的稳定和安全运行。又如:浦东新区 2017 年启动教育城域网信息安全升级项目,进一步增加了教育数据中心安全防护设备,完善了教育网安全运维和监控手段,形成了教育网安全大数据分析和安全预警系统,实现了安全威胁可识、安全态势可视、安全过程可溯、安全事件可控。

在学校层面,网络安全系统功能也日趋完备。由图 1 - 1 - 11 可见,在网络防病毒这一主要的功能之外,近三分之二的学校网络安全系统已陆续具备信息过滤、网络运行故障监测、入侵检测以及数据备份和容灾等关键功能。

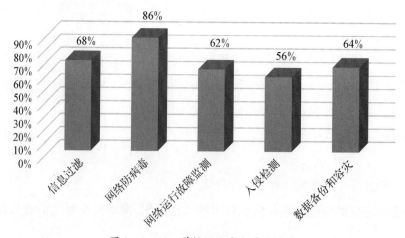

图 1 - 1 - 11　学校网络安全系统功能

第二节
信息化支撑智能治理的全方位探索

　　为促进基础教育优质均衡发展,扩大优质教育资源覆盖面,消除区域信息孤岛,上海市教委按照《教育部关于印发〈教育信息化十年发展规划(2011—2020年)〉的通知》(教技〔2012〕5号)等通知要求,全面推进应用平台建设,以推进管理的科学化、规范化、高效化进程,努力实现智慧型教育服务体系。

　　一、全市统一信息化管理与决策系统的建设与应用

　　1. 上海市学籍管理系统

　　根据《教育部关于印发〈教育信息化十年发展规划(2011—2020年)〉的通知》(教技〔2012〕5号)、《上海市教育委员会关于印发〈上海市教育信息化"十二五"发展规划〉的通知》(沪教委科〔2012〕1号)以及《上海市教育委员会印发〈关于建立上海市基础教育学生信息管理系统的通知〉》(沪教委基〔2012〕46号)要求,上海市于2012年着手建立基础教育学生信息管理系统,全面推进基础教育学生学籍信息化管理。

经过学生学籍信息管理系统前期的建设，形成了"一套市级系统＋一套区级系统"的基础框架，实现了统一系统、统一数据、统一版本、统一运维和功能定制的基本要求，为全市 1 600 余所学校提供学生电子学籍管理服务。该管理系统已完成对自身重点核心业务流程的优化和改造，建立起可靠权威的上海市基础教育学生、学校数据中心，也完成了与教育部学籍系统的对接。并根据第三方的业务发展需要，该管理系统与统一认证机构、招生报名部门、教育考试院等第三方机构建立了对应的数据对接机制。该系统有助于全面、真实掌握全市范围中小学生信息，实现全市中小学生电子学籍卡全覆盖，从而构建起上海市统一的学籍信息管理平台。

上海市基础教育学生学籍信息管理系统自建立以来，为各级各领域教育部门在基础教育阶段学生的学籍管理、电子学生证及毕业证制证、普通高中学生综合素质评价、义务教育入学报名、中考及高中学业水平考试报名、特殊教育信息通报、中小学专题教育、学生成长信息记录、学生体质健康监测、学生帮困助学、教育经费保障、日常管理和政策决策等工作提供了真实、准确的基本数据支持和应用管理服务，同时也为市、区各级教育行政部门在决策中提供数据支持与统计等各类数据分析服务。该系统是全市首个统一的学籍信息管理化平台，也是全市唯一的学籍数据中心，为全市 16 个区、4 个后方基地、近 1 600 多所学校以及各级教育行政部门相关人员提供服务。同时，该系统还面向全市 140 万学生及家长，提供呼叫中心服务。2017 年 1～9 月，总呼入量 16 986 个，其中学籍异动呼入量 9 554 个，占总呼入量的 56.25％，跨省转学问题占异动呼入量的 89.24％，高峰期为 9 月。该系统平台还处理了学籍邮箱邮件 1 282 封，主要问题集中在学籍异动，所占比例为 61％。

2. 上海市义务教育阶段入学报名系统

根据《教育部办公厅关于进一步做好重点大城市义务教育免试就近入学工作的通知》（教基一厅〔2014〕1 号）和教育部《关于进一步做好小学升入初中免试就近入学工作的实施意见》（教基一〔2014〕1 号）的精神落实义务教育免试就近入学要求，上海市教育委员会基础教育处 2014 年 6 月启动了上海市义务教育入学报名系统，并顺利完成了 2015 年、2016 年和 2017 年的入学报名信息化业务服务工作。

上海市义务教育入学报名系统包括招生准备、信息登记、民办报名、入学报名验证分配、公办分配或统筹、统计分析等业务环节或模块功能,基本涵盖了小学和初中招生的所有流程环节,满足各区义务教育入学报名工作的基本要求。构建流程规范的入学报名系统,这有助于推动义务教育招生工作的公正、公平、公开,利用信息技术手段实现全市招生信息的统一登记、统一管理,提升招生报名工作的信息化管理水平。

上海市义务教育入学报名系统每年要服务近 30 万家长及 1 万多名工作人员,为全市小学一年级近 20 万入学适龄儿童(包括特殊儿童)和近 15 万初中新生提供在线的、公平的、公开的入学报名环境和便捷高效的入学报名服务。

上海市义务教育入学报名系统一方面实现了全市层面利用信息技术手段规范管理入学报名工作的目的,另一方面入学报名系统信息登记和录取结果的数据又全面应用到了基础教育学籍管理系统中,大大提高了数据的利用效率,使得学籍系统的数据更加完善和准确。上海市义务教育入学报名系统的建设,改变了传统的招生报名方式,首次实现了招生报名网络化,招生信息更加公开透明,极好地为教育行政部门控制择校提供了有效管理手段,形成更为有力的社会监控体系。与此同时,系统的应用首次为教育行政部门提供了准确的数据预测与数据分析,为其决策提供依据。

二、各区深入推动以信息化实现区域与学校管理的现代化

1. 区级层面

在上海市教委的统一要求下,在各个区教育局的领导下,为推进区域各项业务工作,各区域构建了丰富的信息技术应用平台,为区域教育及管理现代化发展提供了有力的保障。各区根据自己区域情况进行区域平台建设,开展区域教育教学管理工作,其中部分区级教育信息化管理应用平台数量如图 1-2-1 所示。

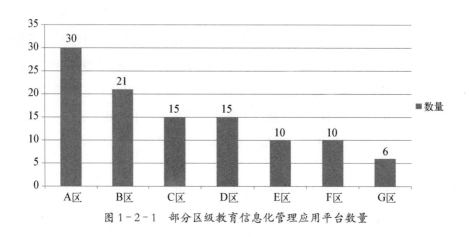

图 1-2-1 部分区级教育信息化管理应用平台数量

信息化应用成为学校办学新常态
浦东新区

浦东新区建立多个区级教育信息化应用平台，近三年来用户使用量较大的是浦东教育门户网站、浦东教育云平台、浦东教师研修社区、教学评比竞赛平台、教学视频资源平台等。该区学校管理信息系统主要包括教学教务信息系统、图书馆信息系统、办公自动化（OA）系统、人事管理信息系统、学生管理信息系统、财务信息系统等。

浦东新区于2014年推出了浦东教育云服务平台，为教师提供教育网专用邮箱、即时沟通工具、在线资源分享等云服务，帮助浦东教师更好地利用先进信息技术工具开展教育教学活动，助力探索全新的区域教师网络协同研修模式。浦东中小学课堂教学评价系统的开通，实现了对教师课堂教学全过程的信息化支持。基于"移动终端"的评课方式，可以帮助教师更便捷、更客观地进行课堂教学观察、记录与评价。除此之外，相关教育信息化应用的系统平台还有许多，如教育人力资源综合信息管理系统、教育信息化基础平台等。这些平台的构建和使用逐渐使得新区教育信息化从"形成"阶段过渡到"应用"阶段。

2014年，浦东新区建平实验小学重新构建了学校的信息化应用框架，废除了多个数据信息不能相通的系统，并重建了基于新框架下的多个应用系统,学校信息化应用取得了前所未有的突破。学校几乎所有的智能部门都在当前的应用环境下找到了合适的应用点,信息化应用已成为学校日常办学的常态。

在线"二次"学习平台
静安区

静安区研发了具有丰富课程资源、注重反馈互动、习题训练高度定制的在线"二次"学习平台。该平台能够分析二次学习需求、精细诊断学习问题、提供学习方法、开发微课及给出个性化学习评价,满足学生个性化学习的需求。平台既有生生、师生间的实时互动模块,又提供学习与训练的高度自选、定制,同时还支持大数据的反哺教学功能。学生在平台上能实现随时、随地、随需、自驭、自主地进行个别化、辅导性"二次"学习;教师借助后台数据分析系统,可以及时反思研究并改进教学行为。作为平台主要资源的微课程,既满足全体学生层面的共性需求,又满足学生的个性需求;既能预设,也能生成;既关注对知识的介绍,也关心对学习方法的传授;既支持补救学习,也关心兴趣发展。该课程体系兼顾学习与评价,注重培养学生反思性学习能力,有助于实现学生学习自信与自驭、自调控学习能力的提升,形成互助、互动的学习风尚。

面向未来的教育信息化平台
黄浦区

黄浦区近三年来用户使用量较大的信息化平台是学科教研网、教育科研网、区教育门户、人事管理系统、学籍管理系统等。该区学校的管理信息系统主要包括教学教务信息系统、图书馆信息系统、办公自动化系统、科研信息系统、设备资产管理信息系统、人事管理信息系统、后勤服务信息系统、学生管理信息系统、档案管理信息系统和财务信息系统等。黄浦区教育信息化系统规划基于现代信息技术的教育信息化整体架构,以泛在技术为支撑,更新和完善信息基础设施建设,打造具有未来教育信息化特征的区教育数据中心系统平台和教学研究平台[①],推进数字化学习资源库建设和网络教育视频系统建设。

数据服务平台
长宁区

长宁教育着力建设数据服务平台,对数据中心采集的数据进行积淀、清理与过滤,形成数据同步异常报警机制,确保数据的权威与精准,并从应用主体的视角进行处理、转换和重组,将不同来源的各类数据汇总整合,实现用户关联、时间关联、业务关联、逻辑关联,形成数据网络,支撑不同用户需求。该数据服务平台实现了与市级平台的数据对接,打破了以往单条线分别上报的烦琐状态,统一通过平台进行业务和数据的上报汇总。在数据关联、整合的基础上,该平台还尝试对数据进一步加工与挖掘,开展探索性的数据分析工作。比如,通过跟踪近三年长宁各学段的招生生源情况,分析本区与外区生源流进流出的变化趋势,该平台尝试为研究长宁教育影响力、教育政策、学校宣传等方面提供数据支持。通过对某个学生在长宁微视频平台和家校共育平台上课程学习的数据分析,该平台尝试捕捉该学生的学习难点、学习习惯,为将来实现学习资源的精准推送提供支持。通过将学科教师的年龄、学历、职称、性别比例等与该学科教研活动频率、教师所属学校学科成绩水平、该学科师生比等相结合,尝试为教师专业发展提供数据支持,为全区教师招聘与师资分配提供数据支持。

J课堂微视频制作及运用
普陀区

普陀区区级教育信息化应用平台近三年用户使用量较大的是普陀教育网、普陀教育党建网、普陀教育办公平台、财务监管平台、人力资源平台。该区学校的管理信息系统主要包括教学教务信息系统、图书馆信息系统、办公自动化系统、科研信息系统、设备资产管理信息系统、人事管理

---

① 李宁.借力教育信息化促进黄浦教育腾飞[J].现代教学,2017(Z1):25-26.

信息系统、学生管理信息系统和财务信息系统等。普陀开展了基于教育部信息化试点项目下的区域核心项目"J课堂微视频制作及运用研究",结合大数据分析系统和智慧教育云平台,促进信息技术与教育教学全面深层次融合,为学生的个性化学习指点迷津,促进教师专业发展,最终实现普陀教育的化茧成蝶。[①] 每所学校根据不同学段的具体情况利用并优化数字环境,建设导学平台,重构学习流程,借助新型课程资源和数据系统来拓宽学生学习空间,支撑学生自主学习并实现科学精准评价。通过有效探索,各校纷纷形成了一系列富有学校特色的微课程、数字化学习资源,总结出了校本化数字平台学习策略和信息技术下教育教学新模式。

围绕数字教材做文章
虹口区

虹口区围绕数字教材这个"纲",基于课堂教学的应用需求,成立区项目组,配套教学信息化平台和学科应用软件,如在线翻转课堂平台、E-Learning教学广播系统、"一体化"学习工具、教学资源编辑器、Lab Camera等。

建设集约化网站集群系统
青浦区

青浦区区级教育信息化应用平台近三年用户使用量较大的是用户中心、学科学习平台、人事管理信息系统、财务信息系统、图书馆信息系统等。学校的管理信息系统主要包括教学教务信息系统、图书馆信息系统、办公自动化系统、科研信息系统、设备资产管理信息系统、人事管理信息系统、后勤服务信息系统、学生管理信息系统、档案管理信息系统、财务信息系统等。区域通过集约化网站集群系统的建设,实现了青浦区教育系统网站信息资源的高度共享。在青浦教育门户、图片网、教育机构信息公开网、学校门户、双微报送等平台之间实现了资源的共享共用,为广大师生和公众获取信息提供了平台支撑。

---

① 姜新杰.普陀J课堂的秘密[J].上海教育,2016(12):22-27.

一体化的网站群技术支持平台，为学校网站建设工作提供更好的服务。朱家角中学善用信息化平台提升教学和管理效率。从2014年底起，学校对校园网站进行了从界面到功能的全面改版，同时引入以学生成绩管理系统为核心的基础数据库，让每个学生都有校园网账号，都能查询自己在高中三年学习的所有学科成绩。教研组把每次教研活动情况发布在网站上，可以起到备忘录的作用，教研组长在学期末就能依此快速查阅一个学期做的主要工作。教师可以利用拓展课选课系统申报课程，经教导处审核通过后，学生可以利用双休日在网上报名。学期末教师可以在系统中给学生打分，学生也可以对任课教师进行评价，并由此评选出最受欢迎的课程。从实施两年的结果来看，拓展课的种类和数量大幅增加。结合师资培训，学校又完善了资源库平台，教师按照师训要求，把教学设计、学习体会、命题策略等资料上传到平台，师训负责教师进入后台将数据折合成校本培训的分数。用数据说话保证了师训分数的公开、公正，也解决了以往师资培训、校本培训的内容问题，同时教学资源的共享又促进了教学。

区校信息系统的日常使用
奉贤区

奉贤区近三年用户使用量较大的是教育办公平台、视频应用平台、食堂监控平台等。学校的管理信息系统主要包括教学教务信息系统、图书馆信息系统、办公自动化系统、设备资产管理信息系统、人事管理信息系统、后勤服务信息系统、学生管理信息系统、档案管理信息系统、财务信息系统等。

"互联网＋"见习教师网络社群式学习平台
嘉定区

嘉定区近三年用户使用量较大的是嘉定教育公共服务平台、FTP服务、督导平台、干部考核等平台。学校的管理信息系统主要包括图书馆信息系统、档案管理信息系统和财务信息系统等。为了提升教师浸润式培训的学习效果、减轻教师日益增长的工学矛盾,嘉定区教师进修学院联合沪江教育科技、蒲公英教育智库等众多优质资源,创设了"互联网＋"见习教师网络社群式学习平台,使教师培训的教与学可以不受时间和空间的限制,拓宽了知识获取渠道。互联网设备与培训课程之间的融合,形成了"人人、时时、处处"的学习环境。"互联网＋"研训教的培训方式,提供了师德、科研、教研的全方位支持,既有通识培训课程(即专家讲座及经典教学案例分享),又有专业研修(即教师基本技能及德研、教科研能力培养)。

2. 学校层面

除区级层面的信息化管理系统之外,学校也根据自己的学校特色建立信息化管理系统与学校门户网站。据统计,上海市多数学校均建立了校外可以访问的门户网站,部分区统计数据显示,相应学校的比例大都接近100％,如图1-2-2所示。

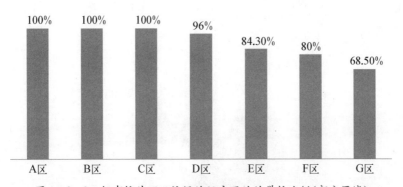

图1-2-2　拥有校外可以访问的门户网站的学校比例(部分区域)

学校管理信息系统主要有教学教务信息系统、图书馆信息系统、办公自动化系统、科研信息系统、设备资产管理信息系统、人事管理信息系统、后勤服务信息系统、学生管理信息系统、毕业信息系统、档案管理信息系统、财务信息系统等。调研数据显示,学校使用最多的信息化管理系统是图书馆信息系统、财务信息系统、教学教务信息系统、办公自动化系统、人事管理信息系统及学生管理信息系统等,如图1-2-3所示。

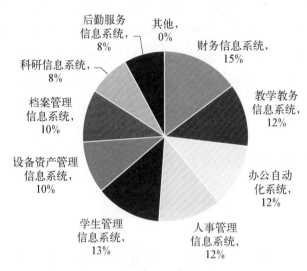

图 1-2-3 学校的管理信息系统

目前,许多学校已开展校园一卡通的建设与应用,校园一卡通集成了学生证、教职工证、图书证、上机卡、餐卡、考勤卡、家校通等卡片的功能。调研数据显示,校园一卡通系统中应用最多的功能是图书证、餐卡、考勤卡等,如图1-2-4所示。

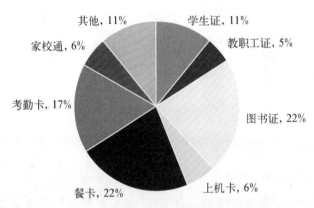

图 1-2-4 校园一卡通系统功能使用情况

在利用信息技术促进班级管理和家校互动方面,教师和家长的沟通联系方式也更加多元化。各学校在保留电话、短信、邮箱等传统联系渠道的基础上,微信、QQ以及家校通平台(专用软件)等即时高效交流工具已经成为家校沟通的主流方式。各交流手段的应用比例如图1-2-5所示。

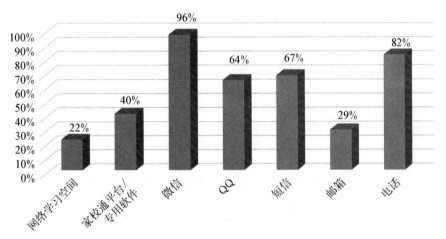

图1-2-5 常用的家校互动方式

第三节
新技术支持下教育教学手段和模式改革多元深化

深化信息技术与教育教学的融合,强化信息技术对课程与教学改革的服务与支撑,指导和推动学校聚焦教育改革发展过程中的核心问题和关键环节,将信息技术融入教学模式创新过程,以创新促发展,有效促进教育服务供给方式、教学模式的变革,不断引领学生发展核心素养。

一、基于互动多媒体设备的常规教学

随着各区对信息化教学环境的投入和改善,互动多媒体设备成为全市班级教室的常规配备,基于互动多媒体设备的课堂教学已成常态。在面向全市教师进行的"信息化发展状况调研"问卷中,"您使用多媒体教学资源(如 PPT 课件、视频、动画等)进行教学的频率","经常使用(每周使用1~2次)"和"总是使用(几乎每节课都用)"的教师比例达到82%。具体结果如图1-3-1所示。

全市教师利用信息技术教学的时间平均约为 3 小时/周,学生利用信息技术的学习时间约为 2 小时/周;能够利用信息技术开展教学的学科教师比例约为

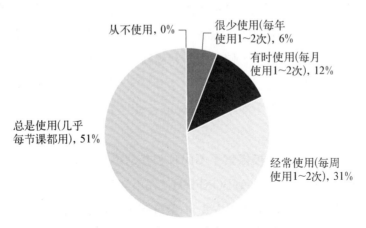

图 1 - 3 - 1　多媒体教学资源使用频率

94.14％;在所有学科中,最常使用信息技术进行辅助教学的学科是语文、数学和英语;在教学过程中,教师最常使用信息化手段的教学环节是备课、上课和实验;教师最常使用的数字教学资源是 PPT 课件、微课和几何画板等学科教学软件,图 1 - 3 - 2 中图形与字体大小表示教师喜欢使用该类资源的程度。由此可见,目前利用互动多媒体设备进行课堂教学已成常态,但是师生使用技术还较为集中在教学的部分环节,信息技术手段支持作业、评价等环节还有待于进一步深入和广泛地开展。

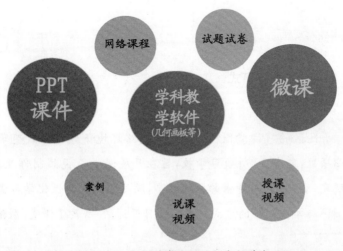

图 1 - 3 - 2　教师最常使用的数字教学资源

各学校在实际应用过程中,同时结合学校其他平台和设备,积极探索各学科教学特色。例如:浦东复旦附中分校探索以电子白板为核心的交互环境下实现基于问题的探究式课堂教学;黄浦区储能中学利用数字化技术——网络互动教学平台来加强高中生命科学的实验教学;格致中学开展了 iThoughts 思维导图在高中人文地理教学中的实践;海华小学利用 Moodle 云教学平台,对教学资源进行组织与应用等。

除此之外,各学校还积极探索了不同种类互动终端产品的应用。例如:宝山区长江路小学积极开展"盒子鱼(BOXFiSH)"在小学英语教学中的应用,经过几年的应用实践,对该产品的教学应用方式、有效性和改进问题等内容进行了深入的分析和思考;浦东祝桥高级中学开展了基于手持终端学生阅读指导的实践研究;上海市实验学校和浦东龚路中心小学利用 App 产品,对学生进行英语口语训练,提升学生的英语能力。

二、基于微课程的翻转教学

在前几年快速发展的基础上,微课程和翻转课堂呈现出广泛、扎实应用和理性、多元化发展的态势,各区积极探索区域整体推进模式,学校和学科广泛而深入地探索微课在支持深度学习上的途径和方法,在实践的基础上积极提炼各种应用模式,积累本土经验。

1. 区级层面

"J课堂"教育模式
普陀区

普陀区的"J课堂微视频"作为"网络环境下学习方式变革实验"区域核心项目,包含39所项目学校,旨在开展课堂微视频制作及应用的本土化研究[①],促进优质资源的区域共享,满足学生的个性化学习需求,实现教师"教"与学生"学"的方式转变。项目开通了"普陀J课堂"微信公众号,推

---

① 周飞,杨建华,雷云鹤,文玲铃. 基于"J课堂"微视频教学变革的实践与研究[J]. 现代基础教育研究,2014,16(04):30-38.

出项目动态、特色学校、达人教师等栏目,促进"J课堂"研究成果的推广和交流。区域"J课堂"研究激发了区内学校信息化研究的热情,提升了区域整体的信息化研究水平,保证了区域资源共建水平的不断拓宽和深化;也通过优质资源共享的途径,帮助了师资力量薄弱学校,寻找到教育质量突破的方式,从区域层面切实推进了教育的均衡发展。[①] 项目各实验学校在已有的实践基础上,积极探索微课程应用的校本特色,如洛川学校提出"课前、课中、课后"三段式教学设计,形成校本化的微视频研究系统模式;普陀教育学院附属学校从实践中发现问题、解决问题,将研究成果再次应用于实践,形成了"3L"课堂学习模式,开辟了学校课堂信息化的新路径。

"二次"学习微课系统
静安区

静安区高中生命科学学科教师探索了"高中生命科学自主性'二次'学习微课程建设与平台研发"。"二次"学习微课系统的特色包括:支持个别化自主选择学习,提供学生个性化学习及问题解决方案,智能推送可供学生自主搜索学习的动态学习资源;通过"静安作业定制",个性化自定义作业训练系统;重视"会学习"素养的养成,通过个人学习档案中的电子错题集帮助学生形成反思性学习方法等。该项目让学生能够随时、随地、随需、自取、自主地进行"二次"学习,同时让教师借助后台数据分析系统,及时反思研究并改进教学行为。

2. 学校层面

基于云端部署的 SPOC 学习平台
上海市第三女子中学

上海市第三女子中学(简称"市三女中")在对国外微课程和翻转课堂深入研究分析的基础上,提出以 SPOC(Small Private Online Course,即

---

① 周飞.学生即用户,学校即创新主体——上海普陀区信息化提质的体会[J].人民教育,2016(08):58-60.

小规模限制性在线课程)与在线协作学习为主的、符合学生学习认知习惯的混合式学习模式,并通过整合 iPad 上的 App 应用进行高中教育实践。不同于慕课或是优酷等视频网站上的微课学习,SPOC 所强调的小规模、封闭的教学环境,更能满足中学教学对教学内容的可选择性与教学角色的多元化这两大功能性需求。基于 SPOC 学习平台的教学设计中,学科知识性教学内容以知识点为单位上传至在线学习平台,教师可以借助知识点标签与标题索引标签等文件管理功能,直观全面地构建并管理整个课程的知识体系,并根据课堂实际教学情况,灵活调整教学进度、教学难度,补充教学资源帮助学生巩固课后学习。同时,基于云端部署的 SPOC 学习平台,教师可以根据学情数据,对知识点和知识框架进行及时调整,对课程进行有针对性的二次开发。与慕课、微课等一对一的互动交流方式不同的是,在线协作学习模式下,学生通过小组合作学习的方式、以协作编辑小组报告的形式进行合作交流,成员之间可以进行多人即时观点表述,利用"话题标签"与"成员提示"等功能进行有序讨论与有效沟通,并且由于成员还可以通过"话题标签"与圈划批注提示对整个合作过程进行及时回顾整理,让整个讨论过程有序且高效。

探索"前置学习"的学习模式
虹口丽英小学

虹口丽英小学在微视频、微课程的应用中,探索了"前置学习"的学习模式。"前置学习"教学模式是依托数字化学习环境,借助数字化课程资源,将部分原本应在课堂内学习的教学内容前置到课堂教学活动前,由学生根据相应的学习引导支架开展的自控式学习(学习的时间、场所、进度、方式等由学生自主控制)。它不同于完全的课堂的"颠倒",也不是一般意义上的预习。具体步骤如下:教师将部分学习内容制作成数字化学习资源推送至学习平台,引导学生开展自控式学习;学生通过教师精心设计的前置学习,达成初步学习的目标,激发深度学习的欲望;课内教学从"以教学内容为中心"转变为"以学生实际需求为中心";教学评价从"单一、单向"转变为"多元、多样"。

除此之外,仙霞高级中学开展了"地理创新实验室中基于微课的协作学习",泥城中学开展了"微视频辅助农村初中数学学困生"的实践探索,上南中学南校在初中历史课堂中运用微课,开展"微课的制作和在课堂中的使用——基于'差异教学'的实践和思考"教学方案。

三、基于数字教材的教学方式转型

1. 市级层面

2013 年,上海市教委教学研究室正式启动了"上海市中小学数字教材实验项目",实现了上海市现行全部教材的数字化,为数字化课程环境的应用增添了一个至关重要的资源支撑。该项目旨在通过数字教材的应用来促进教学方式转型,围绕功能体系、教学应用、推进策略进行实践探索,重点探讨在不同信息化条件下学校开展数字教材应用的可行性与有效性。通过建立合作共同体、引导研究进程、注重教研推进、强化深度分析等方式,规范、有序、持续地推进数字教材学校应用研究。截至 2017 年春季学期,全市数字教材实验学校共 41 所,实验班级 281 个,分布在 8 个区,以普陀和虹口两个整体试验区来开展数字教材建设与教学应用实验。

本项目研究提炼了数字教材应用推进的条件,初步发现了数字教材应用对于学科教学与个性化教学的影响。在得出研究结论的同时,也形成了系列物化成果:

（1）开发匹配教学方式转型要求、运行稳定的数字教材阅读软件。

（2）提出基于学校环境的数字教材应用形态建议。

（3）发现适当增加应用深度有助于促进教学方式转型。在应用研究推进过程中,总项目组提炼出由无必要应用、模仿性应用、中层次应用、深层次应用、联系性应用组成的数字教材应用水平体系,作为分析数字教材应用情况的基础。

（4）初步提炼有助于优化有应用研究辐射价值的数字教材的应用模式,包括自主学习模式、互动交流模式和诊断改进模式。对于每种模式,均提供操作流程,说明实施要求,并提供典型案例。

2. 区级层面

在区级层面上,作为首个整体试验区的虹口区,提供了如下实施经验:

（1）重构教学应用环境,做好基础保障。虹口区率先进行区域环境建设顶层设计：将市级信息化系统、区级信息化系统、区域教育资源中心、区域教育数据中心、安全运维监控系统及智慧校园进行有效整合，实现教学数据共享；在软件方面，围绕数字教材这个"纲"，基于课堂教学的应用需求，区项目组配套教学信息化平台和学科应用软件，如在线翻转课堂平台、E-Learning 教学广播系统、"一体化"学习工具、教学资源编辑器、Lab Camera 等；在运维方面，构建适合虹口区的教育信息化运行维护服务管理 ITSM 外包运维体系，完善教育系统网络信息化运行维护质量评价体系与服务标准，使得整个项目的应用投入发挥最大效益；在机制方面，通过制定《虹口区学校信息化专项评估制度》，有效推进项目的实施和学校信息化建设。虹口区通过"自评＋评审＋督导调研"的方式，深入推进信息化专项督导工作。

（2）以数字教材为抓手，促进学科融合，实现流程优化。在以"数字教材"为抓手的区域教育信息化应用方式引领下，实验学校纷纷进行"前置学习、再造课堂""有效课前预习""调整课堂教学策略"等方面的专项研究，建立了良好的互动教研制度，积累教学应用案例，提炼学科应用特色与推广模式，并取得一定成效。

（3）发展了各学科的应用特色。具体来说，语文学科就阅读学习中的阅读素材扩展、写作学习中的协同修改、多元媒体写作方式等方面开展探索实践；数学学科探索在"数"与"形"的学习中，促进数形转换、逻辑思维发展的具体教学方法；英语学科就词汇学习方法、会话中的学习情境营造以及自适应阅读软件系统的学习使用与学习诊断开展了探索；科学类课程通过虚拟实验突破受传统实验条件限制的科学知识的教学，尝试在真实实验中运用各类传感器将科学实验手段精细化；艺术类课程探索如何丰富学习者对美的感受性体验，拓展学习者艺术表达的可能性。[①] 在社会学科中，虹口区尝试以初中历史、地理学科的教与学经验为基础，进行实践创新。

四、基于智慧教室的新型互动生成教学

近三年来，以智能录播、多屏幕互动、无线技术为主要特征的智慧教室，随着电子书包、数字教材的推广逐渐在教学中得到了广泛的应用。在新环境、新技术的支持下，融合智慧课堂理念的环境构建以及软硬件资源的提供，在师生互动、生生互

---

① 姜新杰."互联网＋"助推教育变革[J].上海教育,2015(10)：48-50.

动、学习过程和学习结果的即时呈现与交流方面显示出巨大的优势。

构建智慧校园
浦东新区

　　浦东新区 2015 年启动"浦东新区市、区两级示范性高中智慧校园建设项目",以浦东新区 26 所市、区两级示范性高中为试点项目学校,以物联化、集成化、智能化为主要技术路线,以学校实际需求为导向,以应用为核心,突出以人为本的服务观,将智慧导入校园各个系统、过程和基础设施中,将信息化深植于教学、科研、管理和生活的各个方面,构建智慧校园。

　　该项目按需为试点学校建设智慧教室,配备了多种功能模块和交互设备,包括"智能交互一体机""教师触控屏""多个小组显示屏""人手一台平板电脑""自动录播的摄像头",形成"墙上""课桌上""手中"三维立体的全方位互动教学模式。在智慧教室环境中,泛在网络环境提供无线接入,便于师生、软硬件设备、教育资源之间的无缝连接,实现课堂中各组成要素之间良好的互动,共同构建交互自然的学习环境。教室硬件突出课堂教学需要和对人的关注,为学生配备符合人体工程学的课桌椅,活动课桌椅均是灵活的、易于移动及组合的(如设计成梯形、六边形或三角形),以便根据不同教学形式的需要拼接、组合成适度规模的学习小组。[1]

　　在课堂中,师生能利用各种智能移动终端获取教学资源、实施教学活动,借助触控技术和多屏幕交互实现了教师、学生之间的多元互动。师生利用教学互动软件进行实时交互,实现从"灌输式"的讲授到"启发式""案例式"教学的逐步引导,让教学真正"动"起来。课堂录播系统对课堂中学生的学习进程进行记录,并存放在云存储服务器上供学生和教师使用。[2] 基于云端的课程资源服务平台,预设性教学资源和生成性教学资源同步积淀,为教师的教和学生的学提供了足够的支撑和服务。视频会议系统

---

① 陈卫东.未来课堂的空间设计:以学习者为中心[J].中国信息技术教育,2012(10):76 - 81.
② 王麟,陈卫东,叶新东,许亚峰,张甦敏.未来课堂视域下的关键技术研究[J].中国远程教育,2012(10):57 - 64.

可以任意组合多个教室形成虚拟课堂进行远程高清互动教学,为学习者打造开放的学习空间。

数字化智慧课堂建设
闵行区龙柏中学

闵行区龙柏中学通过探索教育环境信息化、教学技术数字化、师生交互网络化的序列实践,提出了数字化智慧课堂建设,作为推进和连通三者的关键环节、立足点和抓手。在学校教育信息化框架下,学校借助于Aischool平台的应用,开展数字化智慧课堂的项目研究,完成了数字化智慧课堂教学流程的重构,初步建构起"自主预习—以学定教—多元互动—合作探究—检测反馈"的"数字智慧课堂"教学流程。其核心在于以导学案为载体的自主学习,以小组合作为基础的同伴学习,以教学目标为依据的达标检测。在此基础上,形成数字化智慧课堂的教学方案及其信息化支持系统。学校自2014年9月开始在学校各年级开展分步骤、全覆盖的常态化教学实验应用研究,初步探索了覆盖各学科的应用方式,提炼总结了各学科的应用流程。在实践探索过程中,初步形成了"自主合作式""情境体验式""探究创客式"等学习流程,并逐步完善,使其逐渐成为主要学习方式。

五、基于可穿戴设备与VR的沉浸式教学

可穿戴设备是当前科技领域研究的前沿技术,其在教育领域的应用目前已成为广大教育研究者探讨的热点问题。而虚拟现实(VR)技术可以帮助学生实现虚拟与现实的转换,完成体验式学习,让冷冰冰的知识更具有生命力、更加真实,让课堂更加活跃,让学生注意力更加集中,沉浸在模拟真实的三维情境中,体验和感受学习内容。过去的三年中,上海也有多个区和学校开展了基于可穿戴设备与虚拟现实技术的教学。

基于运动手环的跟踪教学
闵行平南路小学

闵行平南路小学开展了基于运动手环的教学实践研究,对学生体质

进行可视化跟踪,为学生体质的总体发展奠定了较好的数据基础。课堂中,教师借助运动手环,全面掌握全班学生的平均运动强度,让体育课上的运动负荷得到了可视化监控,使体育活动的种类和强度设置更为科学合理。同时,通过监控学生的运动数据,教师可以为个别学生进行有针对性的体质干预,从而在数据的辅助下实现对每个学生的实时关注。教师通过系统查看某一学生的详细运动强度,并通过运动曲线了解该学生的课堂投入度。此外,该系统还可自动监控学生的运动情况,当运动强度达到预警值时会发出提醒信号,让教师及时、准确地找到干预对象。

六、基于数字化实验系统(DIS)的理科教学

数字化实验系统(Digital Information System,以下简称"DIS")是上海市中小学数字化实验系统研发中心(以下简称"研发中心")历经十余年研究项目"中学物理教学的革新:数字化实验系统(DIS)的研发与应用"的成果。它把信息技术与实验教学进行了深度的融合,达到了改变教师教学方式和学生学习方式的研究目标。该项目于 2010 年荣获教育部基础教育改革科研成果一等奖,于 2014 年荣获上海市教学成果特等奖、国家级教学成果一等奖。

近三年来,研发中心秉承"驾驭信息技术、服务理科教学"的工作宗旨,不仅延续了在数字化实验领域的创造力,更聚焦于 STEAM① 综合科学教育实践领域持续发力,取得累累硕果:

1. DIS 智能实验仪器的开发,突破了物理实验教学的难题

DIS 智能实验仪器,特指将传感器和数据采集器集成在物理模型或科学模型内部,直接连接计算机的实验数据采集分析系统,属于 DIS 的高级应用形态。DIS 智能实验仪器实现了信息技术与实验教学的深度融合,极大地方便了教学应用。以下是已获得国家发明专利的代表性系统。

---

①　STEAM 由 STEM 演进而来,其中 STEM 包含科学(Science)、技术(Technology)、工程(Engineering)和数学(Mathematics),新增的 A 不仅仅指艺术(Art),更广泛地包含了美、语言、人文、形体艺术等含义。

（1）DIS 电磁定位板——"魔板"系统。

该系统巧妙地将电磁感应原理（高中物理必修内容）应用到平面内运动物体的定位领域，结构简单、形象直观、测量精密、用途广泛，可以用同一个实验系统完成单摆、伽利略斜面、机械能守恒定律验证、离心轨道、平抛运动、斜抛运动、匀速圆周运动、运动的合成、自由落体运动、阻尼振动等十余个初、高中阶段的实验。

（2）DIS 光电计时测距系统——"π"系统。

该系统首创将高精密度光电编码轮应用于新型轨道小车的设计，使轨道小车具备了自主计时、测距、测量直线运动时速度和加速度的能力，突破了传统运动学实验的工具体系，尤其在弹性碰撞与非弹性碰撞实验领域取得了前所未有的理想结果。

（3）DIS 数字静电实验器。

该实验器在电荷存储领域取得了突破性成果，实现了在实验过程中静电电荷的稳定采集和长期存储，并实现了静电电量的数字化显示，开启了静电实验的新篇章。它对于广大南方潮湿地区的静电实验教学的贡献尤为突出。

（4）DIS 机械能守恒实验器 2.0 版。

机械能守恒是上海"二期课改"高中物理教材中的学生必做实验。2003 年定型的实验器 1.0 版结构复杂、安装不便，研发中心凭借十年来的技术积累，对该实验器进行了集中攻关，成功按照智能实验仪器的标准将其升级到了 2.0 版，解决了老版本的问题，大幅度提高了实验精度。

2. DIS 与移动平台的对接，拓宽了学生学习的时空

DIS 本身就是信息技术与课程教学整合的产物，因此也必然随着信息技术的发展而与时俱进。近年来，研发中心加强了 DIS 与移动平台的支持力度，并且在与国际接轨的大格局下，积极进行多元化的开发。

鉴于平板电脑和手机的性能提升和应用普及，研发中心适时展开了针对上述移动设备 App 应用开发的研究，并通过对 DIS 软硬件的系统升级，实现了让广大教师和学生使用平板和手机等移动设备随时随地做实验的梦想，现已在闸北第八中学取得了良好的应用成果。

研发中心果断决策，在很短时间内就完成了 DIS 从 Windows 系统向 Chrome

系统的迁移,使得 DIS 走出国门,与美国国家航空航天局在科学探究仪器研发方面建立了初步合作。

3. DIS 在 STEAM 领域的突破,实现了向课内、外实践的延伸

研发中心成立之初,就涉足了与 STEAM 相关的研发领域,并形成了 DIS 模块组合机器人 1.0、模块组合逻辑电路 1.0/2.0 等教学工具,并且明确写入了上海"二期课改"高中物理教材。随着技术的积累和进步,研发中心在近几年显著加强了在 STEAM 领域的研发投入,先后沿着升级换代、改造扩展和全新研发三条道路,获得了多项成果。

(1) DIS 现有 STEAM 装备的升级换代。

DIS 模块组合机器人属于 DIS 已有装备中最为纯正的 STEAM 教具。该教具的前身,系研发中心主任冯容士于 20 世纪末在全国自制教具大赛中的获奖作品——模块机器人。冯容士主任率先提出了由"传感器 + 控制器 + 执行器"构成的自动化控制系统模式理论,早在多年前即被业界所认可。DIS 模块组合机器人 1.0 版设计于 2002 年,经过十年服役,技术已显落伍。研发中心集中力量,对该机器人进行了升级换代,所推出的 2.0 版综合运用了当今主流的软硬件技术并重新进行了外观设计,提供了更为强大的用户编程系统,整体教学功能比 1.0 版有了显著提高。

(2) DIS‐DIY 系列教具的开发。

所有的自动控制系统,都由"传感器 + 控制器 + 执行器"构成。研发中心在传感器领域经历了十几年的耕耘积累之后,于 2017 年初开始着手开发 DIS‐DIY 系列教具,目前主要有以下三种类别:

DIS 传感器控制电路。该电路由传感电路和控制、执行电路组成,被安装在绘制了该系统电原理图的示教板上,可清晰地展现基于传感器的自动控制的原理和过程。按照传感器的不同,该控制电路可分为光敏、声敏、热敏以及计时和计数等类别。

DIS 传感器回控系统。该系统不必编程,而是借助内置于 DIS 通用软件中的回控功能,将计算机作为控制器加以使用。所有的传感器都可以作为控制信号的来源,而控制信号则通过 USB 数据线输出到系统附带的自动控制开关或自动控制

执行器上。自动控制开关可外接其他设备执行复杂控制，而自动控制执行器则可为用户提供控制样例。

可编程 DIS 传感器自动控制系统。借助研发中心提供的一个可编程模块，使用者一方面可将所有 DIS 传感器作为控制信号源加以使用，另一方面可自行设置任意类型的执行装置。

（3）DIS"超级模块"系列 STEAM 教具。

模块化，不仅是现代工业文明的产物，更代表着一种思维方式和哲学思想。将事物分解成模块加以认识，再将不同的模块有机组合成全新的事物，是 STEAM 教育的重要内容。对此，研发中心早有深刻的理解、认识和实践。在模块组合机器人2.0 版升级完成之后，研发中心即展开了 DIS"超级模块"系列教具的研究。DIS"超级模块"的基本定位是通过将自动控制系统进行模块式分解，使各模块分合自如、百变百搭，将抽象的模块化思维形象化并发展成为 STEAM 教育的生动样例。

第四节
信息化环境下以学生为中心新型学习方式的探索初显成效

如何利用大数据、专题教育课程、名校慕课、智能化学习平台、数字化实验室等各种信息技术手段来推动学生学习方式的变革，是上海基础教育信息化这几年一直努力探索的内容。

一、基于大数据与网络平台的个性化作业与学习

课外作业作为教学全流程中的一个重要环节，其负担重、不具个性化的问题一直饱受争议。随着数据技术的发展，各学校纷纷进行了基于大数据与网络平台的个性化作业与学习的实践探索。

极课大数据
奉贤区阳光外国语学校

奉贤区阳光外国语学校依托极课大数据，优化初中数学教学。极课大数据的基本理念是：基础教育学业采集与学情追踪反馈系统基于图像

算法和数据分析模型,通过对学生所做作业的扫描批阅,获得作业中反馈的大量信息,让教师、学生和家长都能科学地了解到学生的学习状况,从而有针对性地解决问题,提高学习效率。它帮助教师在第一时间内准确地获取班级学生每道题的正确率、重点需要关注的学生和每个学生的成绩。教师通过这些数据能及时地了解到学生对知识的掌握情况,从而准确地分析出每一位学生知识结构的薄弱环节,为学生的个性化发展提供保障。① 学校在应用实践中,通过试卷追踪、查看试卷详情,快速形成针对性的诊断报告,让试卷讲评课更为有的放矢,让新授课教学更加有效。另外,平台数据还能帮助学生建立个性化的学习包。

数字化平台电子作业库
宝山区长江路小学

宝山区长江路小学开展基于数字化平台电子作业库的建设和实践研究,让教师和学生摆脱耗时低效的传统英语作业,提高了学生学习的有效性和积极性,减轻了教师批改作业的负担。电脑以数字量化图表的形式显示学生的练习情况,统计每位学生每一题的得分率和错题情况,通过图表对比显示学生每个阶段练习的差异情况。电子作业库把每位学生的错题积累在错题集中,并在复习时把错题放入复习巩固练习中,通过复习让学生做到举一反三,建立优质作业库。教师通过观察图表和数据,分析学生学习困难点,反思自己教学设计中的问题,及时更改教学内容,对个别学生的问题进行有针对性的单独辅导,进而提高学生学习和复习的效率。该系统能够精准分析学情,制订个性化的学习方案,做好每个学生的学习成长记录,教师也能从具体数据中分析学生的成长状况,有利于进一步提优辅差。

数学作业平台
奉贤区塘外中学

作为一所远郊地区的农村初中学校,奉贤区塘外中学在大数据背景

---

① 顾秋婷,宋秀云.极课与微课融合的实践探索[J].基础教育研究,2016(19):48-49.

下打造基于题目研究与专业数据分析的数学作业平台,开发"唯真学习"的 App,为教师提效、为学生减负,进而提高教学质量。软件提供初中在线作业设计和管理平台、错题难点等班级(或个人)的学情统计分析及管理等功能;对每一个学生的学习情况进行跟踪,准确反馈,方便学生查漏补缺,进行有针对性的学习,达到"以学定教"和"减负增效"。教师通过平台提供的学习结果和错题情况,可以及时精确地了解学生的学习效果。

二、基于专题教育网络课程与平台的自主学习

1. 市级层面

为进一步整合中小学专题教育课程资源,加强对专题教育教学和评价的专业指导和管理,切实减轻中小学生过重的课业负担,丰富学生学习经历,促进学生的全面发展和快乐成长,上海市开发了"中小学专题教育网络学习平台"(http://ztjy.edu.sh.cn/)。拥有本市学籍的中小学生,均可登录该平台,自主学习专题教育网络课程。课程内容涵盖安全与防范、法律与道德、环境与健康、民族与文化、综合与实践五大主题,贴近学生生活实际,表现形式活泼,多采用动画和互动游戏的形式,具有较强的趣味性。从 2013 年开通至 2017 年 10 月,平台上已经上线的课程有 70 余门,访问量达 6 500 万,学习人数达 56 万,累计在 12 个区开展应用推广活动,每年参加学习的人数超 30 万,人均获得 8 学分。

2. 学校层面

在校级层面上,随着技术产品和技术手段的进一步丰富和发展,各学校积极探索原有校本特色课程的进一步发展方向,如通过各种技术终端工具创设新的学习环境,利用微信平台等社交互动手段,对专题教育内容的广度和深度进行拓展延伸,创新自主学习的新方式。

> **沪语文化创新实验室**
> 杨浦区惠民中学

　　杨浦区惠民中学的"沪语文化创新实验室"以培养学生学习、了解、喜爱、传承上海文化为出发点,以学生沪语文化教育基地建设为抓手,以学

生沪语文化体验创新实验室为平台,整合资源、合力推进,传承上海方言,引领学生了解沪语文化的历史与发展,充分发挥资源优势,让更多的中小学生通过这一全新窗口认识和了解沪语文化的魅力。

"触摸"传统文化
奉贤区思言小学

奉贤区思言小学确立了"向着儒香生长"育人理念,将传统文化精髓作为学校内涵建设特定的文化基因,以"'触摸'传统文化创新体验"项目为载体,探索传统文化教育与现代学校教育相融合的途径,让技术助力学生对传统文化的体验。学校购置了壁挂式宽体触屏一体机、立式触屏一体机、茶几式触控屏、平板电脑等电子触屏阅读设备,在大厅、走廊、阅览区设置了多处联网的触控显示终端,循环播放传统文化的音视频资料,让学生置身于相对开放的多媒体环境中,方便学生自主操作学习;打造了"书香雅苑"校园智能图书馆,购买了1万多册电子读物软件,如《弟子规》《三字经》《节气》等触屏电子读物,安装在各种终端上,让学生随时能感受和品读传统文化。除此之外,学校还打造了"非遗项目 App 软件",包括非遗项目的介绍、区《贤文化读本》以及学校重点推进的纸艺、舞狮、棕编、触摸乡村生活、探寻家乡历史、感受金汇港文化等互动非遗项目;"经典诵读App 软件",开展唱诗行动,通过编写反映核心价值观的诗文,让优秀传统文化通过音乐走进校园课堂,走进学生心灵;"琴棋书画 App 软件",让学生直接在电子屏上体验弹古筝、下象棋、写书法、绘国画,通过点击可以了解各项目的详细介绍。另外,学校还利用安全体验教室、心理云平台、智慧图书馆等平台的创建以及基于移动终端环境的设计,开展丰富多彩的德育主题活动,不断推动德育教育的发展,为校园注入新的活力。

学生家庭自主学习模式
宝山区宝虹小学

宝山区宝虹小学将学校的微信特色与市教委教研室的数字教材试验项目相整合,深入研究利用数字教材系统化存储的功能、微信平台即时沟通的功能,完成了语数学科自主学习任务书模板的设计,形成了开展学生家庭自主学习一般流程,初步形成了学生家庭自主学习的模式。这一新的学习模式吸引家长一起参与到了学生的家庭学习中,深化其家校合作的意识,并让学生在家庭中的自主学习更有效。教师在分析学生自主学习的结果之后,可以及时调整和改善课堂教学,并结合学校的微课资源库、评价系统,不断促进数字教材的应用试验。

三、基于高中名校慕课平台的研究性学习

"上海市高中名校慕课平台"(http://gzmooc.edu.sh.cn,如图 1-4-1 所示)是由市实验性示范性高中和市特色高中提供课程,向所有初高中学生分享优质、特色拓展型和研究型课程资源的网络学习平台,旨在提升中学生信息化环境下的学习能力,推进高中学校特色多样发展,培养贯通信息技术与教育教学的师资队伍。慕课平台自 2016 年 3 月试运行至今,平台课程已扩容到 58 校 176 门(如图 1-4-2 所示),学生注册人数 27 744,其中有 25 794 名学生进行了选课,学习参与率达到 93%。学生覆盖了 657 所初高中学校,其中选课的初中学生 15 241 名,占选课群体的 59%;高中学生 10 553 名,占选课群体的 41%。截至 2017 年 9 月底,

图 1-4-1　上海市高中名校慕课平台

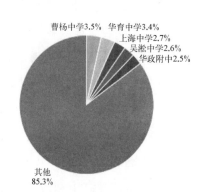

选课学生所属学校分布

曹杨中学	906
华育中学	870
上海中学	704
吴淞中学	671
华政附中	655
其他	21988

选课学生所属区县分布

曹杨中学3.5% 华育中学3.4%
上海中学2.7%
吴淞中学2.6%
华政附中2.5%
其他 85.3%

图 1-4-2 上海市高中名校慕课平台选课学生所属学校分布图

平台共计有 153 位教师或团队在慕课平台中授课,530 名教师开展了专题研修工作。

除课程建设、共享和研修之外,该项目已经开始了对学生慕课学习数据的挖掘分析,并尝试对学生的慕课学习的主动性、自觉性、坚持性、认真度以及学习倾向性等方面进行评价,对学生的思维品质、核心素养、行为表现等方面进行分析,以此研究中学生在线学习特点,引导学生学会在线学习。

四、基于智能化学习管理平台的自适应学习

在国家《教育部关于推进中小学教育质量综合评价改革的意见》(教基二〔2013〕2 号)和上海市推进高中学生综合素质评价改革的背景下,上海市电化教育馆于 2016 年组织建设了研究型课程自适应学习平台(http://moor. shzhszpj. com)。该平台系统以自适应学习理念和技术为基础,是集资源富集与推送、学习引导与辅助、过程数据记载与挖掘、学生学习管理与评价于一体的智能化学习管理平台。它不仅仅是一个课程学习平台,其目的是依托信息化的手段实现研究过程的管理及评价、学习者行为数据的收集和分析、优质资源的汇聚和个性化推送、多种研究模式的融合以及学习者多维度的综合分析,为学生开展研究性学习提供智能化指导,提供各类优质的资源服务,提高学生的探究能力,为教育决策和分层分类培养创新型人才提供参考。

研究型课程自适应学习平台(如图 1-4-3 所示)自 2016 年 7 月底上线试运行至今,已开设 87 所中学的管理员账号,平台用户 25 771 人,其中学生 23 977 人,指导教师 1 692 人,校长 14 人,校级管理员 87 人,平台管理员 1 人,有效课题总数 19 010 个。

图 1-4-3　研究型课程自适应学习平台

五、基于数字化创新实验室的自主实践探究

《中共中央国务院关于深化教育改革全面推进素质教育的决定》(中发〔1999〕9 号)指出,要"试行国家课程、地方课程和学校课程"三级管理的课程政策,是我国基础教育课程政策和管理体制的重大变革,催生了诸多校本课程的建设。随着"互联网+"教育的不断深入,校本课程的建设也在不断创新。结合学校自身特色,跨学科、智能化的创客类校本课程开发备受关注,其通过学生终端设备、3D 打印设备、虚拟现实设备等在课内外的应用,有望实现自主、便捷、高效、个性化学习。新的课程发展方向正是在于鼓励探索开展跨学科学习(STEAM 教育)、创客教育等

新教育模式实践,广泛实施信息技术支持的合作学习和自主学习,满足师生的创新应用需求,促进教学理念、教学模式和教学内容改革。

校本课程的数字化实施
虹口区曲阳第四小学

虹口区曲阳第四小学"科技坊"校本课程的数字化实施,将信息技术运用到课程管理、课程环境、课程教学实施、课程评价等教学的诸多方面,收获了技术助力的系列行动成果。学校建造了名为"梦幻列车"的开放式科技长廊和能互动体验的"中华古船楼",为科技教育提供了典型的互动式学习场景。学校还开发建设了电子课程平台,深化"科技坊"电子学案的建设,设计学生科学探究的活动方案,并为其提供课程动画、科普资源、自测平台等探究资源、手段等,引导学生有目的、有内容、有方法地体验探究过程;搭建了网络交流平台,利用 QQ 连线将科学家请进"课堂",利用 baidu、google 瞬间就把学生带进知识海洋。学校的教学环境发生了可喜的变化:基于网络教学进行教学方法变革,网络测试提供了教学依据;网络交互,让学生共享学习过程;应用软件,实现学生的个性化发展;电脑工具,有效化解学习难度;可视技术,关注学生的思维发展;自动记录,关注实验过程。

传统文化教育与现代学校教育的融合
奉贤区思言小学

奉贤区思言小学以传承孔子弟子言偃"润泽千年"的传统文化为己任,确立了"向着儒香生长"育人理念,将传统文化精髓作为学校内涵建设特定的文化基因,主动探寻现代学校教育和传统文化教育相结合的办学路径。思言小学以信息技术为支撑,在传统文化环境的营造、传统文化课程的建设、传统文化软件的开发等方面继续实践与探索。学校以"'触摸'传统文化创新体验"项目为载体,营造信息化环境,让"触摸"无处不在;建设"儒香课程"平台,让"触摸"变得可能;开展"儒香课程"活动,让"触摸"更有内涵。系列设计意在探寻传统文化教育与现代学校教育相融合的教育支点,推动传统文化教育的发展与传播,努力构建"传统文化、现代思想、民族精神、国际视野"的学校教育信息化大格局。

移动信息技术＋创客思维
青浦区初等职业技术学校

青浦区初等职业技术学校以中式烹调这一传统技能学科为实践对象,采用"移动信息技术＋创客思维"方式,将 iPad 运用于中式烹调教学中,对 4S[充分展示个性(Show)、彼此相互支持(Support)、关注实践项目设计(Scheme)、乐于分享(Share)]平台创设及教学组织管理进行了深入的思考与实践。App 的使用解决了"PC＋投影"难以解决的问题,实现了动态更新、即时可视、便捷分享、多点互动、资源积累等功能。比如:Safari 浏览器可以直接访问数字教学资源;AirDrop 在推送信息与即时互动方面具有优势,拍照可以清晰地记录项目操作内容与细节;Keynote 可以帮助学生更好地梳理项目操作流程,也可用于 TED 式的分享;云盘的运用便于学习资源的积累与共享。同时,App 良好的交互性也大大地提高了学生的学习兴趣与学习效益。①

沪语文化创新实验室
杨浦区惠民中学

杨浦区惠民中学的沪语文化创新实验室,其教学模式别具一格,安装了体验与教学系统、资源与网络系统、课程模块系统三套体验软件系统。该创新实验室由多台触摸屏电脑工作站组成,采用先进的互动式多媒体虚拟技术,利用现代科技手段,寓教于乐。2014 年,学校开发校本课程"学说上海闲话",并制作成电子教材,学生上课时可以在创新实验室的触摸屏上进行学习。实验室内还设置了不同的文化体验和教学场景,配备图书音像资料,使学生在体验馆内身临其境感受沪语文化的魅力。开发的沪语软件中,将上海著名八景和上海现行的多条轨道交通沿路风景制作

---

① 汤黎华.创客思维引爆课堂变革[J].新课程(综合版),2015(06):90-91.

成影片,通过上海话配音、普通话字幕进行讲解。沪语创新实验室将学生完全置于一个沪语环境的特定情景中,在沪语长廊中,不断播放老上海沪语文化、视频。学生在观看影片的同时可以充分感受到上海文化的独特魅力。学生登录云平台账户,可以查看云平台上的资源,选择各类沪语节目,还可以直接通过不同账户进行沪语交流演练,实现个性化学习。教师可以借助软件将学生分组开展合作学习,加深讨论和交流。软件中提供即时评价功能,有助于及时调控教学、激励学生。

倡导"学创融合"的"数字创意"课程
杨浦区育鹰学校

杨浦区育鹰学校通过"数字创意"课程的建设实践,探索学生学习方式的转变,尝试"学习"与"创造"的有效融合。"数字创意"是指基于数字化资源和平台,设计和制作出具有创意的数字化作品的活动,强调依靠团队或个人通过技术、创意和产业化的方式进行数字内容开发、视觉设计、策划和创意服务等。育鹰学校开展了"数字创意"融入基础型课程课堂教学的实践研究、师生合作构建"数字创意"拓展型课程的实践研究、注重"数字创意"意识和能力培养的信息技术课程实践研究。学校研究了"学习"与"创造"之间的内在关联性,分析了数字化作品创作中的"学创融合"特征,研究了"数字创意"活动中的后现代课程观。学校倡导"学创融合"理念,为学习方式转变提供了思想基础;建设"数字创意"课程群,优化了"数字创意"能力的培养机制。通过"数字创意"活动,学生的学习行为更加具有主动性、独立性、独特性、体验性、问题性、交互性和生成性。

新媒体创作传播中心
市三女中

长宁区市三女中基于提升学生学习能力、实践能力、创新能力以及推进普通高中普遍开展拓展型课程和探究型课程这一总体要求,结合女校IACE(独立、能干、关爱、优雅)的育人目标,建设了以数字媒体实验室为平台的新媒体创作传播中心。依托该创新中心,学校建设了媒体素养培养综合创新实践课程。媒体素养课程融合了基础型课程(高一信息技术等)、拓展型课程(创意媒体设计选修课等)以及创新型课程(SSTV 社团等)。通识必修课程(嵌入式基础必修)立足于信息科技学科课堂教学的主阵地,开展媒体素养教育。以高一年级信息科技必修课程作为实施基础,在确保信息科技必修课程教学内容学时的前提下,学校以"嵌入式"的方式投入 3 周共计 6 课时的时间实施媒体素养课程教学。① 专业拓展课程(专题式拓展选修)在学校全方位的教育活动中整合媒体素养教育。课程教学围绕必要的知识技能,通过专题的方式加以落实。社团实践课程(社团 & 工作室)的项目活动由学生主导设计并完成作品创作。教师的任务由教学转为指导。

创新实验室通过为学生提供多类型的课程和开放性的实践活动,已成为上海中小学生进行自主探究实验活动、实现个性发展的重要场所。闵行区七宝中学学生已先后获得发明专利 467 项,每年从创新实验室走出的"青铜小子""地图达人""数学才女"等一批"学有专攻"的创新型学子,不仅为学校揽入各类创新大赛的奖牌,同时也成为备受海内外高校关注的可塑人才。②

---

① 苗勇胜.基于数字媒体实验室的中学创新课程建设[J].现代基础教育研究,2016,23(03):149 - 155.

② 许沁,范灏月.未来课堂啥样? 20 个创新实验室亮相[N].解放日报,2017 - 09 - 27.

第五节
大数据等技术支持下学生综合素质评价初具雏形

根据《教育部关于推进中小学教育质量综合评价改革的意见》（教基二〔2013〕2号），上海市教委开展了中小学生综合素质评价的研究工作，并已于2014年制定了高中学生综合素质评价方案和政策文本，于2017年完成了中小学生综合素质评价内容研究，还计划于2020年开始全面实施具有上海特色和时代要求的中小学综合素质评价体系。

一、全市统一构建普通高中学生综合素质评价管理系统

为贯彻落实党的十八大精神和教育规划纲要，立足中华优秀传统文化，弘扬社会主义核心价值观，促进中小学生全面发展和健康成长，根据《国务院关于深化考试招生制度改革的实施意见》（国发〔2014〕35号）、《教育部关于推进中小学教育质量综合评价改革的意见》（教基二〔2013〕2号）、《上海市深化高等学校考试招生综合改革实施方案》等文件精神，结合上海市实际情况，市教委设计和建设了上海市普通高中学生综合素质评价信息管理平台（如图1-5-1所示）。这一平台为高中

版权所有：　上海市教育委员会　上海市电化教育馆　沪ICP备10211915

图 1-5-1　上海市普通高中学生综合素质评价信息管理平台

学生在德、智、体、美诸方面的发展状况和表现提供信息化采集、呈现服务和基于诚信的管理支持。

上海市普通高中学生综合素质评价的内容主要分为四个方面：

（1）"品德发展与公民素养"模块，重点记录学生遵守日常行为规范，参加志愿服务、党团活动等情况。

（2）"修习课程与学业成绩"模块，重点记录学生学业水平考试成绩、基础型课程成绩、拓展型课程和研究型课程学习经历等。

（3）"身心健康与艺术素养"模块，重点记录《国家学生体质健康标准》测试结果，参加体育运动、艺术活动的经历及表现水平等。

（4）"创新精神与实践能力"模块，重点记录学生参加研究性学习、社会调查、科技活动、创造发明等。

除此之外，上海市综合素质评价还专设了"学校特色指标"。该项指标为非硬性指标，满足相应要求的学校可将原创的"特色指标"纳入学生综合素质纪实报告，鼓励高中学校特色办学。

平台数据的采集以高中学校为记录主体，采用客观数据导入、高中学校和社会机构统一录入，学生提交实证材料相结合的方式，客观记录学生的学习成长经历，由信息管理系统汇聚形成真实、准确的学生"大数据"中心。通过学生成长大数据的采集与分析，平台可以帮助学生更好地了解自我，进行生涯规划和学业管理；帮助学校更好地了解学生,按需提供课程服务和成长指导,引导学校开展各种素质教育活动,促进学校特色多样发展;也便于高校按照"两依据一参考"的原则进行数据挖掘,从而更好地选拔人才。同时,政府可以基于大数据分析,更好地配置教育资源和教育治理,引导社会、家庭、学校按照素质教育的导向,更科学地培养人才。

上海市综合素质评价通过技术手段和管理机制创新,建立信誉等级管理制度,确保评价内容的真实性、有效性和公平性,促进校内外教育形成合力,共同培养德、智、体、美全面和谐发展的人才。

2015年6月20日,完成品德发展与公民素养、修习课程与学业成绩和学校特色指标三大模块记录功能开发。信息管理系统自6月25日上午8时正式开放,第一阶段工作至7月17日24时结束。根据高中学籍数据,298所高中学校在规定时间内开展本校高一学生第一学期上述三大模块的记录工作,其中高中学校258所(含综合高中),21所高中的国际课程班(其中5所学校仅有国际课程班,未计入前述高中学校数)、14所高中新疆班、5所高中西藏班单列。

同年11月10日,完成第二阶段开发任务,并开展学生数据填报、数据确认和市级数据录入工作。至2016年5月中旬,完成了全市2014级、2015级普通高中学生的综评数据填报和确认工作。

2016年3月,完成高校应用模块开发,分别与"985""211"及一般本、专科院校进行了应用对接,并根据高校的反馈意见对系统进行了优化。2016年5月,与教育考试院就综评信息的应用进行了初步对接。至2016年9月,完成全市普通高中学生2015学年第一学期的数据采集和确认工作,共计258所高中学校参与了填报,录入108 593位普通高中学生的综评信息。9月18日,上海市4所"985"高校率先制定了2017年高考关于综评部分的使用办法,并召开新闻发布会向全社会公布,综评数据作为重点参考内容将服务于春考、自主招生、综评招生等环节。

上海市普通高中学生综合素质评价信息管理系统自2015年6月底上线运行至2017年6月,系统中共有学生163 480人,共记录信息20 354 983条,其中记录高三学生研究性学习报告50 709份,军事训练信息52 304条,农村社会实践信息51 468条,志愿服务合格信息52 087条,自我介绍51 253份。2017年3月2日,信息管理系统将3 320名已完成签字操作的学生信息向23所春招院校开放,相关院校在自主测试环节中进行了使用;3月25日,信息管理系统将759名已完成签字操作的学生信息向3所大专院校开放,在专科层次依法自主招生中供学校招生参考;4月10日,信息管理系统将1 935名已完成签字操作的学生信息向自主招生高校开放;5月19日,信息管理系统将16 430名已完成签字操作的学生信息向综评录取批次高校开放;6月23日,信息管理系统将51 327名毕业生信息向上海市教育考试院开放,用于高考投档。

二、各区与基层学校探索基于网络的学生综合素质评价

学生体质健康数据平台
虹口区

　　虹口区学生体质健康监测中心经过两年的细致筹划与准备,于2014年建成"虹口区学生体质健康数据平台",并利用平台开展各项监测、服务与指导工作,取得很好的成效。通过平台,管理者可以实现"任务下达、数据采集、数据统计、数据分析、数据查询"的全流程管理和便捷操作。首先,平台实现了与区信息仓库的高度衔接,根据招生办公室提供的学生名单,学校进行修正(对免修、免考等人员进行标注与修改),确保数据样本的全覆盖。其次,平台对学校上传数据进行实时检测与分析,生成各类统计图表,包括人数统计、各年级"三率"和单项测试情况等。为确保上传数据的真实性,虹口区学生体质健康监测中心还会利用平台,以年级、性别、项目、学号等为筛选条件选择部分学生进行复测,并将抽测成绩与上报成绩进行比对。最后,系统将生成系列综合分析报告,包括分区报告、校报告和学生个人报告三种。其中区报告是对全区学生体质健康水平的整体描述;学生个人报告中,除了测试的时间等基本信息和测试成绩外,系统还会根据学生的成绩自动推送一份运动建议——在告知学生本人的体质健康状况与水平的基础上,提示学生努力的方向。报告的最后还以折线图的形式直观显示学生体质健康的发展情况,给予学生警示或鼓励。

"轻学·助手"平台
青浦区

青浦区教师进修学院的"轻学·助手"平台建设采用区域"云管理端＋校应用端"架构。云管理端可在区域等第制评价库中统一发布区域评价指标标准，并开放给学校查看，可导入到校本评价库中。云管理端可在平台中创建学校应用单位，各应用单位系统之间按照授权范围进行分布式管理，数据相互隔离。每个学校应用单位在一定权限内都可以自由配置和管理本单位平台，实现集中式部署，独立式配置。校应用端导入区域等第制评价库可按照校本化要求开展评价工作。区域"轻学·助手"平台使数据、应用得到集中管理和维护，减少各校应用单位分别维护应用系统和数据所带来的风险和成本，也可以使信息资源得到整合、共享、共用。

乐享大数据时代
奉贤区

随着奉贤区"星光灿烂"计划的推广、学校信息化的升级改造、城乡一体化项目的落实，学校从基建上、思想上做好了迎接大数据时代来临的准备。南桥小学以此为契机汇聚校内校外资源，提方案、建框架、设制度、编课程，运用信息化手段，构建了南桥小学综合素质评价系统——"让每一个孩子成为一棵树"。该系统以学生在校五年为周期，以《教育部关于推进中小学教育质量综合评价改革的意见》(教基二〔2013〕2号)精神为指引，以学业水平数据模块、思想品德模块、艺体素养模块、身心健康模块四个方面的数据应用为基础，挖掘网络优势，描绘学生的成长轨迹模型，分析这些即时、鲜活、可靠数据中包含的有价值信息。它可以为学生提供一张多元、立体的"成绩单"，用全面客观的方法观察、评价、引导学生，突出学生主体地位，激励学生自主管理，实现自主发展；用评价结果向家长全面展示学生的成长轨迹，引导家长全面、客观、科学地激励学生发展；同时帮助改进了教师教学行为，推进校本课程再研发，也为学校的教学改革提供一定的参考依据。

学生综合素质评价成长档案平台
黄浦区

上海市格致中学从 2010 年 9 月起实施以校为本的学生综合素质成长数字化档案建设，聚焦普通高中学生综合素质评价这一当今基础教育领域理论与实践研究的热点问题。在高等学校招生考试综合改革不断深化的时代背景下，学校以教育评价发展与变革的客观需求为研究原点，在研究与实践中逐步形成了以校为本的学生综合素质评价与保障体系，建立了数字化校园环境下的学生综合素质评价成长档案平台，并开展了为期多轮、惠及学校全体学生的实践应用，取得了一系列的应用成果。

慧云环＋慧园课堂
奉贤区

奉贤区明德外国语小学通过构建数字化校园应用体系，运用慧云环与慧园课堂，对教师的教育教学行为、学生的学习过程、学生的游戏状态、师生的互动体验等进行精确定位、精准分析、跟踪诊断、有效干预，从而实现对学生进行全面、客观、科学的综合评价。"慧云环＋慧园课堂"，可实现对信息数据的共享。"慧云环"收集学生在校活动的数据，构建学生成长平台，适时多维度地给予学生学习活动的评价，为学生个性化发展提供环境。学校建立了学生作品展馆，在"慧园课堂"平台上可以展映学生网上画展、迷你音乐会、小小发明家、体育达人赛等项目，通过"慧云环"可以进行投票统计、数据分析等后续服务；建立教师个性化数字档案平台，收集教师教育教学生涯中的获奖证书、文章发表、培训经历、课堂实录、师生关系、家校互动等各方面的数据，为个性化的教师专业发展服务；构建家校互动平台，利用平台的网络数据共享功能，为家长提供即时的学校信息、孩子的在校表现，让家校沟通更便利。

评价系统的更新迭代
闵行区

　　大数据被越来越多地应用到教育领域,闵行区罗阳小学将移动互联、云计算和大数据技术融合应用于日常教学评价中,借助软件平台开展"学习兴趣、学习习惯、学业成果"三位一体的跟踪评价活动,形成一条学习表现、多元评价、分析改进的学习链,以改变传统、低效、粗放的经验式评价。在不降低评价准确性的基础上,这一创新做法切实减轻了教师评价的负担。

　　闵行第二中学凭借信息技术特色优势,做精做细"数智化"四维评价系统,为每位学生量身定制四张雷达图,既能宏观了解全体,又能走入微观个体,为学生定制专属的成长路径,使生涯发展教育有了更加科学客观的依据。四维评价系统以学业成绩、信息素养、职业兴趣测评、核心素养与能力为四大维度,通过过程记载、数据分析,形成相关雷达图,有效指导学生生涯发展。

第六节
网络研修助推教师专业发展实践持续推进

教师队伍的专业能力水平直接影响教育教学质量,如何利用信息技术更好地促进教师专业发展,上海在市级、区级、学校三个层面不断探索与实践。

一、全市统一构建教师学习空间提升教师信息技术应用能力

在教育转型与改革发展的过程中,教师队伍是承上启下的关键力量。上海14万名在职中小幼教师能否主动地适应教育环境的急速变化,不仅关系到教师个人的专业发展道路,也事关数以百万计的上海中小学生的有效学习和个性化发展,更是教育信息化能够有效推动教育教学改革的关键点。

长期以来,上海市教委高度重视教育信息化建设与发展,在信息化环境建设、资源建设等方面,都取得了切实成效。随着上海教育改革的不断深化与发展,上海教育信息化开始向规模化和常态化发展,应用中心逐步转向为学习者提供学习支持与服务,评价中心也逐步转向应用绩效评估。这也要求教师从促进学习者主动学习的角度,思考如何利用信息技术重组教学内容、创设教学环境以及给出教学评

价,真正实现以学生为中心的教学思想。

因此,如何有效开展教师的信息技术应用能力培训工作,促进教师专业发展,提升教师信息素养,使得信息技术更好地为教育教学服务,进一步满足上海教育改革发展的要求,已成为加强教师队伍建设、提高教师素质的重要任务。

1. 问题解决策略及方法

在综合考虑现有教师专业发展项目的基础上,上海市从教师信息素养发展的基础架构、培训实施和应用推进等方面进行整体思考与设计,创建教师信息技术应用能力提升培训架构(如图1-6-1所示),以期通过整体设计与部署,借助互联网技术等新兴技术,整合市区校和优质社会机构的专业力量,实现从统一认证、配课选课、课程学习、学习评价、学习管理到学分认定的全网络化管理,构建前瞻、多元、优质的培训课程资源库,创设集实践、创新、交流、共享等功能于一体的应用环境和

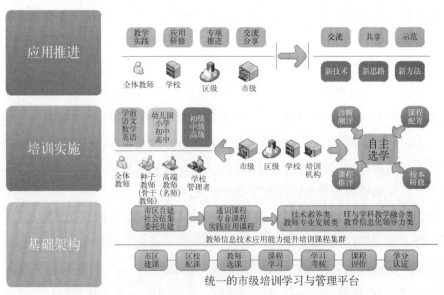

图1-6-1　教师信息技术应用能力提升培训架构图

和适应教师不同发展阶段的学习环境。① 该培训架构注重培训的"角色化、团队化、微认证",通过"角色化"使培训项目开发更具针对性,通过"团队化"鼓励检查学科融合创新状况,通过"微认证"促进个性化发展。

在培训实施过程中,采用"前期诊断、按需构建、分层实施"的工作策略,着力解决"教师学习空间""资源配置机制""应用推进策略"等方面的问题,使得"学"与"用"能够有效结合,推动信息技术在学科教学应用中常态化、稳定化发展。

（1）坚持分层分类、协作联动的工作机制。

建立分层、分类、分科提供培训项目与培训课程的工作机制,融合市、区、校、社会培训机构和企业的专业力量,增强培训对教师专业发展的指导、支持、提升、优化功能;兼容并蓄,对接国内外已实施的同类项目。

（2）坚持区校主导、教师主体的选学机制。

建立"区校按需配课""教师自主选课"和"多方参与评课"相结合的选学机制,合理地配置各级各类优质课程资源,充分满足区域教育发展、学校办学特色和教师自主需要的综合诉求,确保按需施训,保障学习成效,如图1-6-2所示。

图1-6-2 教师自主选学质量保障体系

（3）关注优质课程的多元与多样。

关注课程建设的多元,整合高校、区、名师、企业等国内外优质资源,构建多层次、多样化的课程资源库。培训课程体系的整体设计,课程内容包括通识课程、专业课程和实践应用课程三大类别九大主题,各类课程主题下包含五十多个课程系列。其中,通识课程是必修的核心素养课程;专业课程为可选学的学科专业素养和技术素养类课程,主要包括技术素养类、学科教学与信息技术融合类、教师专业发展类和教育信息化领导力类课程;实践应用课程为通识课程和专题课程的延伸,是以区本、校本为实施主体,设计并开展的研修与实践活动,包括"一师一优课、一课一名师"活动的网上"晒课"和"优课"评选、区级研修与实践应用、校本研修与实践应用、新技术应用现场实践体验及学校技术应用研究项目(特色)类课程,如图1-6-3所示。

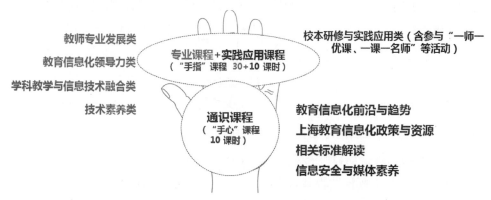

图1-6-3 教师信息技术应用能力提升培训课程体系

(4) 注重培训模式的创新与实践。

充分借助信息技术手段,探索多终端、多形式的学习模式,面向不同对象采用不同的策略实施培训,促进学习、研修和实践的有效整合,促进学与用的有效结合,如图1-6-4所示。

图1-6-4 混合式分类培训模式

(5) 关注创新应用的共享与示范。

创设融合知识学习、技能操作和实践体验的学习环境,鼓励以校为本组织开展实践应用的研修活动,充分借助新媒体技术加强多层面的创新应用的交流、分享与示范,推动信息技术教学应用中的新思路、新方法、新技术的传播与发展,促进学与用的快速转化。

2. 实践成效

经过两年多的项目实践,上海市中小幼教师信息技术应用能力提升工程取得了较大的实效,得到了广大参与教师的充分肯定。通过此项培训,中小幼教师充分认识到新时代背景下信息技术对教师专业发展的重要性和迫切性,逐步理清信息技术应用提升方面的自我需求和发展路径,并掌握了一些基本的、必备的信息技术教学应用的工具和方法,走上专业发展之路,达成了上海组织实施"教师信息技术应用能力提升工程"全员培训的目的。

同时,项目在实施过程中采用了"汇聚社会各方力量、构建适合上海教育发展的教师学习空间"的工作机制,开发了集统一认证、配课选课、课程学习、学习评价、学习管理和学分认定等全过程的网络学习平台,构建了涵盖技术素养、信息技术与学科教学融合、教师专业发展和教育信息化领导力四大方面的基础课程资源库,课程数量达到150多门,"一库一平台"为实现"按需配课、灵活选课"奠定了坚实的基础。各区通过自助配课、选课的方式,已完成培训人次达到104 958,取得了较大的成效。

在应用推进方面,上海市将"教师信息技术应用能力提升工程"与"普教系统名校长名师培养工程""研训一体教师培训课程建设工作坊""一师一优课、一课一名师"等项目进行融合、整体推进,现已完成"普教系统名校长名师培养工程"基地21门微视频课程开发并作为市级共享课程发布,已开发37门跨幼教、小学、初中的覆盖各学科的"研训一体教师培训课程";仅2016年就组织了3万多节实践应用课并参与"一师一优课、一课一名师"网上晒课,其中239节课入选国家级优课,369节课获评市级优课,500多节课获评区级优课。

此外,该项工程的实施也得到了社会的充分肯定,并在2016年上海教育博览会等大型教育展示活动、《现代教学》等杂志媒体以及网络平台、微信公众号等新媒体上进行了报道,从政策解读、课程建设、学习机制、应用推进等维度介绍了上海市推进教师信息技术应用能力提升方面的思考、实践与经验,展示了该项工程在推动信息化常态应用发展和推进本市基础教育转型发展中的重要作用,使得社会、学校及全体中小幼教师更为清晰地了解该项工程实施的目的意图、推进方法与工作要求等。

3. 创新点

(1) 构建了"1 个核心 + 5 类发展"的培训课程资源库,实现了优质资源的灵活配置。

在面向上海 14 万中小幼教师开展诊断测评的基础上,积极整合市、区、校和社会优质教师教育机构的专业力量和优质资源,构建包含通识课程、专业课程和实践应用课程三大类别九大主题的课程群,各类课程主题下包含五十多个课程系列。其中:通识课程是必修的核心素养课程;专业课程为可选学的学科专业素养和技术素养类课程,主要包括技术素养类、学科教学与信息技术融合类、教师专业发展类和教育信息化领导力类课程;实践应用课程为通识课程和专题课程的延伸,是以区本、校本为实施主体,设计并开展的研修与实践活动。

依托该课程资源库,各级培训组织机构能够合理、有效地配置课程资源,确保教师培训的组织与实施能够较为充分地满足区域教育发展、学校办学特色和教师自主需要的综合诉求,保障学习成效。

(2) 构建了"1 个空间 + N 个应用"的教师学习平台,实现了教师培训的统一认证。

利用信息技术优势,围绕课程建设、教师选学、研修活动及线下实践等业务开展,搭建了多元、立体、综合的教师专业成长平台,实现了统一身份认证,实现了课程管理、在线学习、培训管理、学分认证和测评分析等全网络化。参训教师使用师训号即可一键登录教师学习平台,构建自己的学习空间,完成诊断测评、按需选课、课程学习、学习评价、学分认证、课程评价和实践记录等一系列培训过程。

依托该学习平台,"市级择优建课""区校按需配课""教师自主选课"和"多方参与评课"能够有效结合,实现了课程资源的分层配置,较好地满足了不同学校、不同学科、不同起点的培训需求。一键登录教师学习平台,解决了多平台学习的困扰,提高了教师主动参与学习的积极性。

二、各区建设网络研修平台开展区域教师协同研修

经过多年的应用发展,多形态的网络教研已经成为上海中小学教师参与各级研修的主要形式。根据调研统计数据,"浏览教研活动""观看现场直播"和"参与名师课堂"是教师们使用率最高的网络教研形式,相对而言,"开展互动研讨"这类高互动性的研修形式有待进一步加强。具体数据如图1-6-5所示。

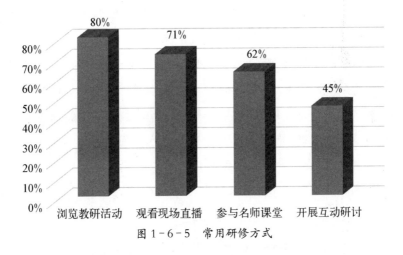

图1-6-5 常用研修方式

以下为各区教师协同研修的具体应用特色:

教师专业发展数字化支持系统
闵行区

闵行区建设"教师专业发展数字化支持系统",探索基于数据挖掘和能力胜任模型的教师专业发展。为了更好地解决区域教育体量大、增量大的教师专业化发展难题,创新教师教育管理,全面提升教师专业化水平,闵行区构建了"教师专业发展数字化支持系统"。系统由教师研修网、课堂教学云录播系统、课程管理系统、学业质量分析系统、教师档案管理系统和个人空间六大板块组成[1],将有关教师的业务信息数据统整、贯通,实现了为教师提供业务数据一体化体验、全方位业务分析功能和个性化专业发展服务支持等目标。

---

① 恽敏霞."互联网十"时代的教师专业发展:支持与管理[J].中国民族教育,2017(Z1):24-27.

在确定系统平台的功能需求,探索基于数据挖掘和能力胜任模型的教师专业发展评价指标的基础上,闵行区根据教师管理业务模型和教师专业评价指标构建了区教师专业发展指标体系,分模块建设业务系统。目前已实现教师研修网、课堂教学云录播系统、学业质量分析系统、教师档案管理系统、课程管理系统(建设中)、个人空间等平台的统整。其中,教师研修网作为内容和业务管理系统,主要负责教师一系列业务活动数据的记录和采集;课堂教学云录播系统能够实现录播课堂教学过程的功能,同时提供精品课教学视频以便教师观摩和研究;学业质量分析系统承担中小学各学段基于"绿色指标"的学业质量综合分析、评价;教师档案管理系统汇总各系统信息,并与上海市学分银行数据联通,全方位记录教师的研修业务数据,并加以汇总和分析;个人空间为教师提供了个性化交流和协作研修、资源分享的平台。

闵行区教师专业发展数字化支持系统的建设思路如图1-6-6所示。

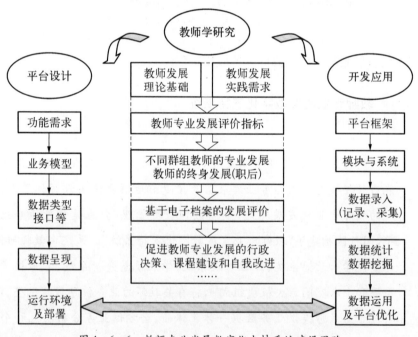

图1-6-6 教师专业发展数字化支持系统建设思路

闵行区教师专业发展数字化支持系统的建设与运用加速了闵行区教

育管理信息化的进程。系统实现了教师业务数据中心建设,探索了教师相关业务系统的集成整合方案,为教育管理信息化的发展提供了建设思路,有助于实现教育系统的 BI(商业智能)。该系统开拓了基于教师全维度专业发展的大数据分析平台,探索了教师专业发展的数据挖掘体系,提高了分析的精准度和有效性;同时促进了教师专业发展评价指标的发展。闵行区还建设了符合区情的教师专业发展档案指标体系,该指标体系首创使用 IBSTPI 教师能力标准,借鉴了能力胜任模型和国家中小学教师专业标准,同时提供了教师专业发展评价的信息化系统案例,为教师专业发展指标提供实证性研究。

浦东教师研修社区
浦东新区

浦东新区于 2009 年开始建设"浦东教师研修社区"(http://jsyx. pudong-edu. sh. cn),从信息技术引领教师研修方式的变革与创新的角度来设计与建设教师网络空间。该研修社区以浦东新区教师继续教育方案为依据,以教师研修需求为指引,开展基于网络社区的协同研修实践,提升区域教师专业发展能力,缩小城乡教育差异,促进教育资源的均衡发展。经过多年实践,浦东新区构建了符合区域特色的四类协同研修模式,即网络研修与现场研修协同、区域研修与校本研修协同、区域学科专家与基层教师的协同、教师研修各个系统平台的协同;深化研修内涵质量,探索出协同研修的四种活动模式,即备课研讨、观课评课、专题报告和专题研讨;积累了丰富的协同研修资源,形成基于网络的资源开发与共享模式,即参与、生成与共享;编制了主题化、系列化研修课程,打造了一批协同研修的专业团队,有效发挥了优质教育的辐射带动作用;不断完善协同研修的管理机制与评价体系,使协同研修真正成为教师专业成长的助推器。基于网络社区的协同研修模式,为促进新区教师队伍专业素质提升、培育新区教师研修文化、推进新区师资均衡发展开辟了一条新的途径,为其他省市、区县的教师专业发展提供了值得参考的实践经验,在上海甚至全国产生了一定的影响力。

另外,浦东新区智能录播系统促进了教师深度研修,项目尝试利用各校现有录播教室,依托智能录播系统管理平台,完善符合新型需求的录播云平台,组建区域智能录播系统。通过在区级教研活动、基地培训、区级项目展示等活动中的应用,浦东新区开展了教师分层研训活动,形成两种网络研修模式:直播评课模式(如学区化、集团化办学体系中的实时直播)和录像评课模式。以初中科学为试点学科,教师团队从课前(教学目标和教学设计)、课中(教学方法和学生学习行为)、课后(教学效果和教学反思)、其他(教师素养和专项观察)等教学环节进行分析研究,经过深入的研究讨论和修订,最终形成了基于智能录播系统的初中科学教师研修活动评价量表,制定了基于智能录播系统的教师研修分层评价指标。

教育学习与资源中心
奉贤区

奉贤区教育学院以课例研究为载体,构建新的区域教师研修模式。随着信息技术的普及,运用视频技术进行切片式教学研究、运用网络技术进行远程教学研究已成为可能。奉贤区教育城域网畅通,区域视频会议系统能满足远程教学、教研需求,区域层面已建有"教育学习与资源中心",为教师提供"基础教育期刊文献总库""区域优质教师课录资源""区域优质教师课件资源""视频点播系统"等区域优质资源。在开展调查问卷的基础上,奉贤区教育学院通过对学校进行实地调研座谈,与区域科学学科教研员联合开展课例研究活动,逐步梳理了信息技术支持下以课例研究为载体的教师研修模式的功能目标、实施策略、实施方案、操作流程、评价标准,梳理了实施课例研究所需信息技术设施设备的基本配置,形成了课例研究的教师培训课程,构建了视频应用平台和优质课例库。以信息技术支持下课例研究为载体的区域教师研修模式的构建与应用,能够拓展区域教师培训途径,促进教师学习、借鉴优质教师资源,能够在专家引领、同伴互助下尝试、吸收并内化为新的教育理念和新的教育方法,从而有效地提升教师课堂教学能力和研究能力,促进教师的专业发展。

"互联网＋"教师全渠道培训模式
嘉定区

　　嘉定区"互联网＋"教师全渠道培训模式也呈现出新常态。嘉定区教师进修学院致力于打造"互联网＋"背景下的教师全渠道培训模式,让培训设计符合教师专业发展的特征,满足受训教师在任何时候、任何地点、能以任何方式接受培训的需求。该模式采取"线下＋线上"网络培训、移动培训、集中和分散培训相整合的方式提供培训资源或服务,通过社群式学习来重构教师的学习路径,并推崇实地研修来打造项目式研修的新生态。此外,该模式还尤为注重精准培训,关注教师的个体成长轨迹,以给予教师无差别的受训体验,逐步增强教师的核心素养。

三、基层学校利用各种信息化平台与工具推进校本研修

智慧校园互动课堂平台
奉贤区肖塘中学

　　奉贤区肖塘中学坚持以教育信息化研究为引领,创新教育教学模式,提高教师教育技术的应用能力,进一步推动教育信息技术与学科教学的融合,促进教育信息化均衡发展,全面提升教育教学质量。学校积极推进奉贤区教育信息化重点项目"运用点阵数码笔构建高效互动课堂教学的研究与实践",运用点阵数码笔、互动课堂教学平台等建立一个基于互联网的适用于全校学生自主学习的交互式应用平台,实现与学生的"课前""课中""课后"有机结合的网络在线学习,逐步实现课堂教学与网络教学相结合的混合式教学模式。[1] 建设成的智慧校园互动课堂平台包含丰富的学习资料,搭建启发式、探究式、讨论式、参与式的教学平台,为教育教学改革创新提供立体化、数字化的教学环境,提供教学观念和教学方法改革新途径。学校通过信息化环境应用队伍建设项目的实施,使青年教师

---

[1] 秦志民,刘素珍. 网络教学平台的设计与实现[J]. 信息技术与标准化,2017(08): 76-78.

依托信息技术的优势进行课例研究,有助于现代信息技术与学科教学的有机融合,转变教育思想和观念,促进教学改革,从而构建和分享他们的智慧和知识,共同创造有意义的学习经验;有利于促进青年教师专业能力的快速提升,促进学校可持续发展。

远程教研新模式
奉贤区实验中学

奉贤区实验中学在奉贤区教育局和教育学院信息中心、教研中心的指导下,以全国教育信息技术研究重点课题"网络环境下初中语文远程教与学模式的设计与实践研究"为抓手,借力信息化手段和方式,探索多主体、跨时空、低成本、高效率的教研新途径。具体方法包括:各校建立电子备课制度;建立由教研网、教研资源平台和教研服务平台三部分组成的网络教研平台,每校都在网上发布教学动态、教改信息、网络培训等;设置远程教研教学评价制度;落实系统性常态化工作奖励机制,对于在远程教研工作中表现优秀的教师给予精神和物质奖励。针对不同研究参与人员,区域、联盟和学校开展了各类培训。

在实践中,该校首先重新定位教师角色,要求教师成为现代教育理念的传播者、教育教学的导演者、教学资源的参与者和教学过程的监控者。其次力求实现观念转变,提出了要从以教师为中心向以学生为中心转变,从封闭教育向开放教育转变,完成从知识的讲授者向学习的组织者、指导者和管理者的转变。再次要求教师全面掌握专业技能,使其具备扎实的专业知识功底、驾驭网络技术进行导学的能力以及与现代远程教育技术相适应的科研能力,全力推动教师提升素养、汲取新知。

参与式教研互动信息平台
黄浦区瑞金一路幼儿园

黄浦区瑞金一路幼儿园通过"参与式教研互动信息平台"促教师专业发展。在"参与式教研互动信息平台"项目的申请和开发过程中,学校通过应用系统,开展主题化、系列化的教研活动。通过信息平台的应用,学校可以收集教师在教学实践过程中遇到的问题,做相应的梳理和汇总后,可形成有针对性的教研活动主题。通过应用系统,教师成为教研活动的参与主体:教师在"预习—准备—现场—分享—交流—总结"各环节互动过程中能及时传递信息、分享智慧、发表见解,提高了参与积极性,使教研活动的自我反思、同伴互助、专业引领得到量化落实和质的飞跃。通过应用系统,学校可及时了解教师的专业需求和发展诉求,及时采集教学中问题解决的真实案例和教师参与的数量、质量,为今后教育教学数据分析、教师个人发展及业务考评做前期积累。

"微镜头"引发的教学变革
上海市书院中学

上海市书院中学通过研究,以"微镜头"进课堂的形式,捕捉课堂教学中的"亮点"与"争议点",利用切片分析技术,对课堂教学进行分析,于细微处了解自我教学情况,加快青年教师专业成长步伐,实现教师能力的提升、课程的辐射与推广。"微镜头"在常态课中需学校管理层与教师共同参与,通过研究建立校本化"微镜头"课程和在线课堂教学评估平台,实现"微镜头"云平台和在线"微镜头"评估系统的构建。"微镜头"可以更加方便教师在课后进行反思和改进,发现自己课堂教学中的不足,真正提高日常教学水平。教研组的教研活动采用"线上线下"相结合的方式进行。教师通过打点切片的具体实践,不但利用网络平台在"线上"进行面对面交流,真切地说出关于主题研讨的所思所想,严谨地落实活动的每一环节,在利用网络、利用平台研讨时体现出教学的智慧,更通过活动提高了自身的专业发展。而且,在"线下"活动之前的交流是通过网络这一形式进行的,故教师都已经过精心的准备和思考并通过各种方式进行沟通、交换意见,"线下"活动之后教师又会对活动的过程进行有效的反思和总结,从而积累各自关于教育教学的有效经验。

[说明:本章节图表数据来源于"上海教育信息化发展状况调研"(2017年12月)]

参考文献：

陈卫东.未来课堂的空间设计：以学习者为中心[J].中国信息技术教育,2012(10)：76-81.

顾秋婷,宋秀云.极课与微课融合的实践探索[J].基础教育研究,2016(19)：48-49.

黄炜,张治.上海市中小学教师信息素养培养的理念与策略 以上海市中小学(幼儿园)教师信息技术应用能力提升工程为例[J].现代教学,2017(Z1)：8-10.

姜新杰."互联网+"助推教育变革[J].上海教育,2015(10)：48-50.

姜新杰.普陀J课堂的秘密[J].上海教育,2016(12)：22-27.

李宁.借力教育信息化促进黄浦教育腾飞[J].现代教学,2017(Z1)：25-26.

苗勇胜.基于数字媒体实验室的中学创新课程建设[J].现代基础教育研究,2016,23(03)：149-155.

秦志民,刘素珍.网络教学平台的设计与实现[J].信息技术与标准化,2017(08)：76-78.

汤黎华.创客思维引爆课堂变革[J].新课程(综合版),2015(06)：90-91.

王麟,陈卫东,叶新东,许亚峰,张甦敏.未来课堂视域下的关键技术研究[J].中国远程教育,2012(10)：57-64.

徐倩.装备,为未来教育做好准备 2017第二届上海国际教育装备博览会侧记[J].上海教育,2017(30)：56-57.

许沁,范滟月.未来课堂啥样? 20个创新实验室亮相[N].解放日报,2017-09-27.

恽敏霞."互联网+"时代的教师专业发展：支持与管理[J].中国民族教育,2017(Z1)：24-27.

周飞,杨建华,雷云鹤,文玲铃.基于"J课堂"微视频教学变革的实践与研究[J].现代基础教育研究,2014,16(04)：30-38.

周飞.学生即用户,学校即创新主体——上海普陀区信息化提质的体会[J].人民教育,2016(08)：58-60.

第二章
技术与学习：走向深度学习

技术层出不穷，日新月异；学习伴随终生，无所不在。无论是响应最新的教育理念，还是回归教育的初衷，教育工作者们都会认同不断发展中的技术对于教育教学的核心价值集中表现在"以学生为中心"的学习上。技术不仅扩展了学习的方式，丰富了学习的路径，并且正在重构学习的环境，学习的内容，学习的目标，甚至整个学习的范式。正因如此，我们期望技术对学习带来更为核心的转变。

技术是怎样对学习产生影响的？浅表学习与深度学习的区别是什么？深度学习的最大挑战是什么？本章将在梳理技术与学习的关系、回顾上海在运用技术推进深度学习的相关研究和实践的基础上，大胆预测了技术将有可能从三个方面促进深度学习朝纵深发展：

➤ 学习平台与学习资源再造；

➤ 沉浸技术与多维学习体验；

➤ 人工智能与学习范式重构。

第一节
技术与深度学习的关系

一、技术与学习的回顾

长久以来，学习一方面是为了自我完善，另一方面是为了满足与适应社会的需求。学习与技术一直有着密切的关联。从短期来看，技术变迁仅仅影响了学习的方式。但从长远来看，技术总是在悄悄地重新定义着学习的内容，甚至重塑着学习的范式。

众所周知，今天的教育体系来自普鲁士培养大规模合格士兵的模式，而后被广泛应用于培养合格、顺从、高效的生产流水线上的工人。进入 21 世纪以来，随着技术的发展，整个社会对人才的需求也发生了改变。人们越来越意识到一个人的工作不仅仅是担负起生产流水线上的某个职责，也不仅仅是成为整个系统中的某个"零件"。企业对具有常规技能员工的需求急剧下降，对具有创新思维、批判性思维、社交协作能力的人才需求猛增。

随着互联网、物联网以及方兴未艾的人工智能的不断发展，技术对于整个社会生产力的意义不再是取代大量体力劳动，而是正在取代成熟领域内的部分脑力劳动。或许，我们对此的认识，可能来不及全面完善，就不得不一次又一次面对其突飞猛进的新发展。就像近几年来,世界围棋高手与人工智能的一次次对决,最终的结果一次次地颠覆了我们之前的认知那样,到最后,我们甚至会觉得人类几千年来积累形成的棋谱经验与智慧,对于人工智能来说并没有太大意义,人工智能已经找到了不需要人类知识就可以成为世界最强棋手的新途径。虽然人工智能在围棋上的神经网络与深度学习算法还不能够普遍应用于其他领域,但是这一转变已经开始。人工智能的到来总归是不可逆的过程。

面对如此形势,世界各国各地区都在重新梳理,思考教育,理解学习。欧洲联盟在 2006 年通过了面向全民的"核心素养"提案,其核心素养包括以下 8 项:使用母语交流,用外语交流,数学素养与基本的科学技术素养,数字素养,学会学习,社会与公民素养,主动意识与创业精神,文化意识与表达。2007 年美国政府发布了《21 世纪技能框架》。《21 世纪技能框架》指出了面向未来的学习者必须具备的关键技能和重要品格。技能框架的底座由四部分构成,分别是"学习环境""专业发展""课程和教学""标准和评价"。顶部的彩虹带也由四部分构成,分别是"核心科目和 21 世纪主题""生活和职业技能""信息、媒介与技术技能""学习和创新技能"。2017 年 12 月,经济合作与发展组织(OECD)教育技能司联合哈佛大学教育研究生院发布了《PISA 全球素养框架》,指出面向未来,学生需要具备全球素养,包括理解和欣赏他人的观点和世界观,分析当地、全球和跨文化的问题,与不同文化背景的人进行开放、得体和有效的互动,为集体福祉和可持续发展采取行动等。

长期以来,人类将产业分为第一产业农业,第二产业工业,第三产业服务业。随着社会与技术的进步,许多发达国家和发展中国家中,占整体人口比例较低的人群已能承担起第一产业和第二产业。目前,美国仅需全国人口的近 3‰就完成了全美国的农业产业。而第二产业与第三产业服务业中智能机器已崭露头角,如无人配送仓库、无人汽车生产车间、无人超市、机器人服务员餐厅、机器人经营的酒店等,都正在拉开智能时代的帷幕。面对如此严峻的挑战,联合国教科文组织在 2016 年发布了《反思教育:向"全球共同利益"的理论转变?》(*Rethinking Education: Towards a global common good?*),重点阐述了 21 世纪需要什么样的教育与学习方式。此外,社会学家丹尼尔·平克(Daniel H. Pink)指出,我们需要重新定义产业分类,注重发展第四产业:创意产业。创意产业的从业者需要六大必备能力——设计感、故事力、交响力、共情力、娱乐感和意义感。面对未来，社会对教育有着更高的期待，教育也被赋予着更为重要的使命与责任。教育公平才是真正公平，优先发展教育才能实现国家富强。

与此同时，目前学校教育的产业模式的确是为了满足 20 世纪的生产需求而设计的，学习模式在过去的三十年里没有发生巨大的范式转移。虽然知识来源更加多元，社会需求逐步变化，但是大部分正规教育系统变化缓慢，甚至可以毫不夸张地说，其目前的状态与过去一百多年间的情况依然非常相似。但是，目前学校教育的地位并没有被削弱的迹象，学校教育依旧是一个人进入社会最为重要的路径。学校教育也正在紧密结合社会发展需求，考虑技术进步带来的变化，从而更具针对性地将技术与学习有效整合。如果，我们先从学生出发，先从学生的学习出发，以学生为中心思考整个教育问题。那么如今，我们不得不面对这样一个矛盾而又实际的问题："学生学习的内容如此多而全面，功课如此紧凑，然而考试过后，这些学习的知识为什么很多都会被遗忘？它们不仅没有转化为能力与品格，甚至使学生产生了厌学的情绪。我们的大部分学习时间真的有效吗？学习有多少停留在表面，又有多少最终形成了素养呢？"

客观来说，教育面临的问题，难以直接通过技术单方面解决，但是，技术支撑拓展出来的学习可能性为教育所面临的问题提供了多元路径。在上海基础教育领域，虽然技术硬件仍然面临不断更新换代的需求，但是基本的技术基础设施建设已然全面完成。学校具备良好的教室环境，电脑、平板、手机等智能终端，以及校园无线网络状况也正在逐步完善。技术如何在当下学习面临的核心问题上有所帮助，这成为我们面对学习与技术的核心议题。

二、深度学习的本源

在计算机领域中，深度学习的概念起源于人工神经网络的研究，是一种含多隐层的多层感知结构。深度学习通过组合低层特征形成更加抽象的高层表示属性，以发现数据的分布式表征。机器学习的思路是通过传感器获取数据，之后经过预处理、特征提取、特征选择，再到推理、预测或识别。在这种分层的神经网络中，各隐层对输入层传来的数据进行逐步的特征提取与抽象，从而得到高级的语义。因此，深度学习是一种由具体到抽象的过程（如图 2 - 1 - 1 所示）。

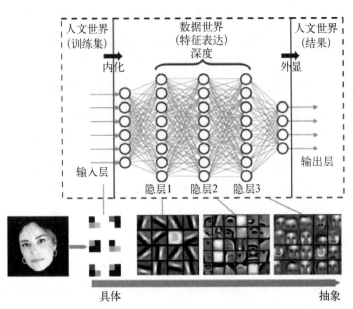

图 2-1-1　计算机领域中的深度学习①

深度学习预示着机器正在模拟人的方式进行学习,而人的大量学习经历也值得进一步自我反思,我们不能将学习停留于简单水平。苹果公司首席执行官(CEO)库克表示:"我并不担心机器越来越像人,而担心人越来越像机器。"换而言之,连机器都在通过深度学习逐步产生类人智慧,我们自己的学习怎么可以止步于浅层次呢?世界各国各地区都在思考这个学习范式问题。2010年,美国威廉和弗洛拉·休利特基金会发起了深度学习战略计划②,将原本停留于计算机的深度学习理念转化到教育领域中来。该计划的长期目标是到2025年,80%的美国在校生致力于深度学习。2012年,加拿大维多利亚大学也发起了深度学习行动,这个行动旨在与10个国家的1000所学校合作,寻求变革学习的方法,提供促进深度学习的条件。2015年,美国州立教育董事会国家协会(National Association of State Boards of Education)发布文件,将深度学习作为美国21世纪教育的国策。③

①　祝智庭,彭红超. 深度学习:智慧教育的核心支柱[J]. 中国教育学刊,2017(05):36-45.

②　William and Flora Hewlett Foundation. Deeper learning [EB/OL]. http://www. hewlett. org/strategy/deeper-learning/,2017-02-20.

③　National Association of State Boards of Education. Deeper learning:policies for a 21st education [EB/OL]. http://www. nasbe. org/education-leader/deeper-learning-policies-for-a-21st-education/,2015-05-01.

　　那么,深度学习究竟意味着什么? 深度学习是一种能够使学生将从某一情景中的所学应用到新情景中的学习过程。深度学习的产物是可迁移的知识,包括某一领域中的内容知识,以及如何、为何、何时应用这些知识来回答问题和解决问题。

　　研究发现,即便经过良好训练的学生,也不能充分理解学习内容和概念。甚至不少学生在面对真实情景中的问题时,还停留在学习前的直觉感受,并没有能够清晰地进行分析。教育研究者大卫·珀金斯教授注意到有 3 种值得关注的知识学习结果,分别是惰性知识、幼稚知识、模式化知识。惰性知识意味着这种知识虽存在,却不起任何作用,除非明确提示,比如考试,否则我们不会想到用它。幼稚知识是学生在学习后,重新回到早期对问题部分或全部错误的直觉理解状态。模式化知识,则是一种问题解决的常规知识,学生机械执行处理事物的方式,只学习解决问题的步骤,而不理解使用这种步骤的原因。① 如果我们的学习仅仅停留于这些知识,整个学习的结果与过程就称为"浅表学习"。因此,浅表学习和深度学习并不是简单的被动学习与主动学习的关系。这意味着即便学生在进行主动学习的过程中,也可能是在进行浅表学习。浅表学习具有以下几方面的特点:常规地记忆事实性、程序性知识;按部就班式学习,不甚求解;重在识记,旨在"通关";脱离实际地简化问题;导致消极情绪和态度。

　　而与浅表学习相对应的"深度学习",其本质可以概括为两个方面:一是深度学习中包含了形成某一领域中有序组织的知识,这些知识随时可以用来迁移到该领域中的新问题中去。二是深度学习需要广泛的实践,并辅以及时的解释性反馈。深度学习常常表现出:建立新旧知识、概念、能力的关联;寻找学习模式与潜在原理;重在理解,旨在迁移;关注学科内、跨学科、真实的复杂问题;主动意义的追寻与学习;导向积极的情绪和态度。

　　我们也不得不正视这两种现状:一方面,目前很多技术,甚至非常先进的"黑科技"仅仅应用于浅表学习阶段。我们花费大量资金,将先进技术应用于可有可无的数据监控、学生行为监督、机械化练习的反馈也是普遍情况。这在一定程度上体现出技术仍然具有局限性,容易沿袭旧有领域的习惯路径。另一方面,在应用技术的过程中,并没有真正理解目的与手段,内容与形式之间的关系,常常出现"采用过

―――――――――――

① 郝京华.脆弱知识综合征就在我们身边[N].中国教育报,2009－10－09.

去的观念,运用现代的技术"。在应用技术的过程中,我们需要面对浅表学习与深度学习的矛盾,真正在追问、反思与实践中,运用技术来促进深度学习;通过多样有效的技术手段促使学生将某一情景中的所学应用到新情景的学习过程中,从而提升学习过程中学生的认知领域、自我领域、人际领域的核心能力。

第二节
上海基础教育技术支持下深度学习的初步探索

一、基于学习平台与学习资源的深度学习

学习平台将线下学习与线上学习无缝衔接，实现学习资源由不足有限到师生共创的方式转变。在上海，不少学校已经采取了自带设备的方式，基于数字化学习平台与学习资源开展数字化教与学。

"云课堂"
上海市黄浦区卢湾一中心小学

学校自 2011 年借助云计算、云概念自主构建的师生互动的"云课堂"，给传统课堂教学效率带来了改变。近几年，学校"云团队"研发了智慧型图书馆——彩云图书馆。彩云图书馆丰富的藏书，为语文学科提供海量阅读书目和资源。教师借助它的云平台系统，可以对学生课外自主阅读情况进行统计、了解、分析并适当干预，从而促进学生语文阅读与表达能力的发展与提高。信息化背景下学校为孩子们创造更好的阅读环境,也形成了卢湾一中心小学语文教学的特色。为了激发学生的学习兴趣,培养学生的课堂学习和课外阅读习惯,根据不同学生的需求与学生在系统平台的日常阅读情况,语文教师从为学生推荐感兴趣的科学艺术类图书入手,逐渐引入浅显的故事书为奖品,激励学生在语文学科方面不断努力。这样的实践既激发了学生学习语文学科的兴趣,也调整了学生课外阅读各类图书的比重,从而逐步培养起学生学习以及阅读的好习惯。

当学习平台更加普遍化,智能设备进一步深入教学空间才会更加自然,学校与学校之间的跨校跨地区合作研讨才会更加便捷有效。

"J课堂"微视频
普陀区

该项目旨在开展课堂微视频制作及运用的本土化研究,促进优质资源的区域共享,满足学生的个性化学习需求,实现教师"教"与学生"学"的方式转变。本项目研究团队由区教育局、教育学院、现代教育技术中心的专家以及二十多所学校的特级教师、骨干教师、中青年教师等成员组成,构建了"教研员—骨干教师—一线教师"的研究梯队。项目研究中,普陀区重点发挥了一线教师的作用,鼓励教师在课堂教学中寻找突破。

普陀区开通"普陀J课堂"微信公众号,推出项目动态、特色学校、达人教师等栏目,促进"J课堂"研究成果的推广和交流。目前,区内已有657名教师和11 546位学生注册账号,免费使用初中数学、物理、化学等各个学科的上千段优质微视频。至今,普陀区"J课堂"项目已组织遴选了两批实验学校,涵盖小学、初中、高中等多个学段,共计39所学校,其中第一批21所(2014年),第二批18所(2015年9月)。区域"J课堂"研究带动了区内学校信息化研究的热情,提升了区域的信息化研究整体水平,保证了区域资源共建水平的不断拓宽和深化;也通过优质资源共享的途径,帮助了师资力量薄弱的学校,寻找到教育质量突破的方式,从区域层面切实推进了教育的均衡发展。

大量资源以数字化的方式存在于互联网上，学习者通过搜索找到资源，并可以便捷地对学习资源进行重构、重组与管理。这一转变让教师与学生在信息与资源上更加平等，教师找得到的资源，学生也可以获取到，他们可以开展更多的平等对话。在技术工具的支持下，教师与学生们也在一起创造各种形式的新资源，共同探究开放性问题，让学习的历程成为创造的过程。

研究型课程自适应学习系统
上海市

研究型课程自适应学习系统以自适应学习理念和技术为基础，是一个集资源富集与推送、学习引导与辅助、过程数据记载与挖掘、学生学习管理与评价于一体的智能化学习管理平台。它不仅仅是一个课程学习平台，其目的是依托信息化的手段实现研究过程的管理及评价、学习者行为数据的收集和分析、优质资源的汇聚和个性化推送、多种研究模式的融合以及学习者多维度的综合分析，为学生开展研究性学习提供智能化指导，提供各类优质的资源服务，分析和挖掘学生探究能力，为教育决策和分层分类培养创新型人才提供参考。建设内容包括研究型课程自适应学习平台、资源、培训、服务、学习评价。其中资源分为：① 研究性学习过程相关的方法论资源，② 用于启发学生思考和发现问题的案例资源（优课），③ 学生研究报告（成果）资源。服务包括：① 针对学生学习的支持和帮助，② 针对教师提供的支持和帮助。学习评价包括：① 过程性评价，② 结果性评价。

研究型课程自适应学习平台自2016年7月底上线试运行至今，已开设87所中学的管理员账号，平台用户25 771人，其中包括学生23 977人，指导教师1 692人，校长14人，校级管理员87人，平台管理员1人，有效课题总数19 010个。覆盖学校有复旦附中、交大附中、上海中学、格致中学、七宝中学、进才中学、育才中学、上海市回民中学、风华中学等一线重点高中，也有上海帕丁顿双语学校、上海市奉贤区奉城高级中学、行知实验中学等普通高中，为不同层次的学校提供了一个良好的研究性学习平台。

二、信息技术支持下的体验式学习

近些年来，以虚拟现实（VR）、增强现实（AR）、混合现实（MR）为代表的沉浸技术，以及游戏化学习和基于产品设计的学习极大地增强了学习的多维体验，从而让学习在技术的支持下开始朝着深度学习迈进。沉浸技术不仅限于通过技术构建更逼真的场景与体验，也指在技术的助力下，学习者能够更好地进入任务的情境之中，在复杂真实的环境中创造性地解决问题。过去的课堂更偏向于传授知识，而如今的课堂正在从一张张用于记录、阅读、写作的课桌，转变为一张张用于实践、协作、创造的工作台。

数字化实验系统
上海市

数字化实验系统（Digital Information System，以下简称"DIS"）是上海市中小学数字化实验系统研发中心历经十余年研究项目"中学物理教学的革新：数字化实验系统（DIS）的研发与应用"的成果。它把信息技术与实验教学进行了深度的融合，达到改变教师教学方式和学生学习方式的研究目标。近三年来，"研发中心"秉承"驾驭信息技术、服务理科教学"的工作宗旨，不仅延续了在数字化实验领域的创新和创造，更聚焦于STEAM综合科学教育实践领域持续发力。DIS智能实验仪器实现了信息技术与实验教学的深度融合，极大地方便了教学应用。

基于信息技术的现实情景虚拟化研究
杨浦区平凉路第三小学

教师利用增强现实技术的特点，在课程设计中融入情景表演、动画人物引领、学习过程的优质视频即时回放、慢放等先进有效的教学手段，实现现实情景的虚拟化，引导学习者走进虚拟的现实，加深情景的体验。增强现实技术可以将抽象的学习内容可视化、形象化，因为喜爱表演是孩子的天性。在以往的学习情境代入环节中，因为要求背诵剧本，尤其是英文剧本，不少学生常常借口功课太多而不愿接下"背诵剧本"的作业。采用增强现实技术，学校制作了适合小学生学习的"AR英语剧——海洋馆"

"三只小猪"等语言表演剧目，开展基于角色扮演的增强现实学习。海洋馆场面逼真，动物可爱、灵动。学习者在增强现实的环境中扮演不同的角色，并在一个动态的系统中，对交互的内容进行操作。学生们看到自己完美地融入美轮美奂的动画版海洋馆里，和可爱的企鹅零距离亲密接触，学习热情高涨。

数字化环境下小学科学学科"可视化探究"
广灵路小学

　　以"科学"与"技术"为核心内容的科技启蒙教育逐渐成为现代中小学教育体系中不可缺少的重要组成部分。《义务教育小学科学课程标准》指出："要注重培养学生良好的科学素养，通过科学教学使学生逐步领会科学的本质，乐于探究"。鉴于此，"科学探究"不仅是小学科学教育的基本内容，更是小学科学教育的主要方法和重要命题。现代信息技术的发展，不仅深刻地改变了人类的生产和生活方式，也同样给教育事业的发展带来了机遇。

　　以现代信息技术为载体的数字化环境，为学校教育教学改革提供了更为鲜活的形式和更为丰富的可能。依托数字化环境，创新学生科学探究的形式和内容成为一种可能的课改思路。可视化是将不可见或抽象的信息用有意义的图像、视觉效果或图片来表示，使人们能直观地掌握这些信息。学校借助学生机、教师机、DIS Lab 系列实验传感器，可视化实验观察、记录、分析软件及无线网络环境，构建了基于数字化环境下可视化探究实验室。学生在教师指导下，可以在实验室中利用数字化传感器获得距离、速度、力、热、声、光、电、磁乃至酸碱度、电导率、气体中成分的含量等多种变化量的数据，并利用相关分析软件将数据进行加工整理。整个实验过程主要以数字化传感器为测量工具，利用计算机读取数据。在实践中，教师始终遵循"中小学科学教育再也不能把儿童视为科学上的'无知者'和科学知识的'接受者'，而要把他们看作是真实的科学探究者"这一理念，让探究走进科学的课堂，让探究伴随教学的过程，让探究充盈学生的成长。这是小学科学"可视化探究"一切思路的出发点和最终归宿。

借助沉浸技术，主题的跨度可以变得更宽，形式可以更灵活，既可以是关系到全球与人类命运的大话题，也可以是从身边实际出发的小问题。这种学习方式注重学习者在整个项目完成过程中的协同配合能力，使得学习者能够始终保持积极的沟通合作，并能够分散化地开展项目研究工作，在团队合作中不断创新解决方案，从而更加深入地将知识应用于实践。[①]

① 杨晓哲,任友群. 高中信息技术学科的价值追求：数字化学习与创新[J]. 中国电化教育,2017(01)：21－26.

第三节
技术支持下深度学习的未来发展趋势

一、学习平台与学习资源再造

学习平台将线下学习与线上学习无缝衔接，让学习资源实现从不足有限到师生共创的方式转变，从而支持深度学习，进而通过混合学习等方式培养学生们的协作能力和问题解决能力。因此，未来应该研发下一代学习管理系统（Next Generation Learning Management System），开发面向"人人通"的网络学习空间，支持个性化学习与过程性评价，创建数字学档与学习分析，管理个人学习任务与连接学习共同体。

随着智能设备、社交软件、移动支付的普及，移动学习已悄然而至。在上海，已经有不少学校逐步开放了智能手机、平板电脑、笔记本电脑进入校园的日常教学。采用自带设备（Bring Your Own Device，简称"BYOD"）的方式，让师生在技术设备的使用上趋于平等。智能设备为开展随时随地学习提供了更为丰富的条件与手段。一台普普通通的智能手机中不仅可以安装各类应用程序，也能检索信息、收集信息、处理信息、展示信息和进行社交协作。对智能手机等智能设备的使用，促进形成了真正有效的移动学习,并且学习者在过程中学会学习与协同合作。移动学习不仅仅是简单的获取信息与资讯,而是充分利用智能设备的便利性、灵活性与自主性,促进学生调用丰富资源,联系实际情景,创造性地解决问题。同时,它还能促进学生利用智能设备进行独立学习与协作学习。在协同合作中,学生将充分运用社交软件的普遍性,增强团队沟通,注意倾听与采纳多元观点,在与他人协作完成任务中发现问题、规划设计、整合资源、解决问题。

"一日一读,一诗一赏"慧雅诗词在线阅读
嘉定区

暑假期间,借助跨校阅读平台,嘉定区号召全区小学生开展了"一日一读,一诗一赏"慧雅诗词在线阅读活动。本次活动采用数字阅读方式,创设社群共读模式,营造个性友好的阅读环境,希望进一步提升学生古诗词鉴赏兴趣与能力,以传统诗词浸润"教化之城"小学子的心田。学习古诗欣赏,品味人生意趣,尤其是那些名篇、名句可以使学生明晓人生哲理、中国魂,将优秀的文化知识潜移默化地渗透到幼小的心灵中。通过阅读平台,全区阅读数据被实时记录,学生共阅读古诗 57 611 首,累积阅读时长 10 941 小时。学生即便因放暑假待在家里,也可以通过阅读平台与同班同学展开互动,基于诗歌阅读的话题讨论,并可以通过平台接受教师和系统给予的个性化推荐。此外,学生还可以发布自己的朗读作品匹配自己的旅游照片,邀请同学、教师,甚至家长参与其中,共同营造一种跨时空的交流环境。

对于学生来说,学习平台并不少,市面上的学习平台琳琅满目,有课程管理平台、教学直播平台、作业解答平台、知识问答平台、阅读分享平台等。学生们可以根据自己的学习需求、学习目标、学习进展找到对应的学习支持平台。例如,一位喜爱读书的学生,可以经常到豆瓣读书平台上写书评,收到来自更多读者的差异化反馈,了解别人对这一本书的评价,甚至可以加入小社区进一步开展主题讨论。不仅如此,这位喜爱读书的学生还可以到喜马拉雅开办自己的读书电台,到知乎提问或回复他人对书中细节的疑问,到微信公众平台开启自己的书评专栏。所有这些学

习平台都平铺在这位学生面前，只要这位学生愿意，他的学习将穿梭于不同学习平台之间，在协作中串联起更多的知识、观点与学习伙伴。再比如，一个学生如果喜欢上了编写程序，想自学开发一款游戏。学生因为大量的平台而享有各种各样的学习路径。学生可以到网易云课堂、慕课网、Coursera 等一系列平台上看到大量免费的在线课程，并且不少课程还组织了小组讨论、作业反馈、项目活动。学生也可以采用游戏化的方式学习编程，如游戏化学习编程平台 Swift playground，通过有趣好玩互动的方式学习编程。通过类似的学习活动，他将逐步形成自己独立开发应用程序的能力，甚至可以申报自己的作品，参与全球开发者大会。一个个有形无形的学习平台，正在构建起学生丰富多样的学习路径。学习者不再是按部就班的知识接受者，而是积极活跃的知识创造者。

学习平台提供了更广泛的连接可能性，学习平台成为深度学习的广泛场域。互联网让人与人之间的连接变得简单、容易、多样。社交软件让学生与学生之间，教师与学生之间，校内与校外之间没有技术上的屏障与隔阂。然而，并非连接就意味着学习发生，这需要增加有效的连接。为此，学习者往往加入特定的论坛社区或社交网络进行交流互动。他们可以通过直接发问的方式向同伴寻求帮助，也可以参与到社区特定主题的讨论。在网络社区中，来自不同地域的学习者不受地理空间和时间的限制进行广泛的探讨，使得学习的过程充满了交流和碰撞。学生可以设法通过建立有效连接来扩大自己的视野，通过形成弱连接的方式了解不同观点和想法，并且设法与志同道合者进行深度交流和合作。也因此，学习者的整个学习过程都伴随着社交。与此同时，学习者需要更好地建构自己的数字化身份，自己在不同社交平台中的形象、习惯、专业偏好等。学习者对一个事物的学习过程需要融合不同人的不同观点，甚至需要跨文化的交流，并基于自己长期的分享经历进入特定领域的社交圈层。增加有效的连接，不仅带给学习者多元的视角与观点，而且促进学习者在某个领域内形成专业的学习共同体，促进深度学习的广度与深度。

校外学习平台如火如荼开展，但是反观校内学习平台却感觉有些冷清。在上海，学校使用学习平台的门槛比较高。学校要么付费订制自己构想中的学习平台，要么购买成熟的解决方案，要么融合不同平台解决应用问题。然而，遗憾的是，这样的做法不仅对于单个学校来说费用高昂，而且并不一定能得到理想中的学习平台。真正能满足教学互动、课程管理、混合学习、作业批改、过程性评价、移动办公等综合性需求的平台少之又少,校内对学习平台的需求虽然存在较大差异,但是整体需求日趋增长。因此,技术如何以更常态化的方式促进深度学习,建构适合基础教育阶段的可用、易用、好用的学习平台仍然是近期急需突破的关键环节。

随着智能设备与学习平台的多维度支撑,支持学生深度学习的资源发生了可喜的变化,一改过去学习中资源不足的问题,营造出师生共创、再造学习资源的新格局。

二、沉浸技术与多维学习体验

以虚拟现实(VR)、增强现实(AR)、混合现实(MR)为代表的沉浸技术,以及游戏化学习和基于产品设计的学习极大地增加了学习的多维体验,将继续让学习在技术的支持下朝着深度学习迈进。例如沉浸虚拟现实技术,就是沉浸技术的典型代表之一。虚拟现实是一种运用计算机系统生成的三维模拟环境,在环境中可以借助特殊的电子设备,如配有屏幕的头盔或装有传感器的手柄或手套,以一种看似真实的方式进行交互。佩戴了沉浸式虚拟现实设备后,体验者就进入虚拟现实空间中,犹如进入了一个完全不同的世界,可以自由地在里面行走,与空间中的物体、人物和环境进行互动。这种虚拟现实构建出来的场景极其逼真,甚至欺骗了大脑的感知与认识。

学习者在虚拟现实场景中可以体验多种不同的学习场景。诸如:在虚拟现实环境中获得物理上不可能实现的经验感受(如站在细胞核上观察细胞),模拟复杂的情景(如前往火星勘探),实现专家的远程协助(如多人虚拟现实的远程交互)。虽然,目前虚拟现实技术成熟度仍然有待进一步提升,但是它对深度学习的促进作用已经开始显现。在未来的2~3年内,随着技术的发展,虚拟现实构建的仿真场景,有可能用于一些特殊领域的技能训练(如实习医生进行手术演练);虚拟现实创建的模拟场景,带来逼真体验,甚至可能深度影响体验者的固有认知(如长期因身高而自卑的体验者,尝试在虚拟现实中以不同的身高亲历场景)。这些可以预见的创新性应用还会不断扩展外延。

新兴的数字化技术包括开源硬件、三维打印、激光切割机、数控机床等技术,将为学习者的创新带来更广阔的空间,降低创造的准入门槛,帮助学习者更快获得成就感并在不断迭代中进行创新。基于产品设计的学习不仅注重学习者在过程中的多次自主"输入"，而且更强调学习者在学习过程中的"产出"。学习者既是知识的消费者，也是知识的生产者与分享者。学习者创造数字化和非数字化作品的过程都将是学习的重要环节和必然要求。学习者能够根据不同的情景，创见性地提出自己的设计方案，比较方案之间的优缺点，最终确定所要创造的作品形式和内容。学习者将逐步养成创新意识，掌握充分地运用各种工具、方法和策略的能力。

科学与技术校本课程
上海世界外国语小学

学校的科学与技术课程板块就充分地运用了沉浸技术来开展基于产品设计的学习。该课程板块让学生在跨学科问题解决中不断尝试设计与创造。该科学课程实现了美国加州科学课程与中国上海"二期课改"科学课程的优势融合，形成了包括目标、内容、策略、评价等多方位的再造。世界外国语小学历经 3 年半，取美国加州科学课程和本土科学课程之长，融合了课程目标（完善细化综合探究能力目标）、课程内容（life、earth、physical 三条线索）、教学策略（概念学习法、图标组织法等十大策略）、教学建议与作业评价（每个单元每堂课）、关联实验，形成了学校独特的科学课程体系，并完成了第一轮所有单元的课堂实践。例如，3D 打印在学校里并没有作为一个独立的课程出现，而是让它与其他学科横向连接，嵌入到 STEAM 课程中去。世界外国语小学对该课程设定的目标是：① 探索使用这些新技术的路径和策略；② 找到更加容易的方式教授科学和数学知识；③ 让学科可视化，通过制作的模型验证自己的科学假设。在 STEAM 综合课程中，答案正确与否、实验成功与否并不重要，质疑、探究、实践，探索创新的过程才是最需要的。3D 打印技术正是为这样互动探索式课堂提供了重要的技术支持。此外，机器人课程、数学思维课程、工程课程等都属于科学与技术课程板块的内容。

与此同时，通过游戏化学习的方式增强沉浸感也是技术带给学习方式的重要转变。游戏化是一种寓教于乐的方式。设计一个游戏化学习任务的基本要素是：目标、规则和即时反馈。电子游戏与学习系统结合不仅提升了个性化反馈的及时性,而且增强了学习情境的场景感,更重要的是游戏化学习能够提供差异化的成就感。一些学习者之所以厌学的原因在于他们在该学科该领域内很难获得成就感,久而久之就会降低自我效能,在退却、徘徊和否定之中放弃学习。游戏可以根据不同学习者的不同层级水平,设法营造不同的荣誉体系、反馈体系、竞争体系,尽可能地降低门槛,并通过各种方式循序渐进地提升难度。游戏化教学期望通过任务难度与个体能力水平的相互匹配,使得学习过程变成一种不断适度挑战的过程,有助于学习者进入相适应的体验状态。

"基于多元体验"的自然学科数字化教材
闵行区平南小学

小学自然课程的教学目的是要丰富学生常识性的科学知识,让学生体验探究过程,改善他们的行为和对待科学的态度。教师希望在学生不断增加知识的同时,也能关注到学生的行为和态度的变化。数字化教材能够提供丰富的教学资源,使教材内容呈现方式多样化,提高学生的学习兴趣。平南小学在小学自然数字化教材的开发上运用了创新技术,采用UNITY 3D进行制作,引入实时 3D 支持,对于宏观世界(如太阳系)和内部世界(如脊椎构造)以及微观世界(如细菌)的知识点进行了突破性的尝试。同时,该教材还对课后练习与测评进行了游戏化尝试,通过配对、连线、拼图等手段大大加强趣味性与互动性,让学生更有参与和互动欲望。教材最突出的应用莫过于"数据分析"和"数据挖掘",它们作为数字教材独有的核心功能,能让教师即时捕捉学生的学习动向,调整教学计划,让学习设计由"静"变"动"。

以数字音乐教学激发学生创新能力
上海中学

数字音乐是用数字格式存储的,可以通过网络来传输的音乐。在如今数字化普及各个领域的时代,数字音乐产业也确立了其重要地位。音乐的创作方式、储存技术、传播途径都发生了巨大的变化,音乐的数字化势不可挡,电子设备、互联网已经成为音乐存储和传播的主要途径。与此同时，音乐教学领域中产生了新的教学手段和模式，迎来了音乐教学新的格局。

作为国际化、创新型名校，上海中学早已将先进的理念融入办学理念和教育教学中，在音乐教学方面，也率先将数字音乐艺术引进了课堂。数字音乐课程的开设，与时俱进地将现代化电子设备与音乐艺术相结合，不仅丰富了学生们学习音乐的途径，也为学生们打开了音乐领域的另一扇大门。数字音乐制作是音乐技术能力和音乐创造能力的集中体现。在学习过程中，它需要学生具有一定的数字设备操作能力，注重培养他们运用专业音乐理论知识，利用数字化的技术来完成音乐创作，以发挥艺术灵感；更重要的是在创编、创作音乐的实践操作过程中，潜移默化地培养学生们的创新意识和创造能力。

在课程开设初期，为了更好地指导教学，学校于 2005 年组织编写了第一版配套教材。教材一共分为 4 个单元，共 16 节。每一节的内容环环相扣，层次由浅入深，在编写理念上有异于市场上出版的类似操作说明书的数字音乐教材，而是以实践操作体验为基本手段，以激发音乐创作思维为特色，以知识拓展和视野开阔为辅助，着重强调了创造思维的激发和体现。根据学生年龄层次以及音乐素养的不同，教师可通过不同形式，选取不同教学内容进行授课。如，针对小学段学生，我们根据学生的接受和理解能力，开设了 iPad 乐队课，使用 GarageBand 让学生组成自己的虚拟乐队。GarageBand 是一款易操作的软件，学生很快就能上手，并在虚拟乐队中担任一定的角色，和其他同学一起完成歌曲的演奏。除此之外，我们也可以让学生进行一些简单的旋律创编，潜移默化地培养学生们的创作能力。在这里，学生可以将自己的原创音乐进行录制，同时也可对录制的音乐进行后期的混音制作，比如音高的修整，声部的平衡调节等。通过一系列的专业录音混音技术，学生就可以制作出自己心仪的单曲。

深度学习的最大挑战在于如何迁移所学的知识，并在不断应用中加深对知识的理解，甚至重构知识本身。沉浸技术提供了更多样的手段，学生们可以采取个体或团队的方式，开展更丰富多层次的学习体验，并进一步发现问题、解决问题。沉浸技术已然不仅是让学习沉浸于虚拟世界,而是串联起虚拟世界与现实世界的诸多桥梁。增强现实技术(AR)是通过计算机系统提供的信息增加用户对现实世界感知的技术,它将计算机生成的虚拟物体、场景或系统提示信息叠加到真实场景中,从而实现对现实世界认识的"增强"。学生们可以自己进行创设,为现实中的每一个事物、每一个场景添加上不同的关联虚拟信息,从而更好地理解周遭,创造新的知识。

三、人工智能与学习范式重构

从 1956 年"人工智能"(Artificial Intelligence)的提出,至今已有 60 余年,在其发展过程中,有过几次起伏。然而近几年,随着大数据分析、神经网络和深度学习算法的优化,人工智能从"实验室"里走了出来,在人们所熟知的一些领域中崭露头角,如语音识别、人脸识别、围棋对弈、无人驾驶等。人工智能在这些领域取得了突破性的成功,受到了前所未有的关注。2017 年 7 月 8 日,国务院印发的《新一代人工智能发展规划》中指出:"人工智能的迅速发展将深刻改变人类社会生活、改变世界。为抢抓人工智能发展的重大战略机遇,构筑我国人工智能发展的先发优势,加快建设创新型国家和世界科技强国,按照党中央、国务院部署要求,制定本规划。""人工智能成为国际竞争的新焦点。人工智能是引领未来的战略性技术,世界主要发达国家把发展人工智能作为提升国家竞争力、维护国家安全的重大战略,加紧出台规划和政策,围绕核心技术、顶尖人才、标准规范等强化部署,力图在新一轮国际科技竞争中掌握主导权。"①在 2017 年 10 月召开的中国共产党第十九次全国代表大会上,人工智能作为科技领域最具代表性的技术,被写进十九大报告,上升到了国家战略的高度。未来人工智能的发展将如何进入包括教育领域在内的社会的方方面面,是当下的一个热门话题。

我们无法准确预测人工智能时代教育的确切形态,但必须立足当下展望未来,充分发掘人工智能的优势,解决当前教育教学中的典型问题,进而驱动教育的变革和发展。这是当前教育研究者和人工智能专家应当着力去做的事情。

基于人工智能的发展,语音识别、姿势识别、表情识别、脑电波识别等技术取得

---

① 国务院. 国务院关于印发新一代人工智能发展规划的通知[EB/OL]. http://www.gov.cn/zhengce/content/2017 - 07/20/content_5211996. htm,2017 - 07 - 20.

了进一步的发展，为教育研究提供了新的工具。探索并挖掘该类技术在教育领域中的应用情境、应用方式和使用效果，可以成为未来学习研究的一个方向。[①] 例如，在线学习的过程中，通过摄像头捕捉到学习者在线听讲时的表情，通过人工智能分析出表情对应的情绪，为大规模在线课程的授课教师提供准确的学生情绪反馈数据，有助于教师立即进行讲课内容或教学方法的调整。而在线学习可能会成为今后每个人学习的最常态，人工智能将采集到学习者更多维度的数据，从而能够察觉出我们尚未发现的教育教学规律。

与此同时，知识图谱是显示知识发展进程与结构关系的一系列表征，可以运用可视化技术描述知识资源及其载体，挖掘、分析、构建、绘制和显示知识及它们之间的相互联系。面向不同层次学习者的知识图谱是实现个性化授导的基础，是教育人工智能领域需要优先开展的基础性工作。借助人工智能中的深度学习算法，我们可以不断发现学习中的规则，进行过程性的学习评价与个性化反馈。

人工智能在教育中的进一步发展，依赖于数据全方位渗透到教育的各个环节之中。数据渗透全过程表现出六个趋势：信息数据化、流程自动化、线下线上化、应用无线化、决策实时化、教学智能化。

信息数据化：学校数据的基础工作就是将大量学情信息以一定格式，一定关联的方式转化为数据。教师与学生的大量基础信息以数据的方式存储，并且通过各种字段定义与数据结构关联，一定程度上打通原本的信息孤岛，从而避免了信息无效叠加和重复采集信息。与此同时，在信息数据化之后，学校也必须特别注重数据权限的分配、数据安全、数据容错与数据备份。这是信息数据化的基础保障。

流程自动化：有了信息数据化作为基础，学校大量的日常事务便可实现流程的自动化。比如，请假制度完全可以实现流程化、自动化审批。学校的大量事务，包括会议、教研等将逐步实现无纸化，并有大量工作将实现没有中间环节的自动化处理。而在教师教学、备课教研、师生互动方面，通过梳理流程，学校将建立起一系列可以不断完善的有序规则，让这些工作得以自动化，省去教师原先忙于琐碎事务的时间。

线下线上化：在获得学校内部与外部的教学交互平台的支持后，教学时空真

---

① 任友群.人工智能何以驱动教育变革？[J].教育家,2017(11)：4.

正得到拓展,线下的知识讲解、研讨活动、项目学习也可以无缝地搬移到线上来,并且大量教学活动的开展必然是一种混合的方式,线上线下不再边界清晰,而是为了共同的学习目标进行深度整合。

应用无线化:一方面,教师的校内应用平台正在逐步适应教师移动办公的需求。甚至不少学校的教师在批改作业时都开始使用移动设备,从而摆脱了时间和空间的局限。学校对无线 Wi-Fi 全覆盖、扩容带宽提出了更高的要求。另一方面,无论是笔记本电脑、平板电脑,还是智能手机,都正在成为学生学习的工具。虽然尚未达成共识,但是趋势正在逐步形成,这就意味着无线校园是一个必然的趋势。大量数据的产生与应用同样发生在移动端。

决策实时化:过去学校的管理决策、组织决策、课程决策、教学决策都难以实时化,因为信息的采集需要一个过程。而如今,数据可视化、数据透明化、数据分析自动化,为决策提供了多方位数据支持。同时,从数据关联到动态生成本身,也会让一些过去忽视的问题浮现出来,这种通过数据反向洞察问题的方式将成为常态。教育决策正在朝着实时化方向发展。

教学智能化:随着技术的进一步发展,图像分析技术、语音识别技术、姿态识别技术、表情识别技术、学生数字画像,甚至脑电波技术,正在用于采集更多的数据,学习行为被进一步数据化了。学生的状况不再是定性的,而是定量的,将受到更多个性化关注。在此数据的基础上,教师团队开始将自己的策略与机器算法的处理能力相结合,创建出新的教学组合方式,学校教育数据正逐步促进教学智能化。

人工智能将让过去的学习分析技术取得进一步提升。学习分析是通过对学习者及其环境的数据采集、测量、分析和模型建构,从而理解和优化学习。一方面,学习分析技术需要获取学生的大量线上线下学习数据,同时必须以不同层次、不同水平的学习平台作为基础。另一方面,学习分析需要深入的数据挖掘,建立学习者学习模型,从而为教师制订更明智的策略提供辅助,为学习者自我分析提供真实的帮助。虽然大数据分析可以得出更宏观的分析结论,但是学习者更关注自己学习的"小数据"分析成果。而教师可以灵活地借助一些工具软件提升分析手段的有效性,从而便捷地运用于具体的教学活动中,为教学改进、教学研讨提供可讨论、可研究、可操作的数据分析。

随着技术的发展，数据采集的方式正变得越来越多样而丰富。随着脑机接口技术、脑扫描技术、分子生物学、生物医学工程、神经科学和学习科学的综合发展，脑科学技术将在未来影响学习者对于自我学习状态的判断，甚至自我干预学习状态。人的大脑里有将近 1 000 亿个神经元，这些神经元处理着电信息和化学信息，从而进一步构成大脑皮层的功能分区。已有研究表明，大脑可初步分为动作区、体感区、视觉区、听觉区、认知和情感区等。然而，现在的研究仍然有很多需要不断完善的地方，技术手段仍然没有办法完整地模拟人脑的构造与功能。这让人工智能目前还难以真正帮助脑科学的研究。我们尚不清楚大脑中存储记忆和思维的区域如何具体工作。脑科学技术应用于学习仍然处于尝试阶段，通过佩戴简易的 EEG 脑电波测试，可以捕捉学习者的注意力和冥想值，也可以通过一定方式的训练提升学习者的注意力。在未来，我们可以根据人脑的更多可测量的数据来研究人的学习行为与教育干预之间的关联，并且进一步了解心智的发展，促进对教育规律的深度研究。并且，除了脑科学，其他感知技术也在迅速发展的过程中，诸如：人脸识别技术可以用于采集身份表征，表情识别技术可以捕捉学习者情绪状态，姿态识别技术可以获取学习者的姿态动作与行为分析，可穿戴手环可以监测学习者的心率……如果这些数据是孤立的，就没有太多实质性的价值，但是如能通过数据串联，将数据有效连接，从而进行学习分析，就会凸显出新的意义，也将让学习者更好地认识自己学习的过程。

尽管人工智能与学习分析、数据采集技术的进一步结合有助于产生新的学习范式，但是我们仍然需要保持对教育的敬畏，对教育本源的坚守。每一个学习者不是一个数据集合，而是一个个人，他们有梦想、有激情、有理想、有热爱，这些恰恰是数据分析与人工智能进一步应用容易忽视的。我们不应该让先进的人工智能技术成为另一种贴标签的工具，而是要与人工智能一起重新思考学习的意义、内容与方式。

长期以来，教育教学的主要形式是以教师讲授为主的班级授课制。借助于人工智能技术，因材施教有望在不远的将来成为现实。人工智能通过对学生全面数据的采集与捕捉，可以为每一个学生的学习建模，从而能够实现支持每个孩子自己的学习目标与学习内容，最大限度地实现个性化学习与成长、潜能的最大化发现与发掘。教师也不再是知识的搬运工，而成为学生学习的教练，学习团队的引领者，学习共同体的组织者,学习活动的服务官,学习环境的设计师,学习数据的洞察者。在师生的共同努力下,学生也将逐步具备数字化胜任力,具备新时代所急需的创新思维、批判性思维、社交领导力与计算思维。

参考文献:

国务院. 国务院关于印发新一代人工智能发展规划的通知[EB/OL]. http://www. gov. cn/zhengce/content/2017 - 07/20/content_5211996. htm,2017 - 07 - 20.

郝京华. 脆弱知识综合征就在我们身边[N]. 中国教育报,2009 - 10 - 09.

任友群. 人工智能何以驱动教育变革?[J]. 教育家,2017(11):4.

杨晓哲,任友群. 高中信息技术学科的价值追求:数字化学习与创新[J]. 中国电化教育,2017(01):21 - 26.

祝智庭,彭红超. 深度学习:智慧教育的核心支柱[J]. 中国教育学刊,2017(05):36 - 45.

National Association of State Boards of Education. Deeper learning: policies for a 21st education [EB/OL]. http://www. nasbe. org/education-leader/deeper-learning-policies-for-a-21st-education/, 2015 - 05 - 01.

William and Flora Hewlett Foundation. Deeper learning [EB/OL]. http://www. hewlett. org/strategy/deeper-learning/,2017 - 02 - 20.

第三章
技术与学校：打造"学习与发展共同体"

　　移动互联网、云技术、大数据、物联网、人工智能等新一代信息技术正在加速向经济社会各个领域渗透，教育也同样面临着重大机遇与挑战。从以人为本的视角看来，学校对于中小学生而言，在生命历程之体验、个体身心之成长、社会品质之形成，其重要性不言而喻。考量我国中小学校的改革实践，在认可已经取得长足发展的同时，尚存一些有待完善的空间。在不可回避的信息化浪潮中，学校如何从"学习共同体"走向技术支持下"学习与发展共同体"？或许，一个技术支持下的学校变革新时代即将到来！

推动学校变革的动力因素是什么？历史上技术与学校变革之间有着怎样的紧密联系？本章在梳理技术与学校变革的关系、系统总结上海基础教育技术助力学校变革的成功经验和尚存不足的基础上，照亮了未来技术凸显变革价值的三个领域：

➤ 学习空间的顶层设计与建设；

➤ 学习技术范式的变革与实施；

➤ 基于真实情境的学科融合理念的践行。

第一节
技术与学校变革的关系

　　回顾人类社会的历史，技术曾经创造了无数的奇迹，帮助人类实现了无数的梦想。我们自然会期待，技术亦是作为教育的变革性力量帮助人类实现教育的梦想。随着新技术大量应用于教育教学领域，掀起了一浪高过一浪的技术教育应用热潮，技术支持的学校变革也随之兴起。不同于传统学校，今日之学校作为技术支持下的学习与发展共同体，应如何正确把握变革，如何积极进行变革？在信息化的大环境下，又会呈现怎样的学校生态呢？

　　一、基础教育中的学校变革

　　现阶段我国基础教育学校变革是在国家教育改革的宏观背景下展开的。从时间的维度看，20 世纪 80 年代至今，我国的教育改革既有一以贯之的目标引领，也有分时段的主题变化与重心调整。这恰恰反映出教育改革的探索与深入，也鲜明地反映出基础教育的改革将直接影响着今后教育学校的变革。①

传统学校指教育者有计划、有组织地对受教育者进行系统的教育活动的组织机构。当代学校即技术支持下的学习与发展共同体,该概念具有三层含义:一是从存在形式来看,当代学校浸润于信息化的社会环境中,信息技术支撑学校的课程、教学与活动的设计、开发与运行;二是从知识流向来看,当代学校不是知识的单向传递,而是教师与学习者通过过程互动而实现对知识的理解与应用;三是从价值存在来看,当代学校不是知识的简单继承,而是教师和学习者在知识继承中创造新知识,促进社会更新发展,从而服务于师生个人的终身发展。具体说来,当代学校变革具有以下基本属性:

一是价值提升。当代学校的存在价值主要是为社会更新性发展,为个人终身发展服务,使教育成为人类社会更新性的再生系统。这一转换将使学校的主旨从以传递知识为主要直接目标,转换到以通过包括知识教育在内的各种手段,培养具有主动发展的意识与能力,能在各种不同和变化着的具体情景中努力开发自己潜力的人为主要直接目标。

二是结构开放。在学校结构层面上,这一属性主要表现为两个向度的开放:一个是向外的开放,包括对网络、媒体的开放,对社区、社会的开放,以及学校间、相关教育机构的相互交流开放;另一个是向内的开放,在管理上向师生的开放,在教育、教学活动中向学生发展的可能世界开放。结构开放促使学校结构型态由宝塔型向扁平型转换,在学校教育实践的不同层面之间有积极的互动,在同一活动过程中每个参与的个体或者有组织的群体,都兼有信息接受者、传递者和加工者,而且也是信息的创造者和发送者的"角色",使结构整体呈网络状态。

三是过程互动。这是上述两项属性对教育教学活动过程转型的要求。过程中的互动呈现多元、多层、多向、多群的状态。教学与教育过程中的师生创造力由潜在可能向现实的发展转化,在这样积极、有目的的互动过程中实现。

四是动力内化。发展动力的转换是最深层次的转换。动力内化意味着学校形成自己内在的发展需求、动机和动力机制。动力内化机制方面的主要表现是由贯彻上级行政要求式的执行机制,转向以校本研究为动力的学校发展机制。学校只

① 张乐天.基础教育学校变革:进展、问题与建议[J].教育学术月刊,2012(12):3-6.

有具备了内在动力，认识到教育内在的使命和力量，认识到教育是直面生命、通过生命、为了生命的人类伟大而特殊事业时，才会把受教育者健康、主动的发展看作目标、过程和动力；认识到只有把内在的价值与动力调动、开发出来，才会在应对外在需求时保持主动、善于选择且不丢失自己的相对独立性。[①]

学校教育的价值转型、结构转型、实践转型和发展动力转型，构成了学校变革的综合结构，它们的内在关系并非是并列式的，而是由价值的重建开始，到动力内化的学校整体变革的过程。

二、技术助力学校变革动力因素

关于学校变革的动力问题，国内学者范国睿基于社会学视角提出：学校变革的内部动力是满足学校需求，外部动力是参与社会竞争。现代信息技术为教育的改造提供了相当大的可能，新的教学模式构建也在有序拉开，开启智慧教育课堂已经成为当下学校新的征程。

（一）内部因素

1. 教学环境

一般意义上的教学环境指的是学校实体建筑与教室空间，是学校生态内部环境的重要组成部分，是教学活动的基本条件，为教学活动提供教学场所。教学环境渗透于教学，在潜移默化中影响师生，对教学效果产生或积极或消极的影响。在教学信息化过程中，随着技术的不断发展，教学环境也在不断变化。从教室的演进历程看，教室从只有黑板的传统教室变为拥有投影仪的电子教室，又随着信息技术的发展，成为配备电脑的多媒体教室，现今又不断向智能化的教室发展。信息化的环境下，教学环境的设计秉承以人为本的理念，对软硬件设备进行不断的优化。

2. 人（教师、学生与家长）

人是学校生态中的核心，主要包括教师、学生与家长。在信息化的学校生态中，教师是教学实践的直接实施者，他们将直接决定教学实践的形态。信息时代的教师

---

① 叶澜. 21 世纪社会发展与中国基础教育改革[J]. 中国教育学刊，2005(01)：6-11+15.

应能在教学实践中熟练、自觉地应用恰当的技术,并能对教学进行反思和研究。[①] 学生是教学实践的实施对象,是信息时代的原住民,对技术有着得天独厚的天赋。将技术融入教学有利于促进学生的学习动机,并且自适应技术以及大数据的不断发展,使学生的个性化教学成为可能。家长作为学校生态的一分子,起着辅助教师更好地教学的作用。在信息化时代,家长与教师的交流越来越便捷、频繁,各种通信设备以及社交软件摆脱了家长与教师之间时间与空间的限制,促进了家校合作。

3. 课程

课程是学校生态内部环境中的重要组成部分,是学生习得知识的载体。在信息化时代下,人们从注重教材的建设转变为注重课程信息与资源的建设,课程资源的日益丰富,使学生的个性化选择成为可能。并且课程情境基于真实问题,形成课程情境的真实化;课程内容融合多种学科,形成课程内容的多元化;课程方式不断创新,形成课程方式的多样化。在科技蓬勃发展的当下,不断涌现的技术为课程的变革注入了活力,促进了学校生态的优化。

(二) 外部因素

在信息化时代下,学校不再是一个独立的个体,逐渐与社会交融,形成了学校生态中的外部环境。学校、企业、研究机构、同区域学校、高校、教育行政部门一起形成了学习共同体。随着市场教育产品需求的日益迫切以及教育地位的日益提高,一些企业与研究机构纷纷聚焦于学校教育,促进了教学软硬件的优化,也促进了教学方式的多样化。由于信息技术的发展,同区域学校间的交流方式变得更便捷、多样化,增加了学校间的交流,在一定程度上促进了教育公平。专家进校指导课题与课程的建设也成为必然的趋势,产、学、研之间形成了紧密的联系。

(三) 内外因素关系

学校生态内外因素联系如图 3-1-1 所示。在内部环境中,教师、学生、课程

---

① 余胜泉,陈莉.构建和谐"信息生态"突围教育信息化困境[J].中国远程教育,2006(05):19-24+78.

三要素互相作用，形成一个有机整体。具体联系表现如下：教师与学生之间进行双向交流；教师对课程进行系统的设计，课程与学生均对教师进行反馈；学生可通过教师与信息技术的支持进行开放且个性化的学习；学生彼此可进行同伴互助学习；教师内部相互交流促进专业提升。

研究机构为内环境提供专家、技术指导，内环境为研究机构提供实践场所；企业为内环境提供技术指导以及技术、设备的支持，内环境为企业提供调研场所、专家指导；同区域学校通过派遣专家进行学校与学校之间的学习交流；高校专家的课程指导与开发为内环境提供专家指导、优质教学资源，内环境为课程开发提供案例材料；教育局为内环境提供政策支持、硬件支持、课程标准，内环境为教育局培养人才。外环境与内环境在信息技术的支持下相互交流，加快了各自领域的发展，共同促进了人的全面发展。

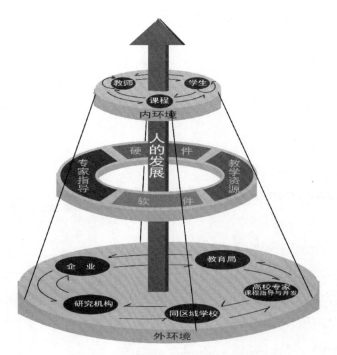

图 3-1-1 学校生态内外因素的联系图

综上所述，未来的学习方式将打破校园的围墙，变得灵活多元与开放，学生的学习不受空间、时间、教学方法的限制；未来的课程将更多地基于真实问题而设定，通过跨学科整合，培养学生的创新性与实践性；未来的学习空间将以人为本、智能化、可重组，凸显个性化学习。在信息化的大环境下，学校作为"学习与发展共同体"，其生态将不断优化，向外扩展，通过空间、课程与技术的融合，形成个性化的学习支持体系。

第二节
上海基础教育技术助力学校变革的实践探索

　　在信息化时代下，一方面，学校将面临繁多且复杂的挑战；另一方面，多样化的需求以及更迭的软硬件设备为教育的变革提供了更多的可能。上海各中小学以自身的实际情况为基础，积极将技术融入学校，从不同视角下优化信息化下的教学。

　　在上海中小学教育变革的过程中，信息技术扮演着重要的角色，为教师的专业发展开辟了新的道路，为课程的重组提出了新的启示，为学习环境的重构融入新的理念，为校长的领导力提出新的要求，从全方位改善教育现状，促进了教育更好、更快的发展。

　　一、学习环境设计与重构

　　智慧校园，就是运用物联网技术、云计算技术、学习分析技术、大数据分析等新技术将校园内的人员、设备、资源以及其他相关因素整合为一体化、智能化、智慧化的校园环境。这个校园环境以各种应用服务系统为载体，将教学、科研、管理和校园生活服务进行高度融合，实现资源共享和对教育教学的洞察和预测，达到提高教学管理和教育服务的效果。[①]

信息化办学环境是学校开展基础教育信息化工作的前提基础和物质保障。通过上海市"二期课改"的实施，上海市中小学校在信息化环境建设方面已经做了尝试和努力，如静安区一中心小学的云课堂、华东模范中学的创新实验室、黄浦区海华小学的基于 Moodle 云教学平台、虹口区的电子书包和数字化教材等。学校分别开展了相关研究和实践，吹响了上海市基础教育信息化资源环境建设工作的号角，开启了学习环境重构的新篇章。但在实践过程中也存在一些不足，主要表现为以下特征：

1. 学习环境特色化，系统性不足

在学校数字化环境建设方面的问题，主要体现为规模小、覆盖面窄、缺乏系统性等。学校数字环境主要是各中小学校根据自身现实需要而自主建设的，通常具有学校的校本特色，目前还没有形成大规模的区域特点，有待通过校际和政府间的合作，构建区域协调统一的数字化学校教学环境。覆盖面窄主要是指，目前的学校数字化教学环境建设的目的仅仅是满足一些中小学校在教师办公、课程教学或学生学习的个别需求，还无法满足学校日常办学的全面需求。缺乏系统性是由于以上两点的局限和影响，导致目前建成的数字化学校环境在规模和覆盖面上均未能达到区域协调、校际合作、学科整合、师生共创等系统设计与实际需要。

2. 数字资源丰富，共享性不高

信息社会数字化资源的主要特点就是资源的共享性。从学校实际建设工作角度出发，自然能够衍生出共建的特性，但目前地区之间、主体校企之间、校际之间在数字化资源建设与使用方面都没有明显体现出来。数字化资源建设工作应该是由政府、学校和信息企业等多方合作来完成的，缺少合作将会给建设主体带来经济或技术上的难题，只有多方主体形成合力，才能保证和推动资源建设工作的顺利实施。数字化资源的共享既能避免重复建设，也能充分发挥资源的使用价值，更能扩大资源的覆盖面和有效性。但遗憾的是，目前在学校数字化资源建设方面多为单兵作战，在资源的使用方面也多为独享单调的午餐。

---

① 范绕."互联网＋"教育环境下基于智慧校园的高校教育信息化建设研究[J].江苏科技信息，2017(29)：78−80.

3. 创新实验室崛起，人文体验较弱

实景体验技术是"2017 年地平线报告基础教育版"中提到的中小学师生近期需求最大的一项学习技术，体现在学校的环境建设上即为师生在教与学活动创设实景体验环境。创设教学实景环境是为满足学校教学中情境学习需要，方便学生的知识建构和理论联系实际。教学环境有真实环境和虚拟环境之分。真实环境是自然界真实存在的，受学校物理环境的制约，往往选择虚拟环境来加以补充。目前在教育信息技术领域，AR 和 VR 技术是用来创设虚拟教学情境的主要选择。但调查发现，AR 和 VR 技术还没有真正走进中小学校，当然就更谈不上走入师生的课堂，进而也无法满足日常教学对教学情境的需求。

基于数字技术整合的创新实验室
上海中学

基于数字技术整合的创新实验室已成为上海中学促进学生"聚焦志趣、激发潜能"的重要平台，是提升学生基于志趣、匹配学科领域的创新素养培育的切入点和突破口。学校自 2002 年起开始构建数字化创新实验室，目前已累计建构了 32 个，如表 3-2-1 所示。

表 3-2-1 上海中学 32 个数字化创新实验室列表

2008 年前建成的数字化创新实验室		2008 年后建成的数字化创新实验室	
1	现代生物学基础实验室	1	现代仪器分析实验室
2	数字化物理通用实验室	2	激光与光纤基础实验室
3	植物学实验室	3	现代生物化学和分子生物学实验室
4	自动化控制基础实验室	4	微生物学实验室
5	摄影实验室	5	生态学数据采集实验室
6	电机变频技术（强电）实验室	6	信息安全实验室
7	纳米材料基础与合成实验室	7	智能工程实验室
8	电脑音乐实验室	8	数字视频创作实验室
9	电脑美术实验室	9	金融实验室
10	数字电路技术基础实验室	10	EP 节能汽车实验室

续　表

2008 年前建成的数字化创新实验室	2008 年后建成的数字化创新实验室
11　智能楼宇实验室	11　人体医学病理学实验室
12　汽车模拟驾驶与基本原理实验室	12　细胞生物学实验室
13　天文与地理实验室	13　非线性编辑实验室
14　环境监测与治理实验室	14　嵌入式实验室
15　纳米合成基础实验室	15　环境工程实验室
16　纳米技术与分析实验室	16　商用航空发动机教学与创新实验室

这些实验室包括科学类、工程类、技能类、艺术类四大类型。数字化创新实验室的建构与课程开发需要充分利用与大学、科研院所的相关资源,注重学科教师与大学、科研院所专家通力协作,采用"双导师"授课指导的模式。学校先后与上海交通大学、复旦大学等 17 所高校、科研院所建立了以专门课程开发、创新实验室建构等为载体的实质性合作,每学期都有 100 多位专家(含院士、"973"首席专家)来校宣讲,作课题指导。

学校的数字化创新实验室有效地促进了学生的志趣聚焦与专业取向选择。基于创新实验室与专门课程的学习、探究,极大地促进了学生阶段性最佳专业发展取向的形成,绝大多数学生所选专门课程以及在创新实验室内所做的课题方向,与他们升入大学所学专业高度匹配。

通讯创新实验室
华东模范中学

学校的通讯创新实验室是华东模范中学与电信公司合作建设的,旨在通过了解通讯发展历史、学习现代通讯技术,体会现代通讯技术的飞速发展给我们带来的美好生活,深刻理解智慧城市、智慧家园建设的核心内涵。

通讯创新实验室面积 300 多平方米,分四个区域:通讯发展史学习区、小组交流区、实验操作区、活动体验区。实验室基于通讯知识开发了 7 门自主学习课程和 6 个自主探究活动。7 门课程是:通信发展史,数据通信,局域网技术,网络层、传输层和高层协议,互联网设备和物联网技术,TCP/IP 应用层及 Intranet,无线传输和互联网;6 个活动是：Lan 网络的设计和搭建,Wlan 网络的搭建、暗管穿线,光纤熔接,光纤入户设备配置,家庭网络规划,单片机技术。教师为学生提供了探究活动的硬件和理论基础;学生可以通过自主选择参加校本拓展课程,组成学习活动小组,并在教师的引导下,经历自主学习和体验。

通讯创新实验室是一个对全区中小学生开放的实验室。学生们可以依据实验室编写的"微课题研究指南"选择适合自己的微课题,组成课外探究小组,并在指导教师的指导下开展课题探究学习活动。

二、技术助力教师专业化发展

教师作为学校生态的重要组成部分,其自身的专业发展要求在不断提高,无论是自身职业的专业化,还是国家管理的专业化都为其带来了新的挑战。

教师专业化包含四个层面的含义：一是教师专业既包括学科专业性,也包括教育专业性,国家对教师任职既有规定的学历标准,也有必要的教育知识、教育能力和职业道德的要求;二是国家有教师教育的专门机构、专门教育内容和措施;三是国家有对教师资格和教师教育机构的认定制度和管理制度;四是教师专业发展是一个持续不断的过程,教师专业化也是一个发展的概念,既是一种状态,又是一个不断深化的过程。[①]

对于教师专业化这一概念,应该从动态和静态两个方面来理解。从动态的角度看,教师专业化主要是指教师在严格的专业训练和自身不断主动学习的基础上,逐渐成长为一名专业人员的发展过程。而从静态的角度看,教师专业化是指教师职业真正成为一个专业,教师成为专业人员得到社会承认这一发展的结果。[②] 因此教师专业化不仅是教师培养、教师教育的过程,而且体现了对教师专业水平和社会地位的一种肯定和认可。

信息技术支持下,学校作为"学习与发展共同体"的本质日渐清晰。作为共同

---

① 杨荣昌.教师继续教育课程体系研究[D].华东师范大学,2006.
② 徐金尧,叶萍.中小学体育教师继续教育课程模块建构与培训方案设计[J].浙江体育科学,2010,32(01):49-52.

体中的重要成员,教师不再专职于"授业""解惑",正为更好地服务于学生的成长而不断提升与发展,主要有以下三方面:

1. 教师信息素养与教育技术能力的提升

联合国教科文组织教师发展与高等教育司司长戴维·阿乔莱那接受采访时说道:"要做到信息与多媒体技术有机地融合到学科教学中,教师本身的信息素养至关重要。为了提高教师信息素养,需要对教师进行有计划、有针对性的信息技术培养;在教学实践中,教师要将信息技术的学习和应用与教育观念更新有机地结合起来。"[①]在信息化时代下,技术的更迭越来越快,新兴的技术不断涌现,对教师的信息化素养提出了更高的要求。

技术为教育带来了越来越多的积极作用,促进了教育的变革,也促使了一部分人对新兴技术产生了盲目从众的心理。而教师作为教学实践的直接实施者,需要时刻保持对于技术的理性态度。将一个新兴的技术运用于教学,首先需要教师了解、掌握该项技术,并且能够对技术与学科进行合理整合——既需要教师对学科内容有深刻的认识,更需要教师对技术的特性有充分的把握。

2. 教师跨学科教育能力的培养

随着教育部《关于全面深化课程改革 落实立德树人根本任务的意见》(教基二〔2014〕4号)的颁发和实施,"核心素养"成为深化课程改革的着力点和新航标。不同于一般意义上的"素养"概念,"核心素养"是知识、品格、能力和立场态度等方面的综合表现,是学生适应终身发展和社会发展需要的必备品格和关键能力。为适应发展学生核心素养的课改要求,打破学科界限、实施跨学科教学和深度学习已成为必然选择。教师必须拥有跨界意识,培养跨学科教育能力,才能胜任发展学生核心素养的时代重任,而信息技术的不断进步为教师跨学科教育能力的培养提供了机会。[②]

① 熊建辉. 以教育信息化推动教师专业化——访联合国教科文组织教师发展与高等教育司司长戴维·阿乔莱那[J]. 全球教育展望,2013,42(11):3-9.

② 许兴亮. 教师跨界生长是大势所趋[J]. 山东教育,2016(30):63.

3. 教师群体的"跨界"生长

信息化时代不仅对教师提出要求，同时也指出了教师群体"跨界"生长的可能性。互联网时代，无论是专业学识，还是专业技能，乃至专业精神，局限于某一学科、某一领域都将是既不利于学生全面而有个性地成长，也不利于教师自身的专业化发展的。[①] 教育行业的专职教师，因本职工作的限制，很难在短时间内掌握本学科之外、其他领域的专业知识与技能，以匹配学生日益个性化的学习需求。此时，在专业领域工作多年的专业人士，或从事专业研究的专家学者，在学科知识与实践经验方面，就显示出很大优势。目前，"跨界"教师进入课堂的情况尚属少数，但信息互联时代，跨界协同已是大势所趋，教师群体的整体发展也必将走上融合各个领域人才与智慧的"跨界"生长之路。

一个都不落下　与群体共成长
曹杨实验小学

> 学习新技术　刷新教育观念

学校根据教师信息技术应用水平的实际情况，以及教师的年龄特征和学科特点，在全员培训中采用骨干领先、全员铺开的培训模式，对全体教师提出了不同的要求：骨干教师要示范，青年教师要过硬，中年教师要过关，老年教师要适应。在全员学习培训中，采用"参与·分享"的互动模式，让改变从体验开始。

> 尝试新技术　转变教学方式

学校以"点上实践、面上推动、点面结合"的方法，层层推进教学实践。点：由骨干教师带头实践，将新技术带入课堂，为其他教师做榜样示范。线：以年级组为单位，分年级分学科逐步推进课堂实践，共同研究，摸索前行。面：全员参与实践，每人每学期完成一堂实践研究课，全校交流，互相观摩学习。

> 研究新技术　促进专业成长

学校以"借助 App，基于标准的学习过程性评价的研究"的课题为核

[①] 许兴亮. 教师跨界生长是大势所趋[J]. 山东教育, 2016(30)：63.

心,以课题研究促进教师的专业成长。学校组建多层次的学习共同体,课题组成员必须围绕"信息化教育教学"进行较系统的专业阅读,借此了解相关的学术动态,开阔自己的研究视野,提高自己的理论修养。课题组在"理论学习—实践探索—分享交流—反思提升"的研究流程循环中形成优势互补、互促互学、合作共赢的格局,从而促进教师个体和群体的专业成长。

柔性管理下的学习场
嘉定区实验小学

➢ "以新带老",形成学习场

学校提出"以新带老,合作学习"的共同体研修模式。成熟教师、骨干教师首先熟悉掌握设备功能,思考教学方式上的改变,与青年教师讨论互动。数字化实验核心团队的青年教师定期开设数字化教与学的工作坊培训,逐渐形成一个强大的学习场。

➢ 柔性管理,提升发展力

(1) 系统设计,建立项目群。

以信息化项目构建学习型组织,使信息化项目成为教师专业发展的引擎。学校对项目内容进行系统设计,并建立小项目群,促进全体教师参与项目研究;将项目研究与学科教学深度整合,与教师专业发展目标有机结合。

(2) 创新机制,呵护专业自觉。

用积分兑换等方式,实施柔性管理,促进专业自觉。从"教师 1 + 2 分享、课堂实践磨砺、论文案例获奖发表、承担科研课题、对外分享以及学生动态练习 + 创课"等方面制定相应标准,完成任务得到对应积分,依照积分排名。课程管理中心对课题组成员常规备课与作业试行部分免检,改常规检查为经验交流与成果分享,给予他们创造性研究的时空,提升基于设备的数字化教学能力、基于标准的流程再造能力。

学校的"创 E - family"团队被评为菊园新区优秀学习团队、嘉定区"工人先锋号"、上海市巾帼文明岗等荣誉称号,学校"引擎管理"团队荣获上海市教育先锋号。

三、技术助力学生评价的转变

2011年,上海发布绿色指标引导全社会树立科学的学业质量观,在全国引起了较大反响。绿色指标1.0追求高水平、低成本、可持续的教育质量观,在一定程度上改变了上海基础教育的发展形态,一定程度上转变了教育管理模式、转变教学研究方式、转变教师教学行为、转变学生学习状态、转变社会价值观念,取得显著现实成效。绿色指标1.0向2.0的发展中,首先在理念上进行更新——从关注全面发展到关注终身发展;从关注平等的教育到关注适合的教育;从关注双基到关注关键能力;从关注学校教育管理到关注学校专业领导;从线下测评到线上、线下测评相结合。①

在原则上,坚持目标导向与问题解决相结合;坚持上海特色与融通中外相结合;坚持方向引领与实践创新相结合。在技术路线上,市教委教研室从理论视角分析绿色指标2.0的方向,回应和贯彻党的十九大提出的新时代对教育的要求,即全面贯彻党的教育方针,全面落实立德树人的任务,全面推进素质教育;从实践视角分析绿色指标1.0的不足,梳理总结研究指标,开展反复论证,最终形成了绿色指标2.0研究报告。新发布的绿色指标2.0中,包括学生学业水平、学生身心健康、学生品德与社会化行为、学生学习动力、学生对学校认同度、学生负担与压力、教师课程领导力、校长课程领导力、教育公平、跨时间发展等十大指标。

实现成长私人定制
闵行区第二中学

　　学校开发的"数智空间"学习平台,具有在线学习、学习评价、学习辅导、综合评价等功能。该平台全程记录学生的学习过程和学习结果,并利用数据分析对学生的学习优劣势和教师的教学动态势进行精准的分析,师生可以根据分析结果调整教与学的策略。同时综合评价模块可以对学生在校的学习状况进行统计和分析,为其进行学业和生涯规划提供帮助。

---

① 吴苡婷.学业压力有所减轻　课外学习负担依然较重[N].上海科技报,2018-01-03(008).

主要有以下四大功能：

➢ 动态客观的学习记录

平台上记录了学生在线的课堂学习、日常学习,线下、线上测评过程中的表现、所取得的成绩以及所反映的态度、策略等方面的发展数据。同时还收集记录了学生的学习过程数据,形成学生个人的学习档案,为分析诊断学生学习、教师教学奠定基础。

➢ 诊断矫正的学习评价

基于对学生学习全过程的持续观察、记录而做出发展性诊断,该平台可以帮助学生了解自身对学科知识内容的掌握情况。根据诊断的结果,学生知道自己学习中的弱项和缺处,从而有目的地进行相关知识内容的自适应学习及矫正跟进。由此激发学生的学习动力,助其有效调控自己的学习节奏,获得学习的自律性和成就感。

➢ 精确匹配的教学反馈

基于大数据分析、实施精准化教学,教师可以查看学生整个学习过程中的大数据分析结果,细化分析学生在知识内容上的各点得失,从而不断调整、改善教学策略,实施匹配学生能力与学生需求的课堂教学及课下的辅导训练。精准教学将实现真正意义上的"因材施教",使教学能够关注到每一位学生的学业成长和身心成长。

➢ 量身定制的发展指导

基于"学业评价、信息素养能力、职业兴趣测评、核心素养与能力"四维评价体系,平台的大数据分析、可视化的评价结果服务于每一个学生的成长。其目的是对学生个性成长、学涯发展进行参考性指导,打造"具体鲜活"的生命个体。

四、校长引领学校发展

（一）校长信息化领导力

校长信息化能力不是简单的"信息化＋能力",它是一个领导力和信息技术有机的结合,是在信息化教育环境中,发挥校长领导力的有效途径。

校长信息化领导力主要有四方面的内涵：一是主动承担责任和风险,给教师和管理人员利用信息技术开展教育教学和管理改革提供宽松的实验环境；二是为使用信息技术的教师提供学习和发展的机会，建立有效的激励机制；三是设立专职的信息技术协调人员，以便为教师利用信息技术教学提供及时、有效的帮助；四是建立合理的设备和资源的管理制度，方便学生和教师使用信息技术进行有效教学。① 然而目前在教育信息化进程中却发现，阻碍信息化进程的并不是单纯的信息技术应用能力，而是学校管理者、教师和学生的信息意识、信息自我监控与管理、信息绩效等方面的因素，因此提出了多层信息化领导力概念。

多层信息化领导力主要有三方面的内涵：一是从人员构成来看，包含学校管理者、教师和学生三个群体，三个群体存在共性能力，又各有侧重；二是从能力构成来说，主要包含信息意识、信息自我监控与管理、信息绩效与机制等方面；三是从运行机制来说，三个群体的信息化领导力相互交融、协同共生，校长信息化领导力是其核心。多层信息化领导力主要表现为以下六项关键行为：②

1. 决策学校信息应用的愿景

信息化是教育实现跨越式发展的捷径，是实现教育现代化的前提和基础，抓教育信息化就是抓教育的改革开放，就是解放和发展教育的生产力。抓教育信息化就是要改变教师的行走方式、改变学生的生存状态、改变学校的发展模式、促进教育的均衡发展。三个群体要共同确立一个可供分享的信息技术在学校教育中的应用愿景，得到师生的认可，并明晰这一愿景。在决策前，管理者要认真分析学校的内外部条件和环境，弄清校长在信息化变化过程中的关键作用，并能提前预测信息技术在学校发展中所带来的前景等。

2. 发挥个人及团队的影响力

管理者、教师和学生要协同发展，管理者通过团队力量去感染教师、带动教师和影响教师，同时在实施中不断地发现问题、解决问题，以达到信息化的正常开展。在团队协同过程中，管理者要思考如何让团队发挥影响力，如何化困难为转机，如

① 刘美凤. 校长的信息化领导力[J]. 中小学信息技术教育，2009(04)：5-7.
② 张维山. 谈校长信息化领导力的六个行为 [EB/OL]. http://blog.sina.com.cn/s/blog_3f7919600100scbq.html，2011-06-18.

何激发成员创意并获得独到且具一致性的工作效果,如何提升绩效从而达到学校教育目标等。

3. 引领教育信息化常态发展

师生信息素养的高低,除了教师和学生自身的努力外,学校对教师的要求和信息化氛围、成长环境的优劣都会产生很大的影响,由此学校应当积极开展"任务驱动式、自主研修式、细胞裂变式"等师生信息素养研修活动。学校必须非常清楚各学科、各班级的教师教学和学生学习情况,针对不同年龄、不同学科的教师和学生,建立不同标准评价信息技术的教学应用效果,确保应用面广、用户多、学科覆盖率高、使用效果好。管理者要帮助教师分析学情,利用分析结果来帮助教师设计或调整课堂教学等。同时,学校要搭建支持教师信息化成长平台。在信息技术应用方面,学校要能够为教师提供自我实现的机会,通过教研、科研等活动促进教师专业发展,搭建展示自我、实现自我、发展自我的支持人人参与的成长平台。

4. 创新学校信息化管理机制

教育的创新,首先是制度的创新。教育信息化的管理机制不够健全现象依然存在,还存在着部门职责不清、条块分割、统筹协调困难、信息沟通不畅的问题。教育系统信息安全体系、信息安全保密制度还需要进一步完善。同时信息化的实施过程也会给学校带来一系列的变革,很多教师和学生还不适应这种变化,也不是很乐意地接收并付诸行动,这就需要建立科学、规范、有效的管理机制来进行约束和管理,才能使学校在实施信息化上既有目标,又有要求,既有检查,又有落实。学校要做好制度制定的策划者和谋略者,机制的建立既要有利于信息化愿景的实现,又要有利于信息化的具体实施。机制应该是对实施过程的一种动态的管理,同时也要具有较强的时效性和可操作性。

5. 合理配置学校的信息资源

学校要对建设的资源实行有效管理,保证学校各项活动所需要的资源和设备都是可获得的、可利用的。从学校而言,资源的配备是为教学服务的,是以满足教师和学生的需求为主要目的的。这样,就学校而言,为了实现信息化的共同愿景,资源数量也是能够预测的，学校应该提前针对需求制订计划，保证教师教育教学的优质运行，以满足学生成长的需要。当然，技术设备有使用、维护的问题，学校需要做到配置合理、使用合理、处理合理。

6. 反思实施信息化的得失

信息化的实施过程，是一个不断反思、不断前进的过程。这个过程是曲折的，很难出现直线上升的态势。管理者、教师和学生三个群体作为主体，既要做决策、抓落实、提效果，同时还要能够停下来、回头看；既要进行横向的对比，还要有纵向的比较。例如，学校在实施的过程中，有哪些收获，有哪些不足，有哪些需要继续发扬的，还有哪些是需要改进的，或者有哪些是不切合实际要坚决摒弃的等等，对此都要进行认真的反思。

吴容瑾校长的"云课堂"
卢湾一中心小学

自 2010 年起学校校长吴容瑾在全市范围内率先提出"云课堂"的教学新理念，并设计开发了享誉全国的"云课堂"系列项目，引领教育信息化的新风尚。

在"云课堂"理念下，学校以探索 iPad 在教学中的应用起步，到以问题为导向的云课堂技术开发，吴容瑾校长带领"云团队"研发了"云手表""云厨房""云随行""云剧场"等一系列"云产品"，再发展到重点关注云技术支持下的教学转型：充分整合师生应用云系列产品过程中产生的海量数据，科学统计、精准分析，诊断教学问题，发现个性化学习风格，力求以信息化手段支持教法改进，促进学法优化，逐渐形成随时、随地、随需的学习环境，并最终惠及广大学生，提升课堂效益。在校长带领下，学校的"云管理"团队非常注重建设新型教师队伍，重视教师信息化教学能力培养，引各行各业进入校园实行跨界合作，以其他业界的实践来拓宽办学思路。学校自身也主动出击，向外辐射，促进各行业的发展。

吴容瑾校长充分体现了校长在学校的信息化建设中决策与引领的作用。在教育数字化已成为一个必然趋势的当下，卢湾一中心小学的"云课堂"走在教育变革的前列,学校积极应对大数据时代的学校教育教学及管理变革,勇敢迈向新的高度。

刘京海校长的信息化改革之路
闸北第八中学

　　在上海开始探索信息技术在教育中的运用之初,刘京海校长就敏锐地察觉到,信息技术的诞生为教与学的方式转变、效率提升以至师生的个性化发展提供了新的可能。他组织并领导团队参与到信息化各环节的设计、研发、实践中去。

　　现在闸北第八中学成为区重点中学,基础设施建设已达信息化标准,全部教室都为多媒体教室,配有数字电视、联网计算机、视频实物展示台,所有高中教室都配以电子白板。学校探索出了移动互联技术常态化运用的路径、策略和方法,拓展了学生的学习领域,促进了教与学方式的变革;创新了学生评价方式,跨时空、跨领域、跨学科的教与学的实践体系已经成型,并在实践推广中成效显著;创建了适切于学情与校情的系列化数字资源,构建了集练习、检测、诊断、指导、矫正与自学为一体的教与学互动的智慧学习系统;组建了跨校联盟,并基于校企合作,实现社会资源校本化、校本资源社会化的资源开发机制与模式。

　　学生利用智慧课本等信息化工具,变接受式学习为主动探究体验,学习效率大幅提升;教师新技术的运用,实现从点上学科试用,到多学科常态化应用,促进了教师现代教育理念的转变;从被动参与,到合作开发资源,教师信息技术能力得到显著提升。近年来,初中毕业生合格率、普高率稳中有升,多数学科中考均超市区平均分;高中则在生源位于区70%以下的前提下,达线率稳定在90%以上,甚至达到98%。由此可见,学校在该校长的领导下,积极探索教育教学信息化改革,成果显著。

（二）谋划学校个性化顶层设计

　　目前,智慧校园的概念已经深入学校,智慧校园的建设已经启动,但很多学校还停留在概念层面,智慧校园建设还"支离破碎",功能间相互独立、互不联通,在应用上反倒增加了师生的负担。上海市闵行区七宝中学在智慧校园顶层设计方面就取得了较显著成果。智慧校园发展呈以下趋势：

1. 提高智慧校园顶层设计的系统性与有效性

智慧校园建设是一个系统工程，其顶层设计的系统性与有效性便是这个系统工程的灵魂。顶层设计要求统筹考虑智慧校园各层次和各要素，追根溯源，统揽全局，在最高层次上寻求学校信息化问题的解决之道。其包含三个特征：一是顶层决定性，顶层设计是自高端向低端展开的设计方法，核心理念与目标都源自顶层，因此顶层决定底层，高端决定低端；二是整体关联性，顶层设计强调设计对象内部要素之间围绕核心理念和顶层目标所形成的关联、匹配与有机衔接；三是实际可操作性，设计的基本要求是表述简洁明确，设计成果具备实践可行性，因此顶层设计成果应是可实施、可操作的。[①] 因此，智慧校园顶层设计应该受到教育系统管理者的高度重视，打破目前各自为政的局面，提高其系统性与有效性。

2. 设立信息化专职CIO

首席信息官（Chief Information Officer，简称"CIO"），又称信息主管，是负责一个单位信息技术和系统领域的高级职位。他们通过指导对信息技术的利用来支持公司的战略；他们具备技术和业务过程两方面的知识，常常是将组织的技术调配战略与业务战略紧密结合在一起的最佳人选。CIO原指政府管理部门中的首席信息官，随着信息系统由后方办公室的辅助工具发展成影响企业发展的有力手段，CIO在企业中应运而生，成为举足轻重的人物。美国企业的首席信息经理相当于副总经理，直接对最高决策者负责。这是一个比较新的职位，目前只在一些全球500强的大企业中设立此职位，如Coca Cola（可口可乐），DSM（帝斯曼）等。但是随着商业领域多极化的竞争与发展，越来越多的企业开始增设此职位，Innovation（创新）这一概念作为企业持续发展的动力和竞争优势，CIO将成为未来企业最为

---

① 于施洋，王璟璇，杨道玲，张勇进. 电子政务顶层设计：基本概念阐释[J]. 电子政务，2011（08）：2-7.

重要的职位领导人之一。[①]

毫无疑问,CIO是实施智慧校园顶层设计的最佳职位,也是智慧校园顶层设计系统性与有效性的保证。目前,学校信息化负责人通常由信息技术教师兼任,其对学校的信息化掌控,如在业务理解和操作权利方面都缺乏主动性。因此,学校CIO要对校长直接负责,对学校发展直接负责。

深度挖掘"云计算"在教育场景中的无限潜能
卢湾一中心小学

自2010年起,学校先后以上海市重点信息技术课题"云随行——基于Ibeacon技术的学生数据采集分析应用研究""云厨房研发与应用实践研究",上海市教育科学研究课题"基于云课堂的学习分析与改进研究""基于学校互动平台下的学生成长轨迹追踪研究",区级重点课题等近十项重大课题为引领,充分整合师生应用云系列产品过程中产生的海量数据,科学统计、精准分析,诊断教学问题,发现个性化学习风格。学校以数据支持教法改进,促进学法优化,逐渐形成随时、随地、随需的学习环境,并最终惠及广大学生,提升课堂效益。

作为率先尝试并实行试点项目的先行者,卢湾一中心小学以"传承中发展,实践中聚焦,创意中生成,研究中明晰"为基本路线,把技术引入课堂,在推动全校教育信息化的道路上逐渐自成一派,形成体系。以实际问题导向的技术研发,使得iPad的功用因地制宜:

· 课堂"孤岛效应"严重? 开发设计适用于合作学习的"云课桌"。

· 来不及对学生进行即时的口语指导? "云朗读"学习系统为学生提供一对一的指导帮助。

· 学生不喜阅读? 开发海量阅读库。

· 手工展品不易保存? 用"云展馆"来全方位展示。

· 没有校史馆? 共建"彩云墙",一同描绘师生成长风采。

---

① 布朗(Eric J. Brown),雅博瑞(William A. Yarberry. Jr),著. 陈征,马丽娟,等译. 卓有成效的CIO[M]. 机械工业出版社,2011.

......

"云手表""云厨房"等将学习生活与移动应用完美结合，从而走出困境的例证比比皆是，也证明了"云计算"在教育场景中无限的应用潜能。研发团队和教学团队分别站在技术和实用角度达成了通力合作。

学校数字化的全方位建设
复兴高级中学

复兴高级中学是虹口区最早实现数字化的学校，目前已经做到了全校范围内各个楼宇万兆光纤互联互通。学校已建成多媒体教室 36 个（所有教室均为多媒体教室）、计算机教室 3 个、智慧教室 1 个、数字化实验室 2 个、学科专用教室 23 个、多功能会议厅（室）6 个、礼堂 1 个，并建有广播中心、监控中心、网络中心等，实现互联网、校园广播网、校园宣传网、校园安防网等多网融合。

在网络应用方面，学校在整合原有系统的软硬件设施的基础上，初步搭建了新的智慧校园平台，以校园网络为基础，依托物联网、云计算、移动互联等新一代信息技术，对教学、科研、管理和生活服务等信息资源进行全面的数字化。

在教职员工信息素养方面，教师基本能熟练应用多媒体开展教学活动，绝大部分教师能制作质量较高的多媒体课件，运用信息技术引导学生开展学习。管理人员能熟练运用办公软件进行日常管理维护、数据统计分析等。

在信息化应用研究方面，近年来学校、教师承担或参与了多项区级及以上的教育信息技术应用研究项目，如全国重点课题"数字化校园系统和谐整合与应用"（2007 年）、上海电子书包试点项目（2010 年）、中央电教馆课题"基础教育数字校园建设路线的实践研究"（2010 年）、市级课题"问题解决思维测评研究"（2017 年）等，创建了上海市第二批创新实验室"数字影音实验室"（2012 年），发表《借助数字影音实验室培育学生的核心素养》（2016 年）等近十篇相关论文。

在制度保障方面，学校成立了以信息安全领导小组为管理机构、信息安全工作小组为执行机构的组织架构,负责学校信息安全建设及防护;制定了《计算机房管理条例》《多媒体教室管理制度》等各项制度,基本实现了信息化工作有章可循,有制度可查。

五、技术助推课程体系的重组

信息技术在改变人们生活方式的同时也在促进着教育的变革。课程作为教育的核心部分,在信息技术的助推下,由传统的分科课程逐渐向深度融合的课程方向发展。而上海各中小学将课程体系重组置于信息技术构建的数字化教学环境中,通过协调各要素之间的平衡,在较为稳定持久的状态下,达到了创新教学、优化教学的作用。

教育部杜占元副部长曾多次提到:"以教育信息化全面推动教育现代化"。可见基础教育信息化在整个基础教育课程与教学改革中所扮演角色的重要性。信息技术作为学校课程与教学改革的助推器,为学校的发展与改革提供了新的方法和契机,同时也促使学校面临新的挑战和考验。目前,上海通过信息技术与课程深度融合,在课程体系重组方面取得了显著成效。

课程体系重组,直指学生问题解决与创造的给养。课程体系重组是指打破传统分科课程的知识领域,组合两个或两个以上的学科领域构成的课程。这是一种主张整合若干相关联的学科而成为一门更广泛的共同领域的课程体系。

课程体系重组主要包含以下四个类型:一是相关课程(Correlated Curriculum),就是在保留原来学科的独立性的基础上,寻找两个或多个学科之间的共同点,使这些学科的教学顺序能够相互照应、相互联系、穿插进行。二是融合课程(Fused Curriculum),也称合科课程,就是把部分科目统合兼并于范围较广的新科目,选择对学生有意义的论题或概括性的问题进行教学。三是广域课程(Broad Curriculum),就是合并数门相邻学科的教学内容而形成的综合性课程。四是核心课程(Core Curriculum),这种课程是围绕一些重大的社会问题组织教学内容,社会问题就像包裹在教学内容里的果核一样,又被称为问题中心课程。[1]

---

[1]　岳建军. 中学数学教学渗透德育的探究[D]. 内蒙古师范大学,2010.

前三种课程都是在学科领域的基础上进行的知识重组的课程形式，它们打破了原有的学科界限，是旧的学科课程的改进和扩展；而核心课程则是以解决实际问题的逻辑顺序为主线来组织教学内容的。

课程体系重组描述了学科教学中最为重要的思想观点，教师们可以在其引领下借助学科核心概念把学科纵向衔接起来，形成学科思想的认知框架，并在此基础上发展并建立学科群。它不是碎片化学习，而是以学科学习为基础的跨领域学习；它不是围绕知识点展开的学习，而是围绕重要思想观点和问题解决的综合性过程；它不是知识记忆的学习，而是围绕主题以学科概念为工具的研究性学习。学习者可以汇聚多个学科或学科群的概念、方法、交流形式来解释一种现象，解决一个问题，创造一个作品或提出一个新问题。如华东师范大学第二附属中学的综合课程学科群：语言＋，数学＋，科学＋，人文社会，艺体健康，技术工程，STEAM 等。这类课程学科群鼓励学习者关注、质疑、评价各学科群所提供的信息。综合课程给学习者提供众多的机会，通过融汇多学科的观点来探讨相关的主题。

而在课程体系重组过程中，信息技术与其深度融合发挥着关键作用。信息技术深度融合强调营造一种数字化的教学环境，该环境以学习者为中心，改善学习绩效，有利于学生发现问题、解决问题，从而促进学生的学习。融合是协调各要素，以促进教学系统平衡的动态过程。深度融合指这种平衡状态相对保持得比较稳定和持久，乃至成为一种常态。

"深度融合"不是用技术去强化传统教学，而是用技术去创新教学，引领教育体系变革。它主要包含以下四个方面：一是精准掌握学习者的问题，实现个性化学习。通过认知诊断确定学习者的学习起点，有针对性地制订学习方案。二是跟踪与监控学习过程。通过大数据智能导学系统，跟踪、分析学习者学习进度，并根据认知起点选择合适的学习策略，推送适宜的学习资源。这即是 CTCL 学习理论强调的文化（Culture）、技术（Technology）、内容（Content）与学习者（Learner）的统合。三是课程表征与教学过程体现数字化属性。这是学习的载体与过程，是实现信息技术深度融合的核心。四是综合课程的兴起与发展。综合课程以"项目设计与实施"为主，融合信息技术与各类课程，如 STEAM 项目、机器人教育、艺术综合等。综合课程有利于学习者核心素养的提升与发展，促进学科课程的学习，最终促进学习者发展。

关注学生数字化学习能力的可持续发展
洛川学校

学校通过营造学生数字化学习能力培养的主渠道和创设学生数字化学习能力培养的外环境,推动学生的数字化学习能力可持续发展。

➤ 基础型课程——贯穿"前移后拓"为基本模式的教学流程

着眼于技术应用的优势学科,在语文、数学、英语、地理、科学、信息科技等学科中持续探索不同技术形态的应用;以"前移后拓"的教学流程贯穿"标准化教学""基于资源的自导学习"及"个性化学习服务",指向基于标准的核心概念与能力、自导学习能力、个性化学习能力的信息化教学策略,在应用实践过程中借助策略将技术消融在学习活动的设计中。

具体实践有:一对一数字化移动学习(如图3-2-1所示),基于数字教材的教学应用(如图3-2-2所示),基于"微视频"的学习(如图3-2-3所示)。

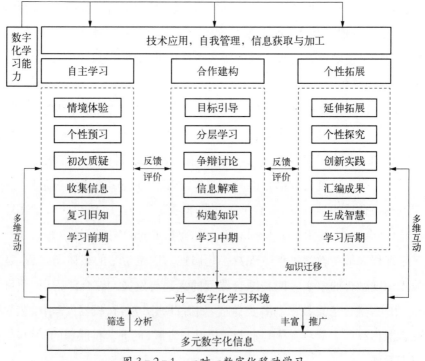

图3-2-1 一对一数字化移动学习

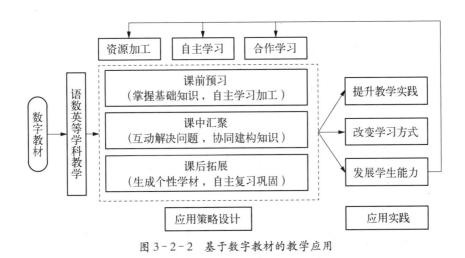

图 3-2-2　基于数字教材的教学应用

➤ 拓展型课程——开发以"能力本位"为核心的学生数字化学习课程

学校有针对性地开发了以"能力本位"为核心的学生数字化学习课程,把学生视为技术专家,师生一起开发创新课程,创造性地使用技术、合作探讨以支持有意义的技术应用。在此过程中为学生技术应用能力、创新应用能力的发展提供途径。

➤ 研究型课程——聚焦以"问题解决"为目标的项目学习实践

项目学习实践之初以某一学科为主,以"问题解决"为学科教学目标。教师引导学生"做中学,学中悟",学会用信息技术解决开放、复杂的实际问题,改变了以往课堂教学的教学目标、教学内容、学习方式、师生角色及评价方式,真正由以"教"为中心的学习转向以"学"为中心的学习(如图 3-2-4 所示)。这种新的教学模式无疑对学生综合能力的培养具有举足轻重的意义。

综上所述,教育信息化为学校的课程教学改革深化创造了新的契机,同时也为学校事业的综合发展提出了严峻挑战,正所谓机遇与挑战并存。中小学校应结合学校自身的发展实际,把握机会、研判形势、正视挑战,通过环境建设、课程与教学改革、创新评价方法、构建协同机制等途径提升学校教育信息化的综合发展水平,

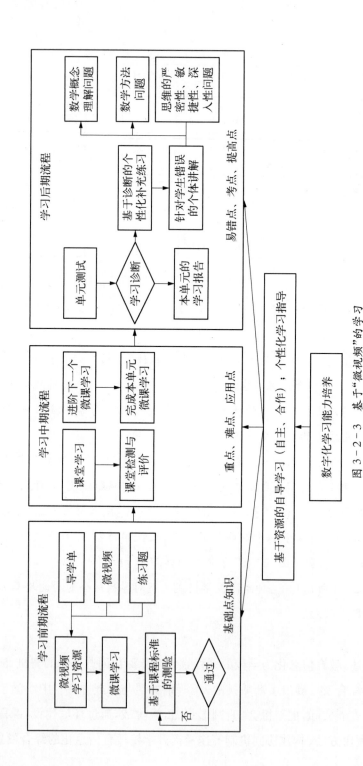

图 3-2-3 基于"微视频"的学习

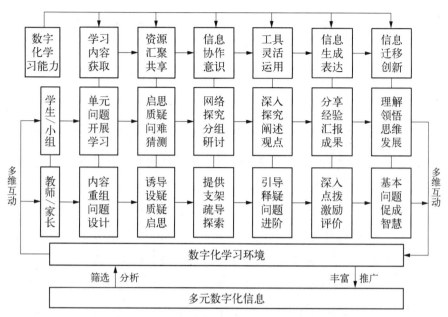

图3-2-4 基于多元数字化信息的学习模式

促进学校办学质量的提高,助力迈向教育现代化。

六、多方协同推进学校变革

1. 营造多方共赢的协同创新机制

教育信息化的发展离不开政府的政策推动、企业的技术支持、学校的积极参与和科研人员的研究保障,多方共赢需要政府、企业、学校和资本的协同运行。目前个别区的教育管理部门和个别中小学校开始尝试与大学的专家学者、企业的技术资源开展项目合作,如虹口区教育发展研究院与上海师范大学教育技术系的合作、静安区第一中心小学与信息技术公司的合作等,以此推动教育信息化工作的进一步发展。但目前这样的合作还仅仅是个案,而且中小学校与大学专家团队间合作的深度还有待加强,大学教授与中小学课堂之间还有一定的距离,中小学校与企业之间的合作机制还有待创新,还未能吸引社会上知名的信息技术产业公司,使其投身基础教育信息化的合作研究。综合看来,中小学、大学和企业间的合作,还不能充分发挥大学专家的研究智力和企业技术人员的顶尖技术等优势,亟须构建"政—企—学—研"协同合作机制,为基础教育信息化的长足发展奠定基础。

教研联合体、新优质集群等的建设
三门中学

多年来三门中学坚持开发和利用校区、园区和社区的优质资源,打造"全面育人"的网络教育环境。学校组织区域教研联合体和新优质集群成员校,围绕"培育学生思维能力促进终身发展"的课题大力开展创智课堂建设,组织师生通过丰富多彩的校园活动提高教师专业能力,促进学生健康快乐成长。2017年成立了三门中学教育集团。在杨浦区创智课堂建设的大背景下,学校注重基础型课程研修和特色课程开发,构建"暖记忆"特色校本课程,同时大力开展教育信息化建设,通过学科主题研修,打造课堂观察电子量表和平台,对课堂创新具有极大促进作用。

学校在重点课题研究、基础型课程校本化实施、特色课程开发以及教研联合体、新优质集群、教育集团的建设等方面,广泛应用云技术构建良好的促进学与教革新的生态环境。在国家基础型课程校本化实施的过程中,三门中学联合区域教研联合体学校、新优质集群发展校共同深入开展一日研修、课堂观察等主题活动,形成具有特色的培育学生思维能力的策略,打造创新评价机制,有效促进学生与教师的全面发展。数字化环境下课堂教学变革创新项目的研究团队不断壮大,各教研组组内研究氛围浓厚;教师应用信息技术的能力不断提高,能够通过信息技术的合理应用开展区市级展示课;学校将每学期的学科学习资源包共享到区教育云平台,共同建设杨浦区优质教育资源库。

2. 鼓励教师主动参与信息化建设

教师是学校信息化教学与各项活动的设计者、开发者与实施者,那么天生就应该是学校中信息化管理的合法参与者。教师从信息化进程中的"被管理者"逐渐走向"信息化领导者",这也契合了上述多层信息化领导力结构的内涵。

美国课程专家兰姆博特认为,只有每一位教师都参与到信息化活动中,成为信息化活动的实施者与领导者,技术应用的有效性才能得以真正保证。其主要包括以下四层含义:一是一个团体,而非个别的领导者(如校长),且组织内的每一个成员都有成为领导者的潜能和权力。二是团体内的所有成员一起学习、一起合作地建构意义和知识。三是透过成员间的交谈，价值感、意念、信息和假设表面化，一起研究和产生意念；在共同信念和信息的情景下，反思工作并赋予工作新的意义；促进有助于工作的行动。四是要求权力和权威的再分配，共同承担或分享学习、目的、行动和责任。可以说，信息化领导是领导者和教师在校内围绕信息化问题的互动工程，其间既关注教师和领导者的专业参与、决策和发展，也关注学校的情景因素对于教师参与的影响。[①] 因此，教师是学校信息化活动中的主体参与者。

教师队伍建设的三策略
卢湾一中心小学

　　为了培养一支适应新时代的高绩效教师队伍，学校需要注重每个个体的成长经历，提升个人素养，促进专业化发展，并以此激发整个团队共进。为此，卢湾一中心小学从以下三方面开展教师队伍建设工作：

　　➤"智囊团"的价值——开展专家诊断评价

　　学校专家资源库由市区名师工作室、特级教师、教研员等组成，他们根据学校整体师资队伍情况，制定教师培养计划，面对面谈优点、讲不足，提出改进意见，对于课堂教学评价不佳的教师进行跟进辅导，对症下药，促进提高。

　　➤"子课题"的诞生——倡导浓厚科研氛围

　　学校以市级课题"云课堂中的学习分析与教学改进"为主，逐节进行研究，并将重点放在研究过程中经常面对的问题上，营造浓厚的科研气氛，把日常教学工作与教学研究融为一体。目前，由龙头课题引领，学校已有十余个子课题遍布各门学科，每门学科至少有一位青年骨干教师在进行项目研究。课题研究从工作实践中来，再回到工作实践中去，接受实践检验，使理论为实践服务。

　　➤"研究月"的功能——形成良好教研环境

　　学校每学年开展一次"教学研究月"活动：在为期一个月左右的时间

---

① 徐君.教师参与：课程领导的应有之举[J].课程.教材.教法，2004(12)：12-16.

里,全体教师围绕着研究的主题,选择适合本学科和自身特点的研究专题,开展形式多样的研究活动,通过研究提高教学质量,提升专业水平。教师需要根据学科特点,深度挖掘与整合教材,并与信息技术进行融合,让教学内容更具趣味性、探索性。

七、存在的问题与面临的挑战

通过上海市最近参加 PISA 和 TALIS 两项国际测试所取得的成绩可以看出,上海市教委通过对基础教育改革的不断研究和深化,在学生发展和教师素养等方面均取得了举世瞩目的成绩。但与此同时,也凸显出了学生信息技术素养不高和教师在日常教学中对信息技术的运用频率和效率低下等问题,教育信息技术作为上海地区基础教育发展工作的短板,给基础教育信息化工作带来了巨大的挑战。

无论在全国教育质量评价,还是在全球教育测试中,上海中小学教育都取得了不错的名次。随着越来越多的信息技术被引入学校,上海中小学教育要想保持先锋模范地位,就不得不面临技术与学校"不兼容"的挑战。学生的学习工具多样化,学习资源井喷式增长;教师的教学媒体更丰富多元,教学形式有更多的选择。然而技术在教育中的应用仍存在着一些问题,学校安装了新设备,并不意味着就解决了学生学习、教师教学的相关问题。如何用、怎么用、谁来用、在什么地方用、什么时候用这些技术,都需要进一步探索与总结。

随着虚拟现实技术、移动技术、学习分析、云计算、3D 打印机等新兴技术与教育的结合,教育变革具有了规模化、数字化、个性化、开放性、系统性、快捷性、通融性、渗透性、普惠性等一系列的关键特征。技术为教育带来了越来越多的积极作用,促进了教育的变革,与此同时也导致一部分人对新兴技术产生了盲目从众的心理。技术运用于教育,需要相关教学内容、教学方法、教学模式的支持,需要对技术的特性与学科内容有深刻的认识,即要关注技术应用的有效性。

1. 教师的数字化教学角色仍需转变

教师需要更多地关注对学生学习产生重要影响的社会因素和情绪因素,为学生提供合理的指导,示范其如何成为负责任的全球公民,激励和培养他们形成终身学习的习惯等。这些与时俱进的期望,正在改变着教师自己的专业发展和继续教育的路径。为了适应新角色，教师需要不断研究学习方法，而学校必须建立机制来让教师可以跟踪相应的进展，并收集建设性的反馈意见。教师在课堂上的创新证据可以纳入相应的研究，而成功实践又可以帮助其他同事来提升他们的课堂教学。[①]

2. 信息技术与课程的融合有待加深

作为学习的技术与方法，信息技术需要与具体学习内容进行有效的融合。只有加大融合程度，才能充分发挥信息技术在学与教活动中的价值，确切地说，就是促进教师的教学效果和改善学生的学习质量。目前，上海市的智慧教室、网络课堂、电子书包、电子教材等教学研究项目已经开始实施，但通过课堂观察发现，技术的运用还仅仅停留在简单的展示、交互层面。例如，一些学校的电子书包课堂仅仅把平板电脑作为电子投票系统的终端来使用，未从本质上改变传统课堂的性质，也不可能发挥技术所特有的效果和作用。

3. 学科内容间的整合程度有待提高

随着人类社会信息化程度的不断加深，知识爆炸和信息洪流持续发生和涌现，人类面临的问题越发复杂，从而要求人们掌握愈加丰富的多学科知识。基础教育作为培养未来社会公民的重要教育阶段，理应为学生提供广博的跨学科、基础性知识与能力，目前国际上实施的 STEAM 课程正是基于这种目的而开展的教学研究项目。上海地区开展 STEAM 课程已有一段时间，但研究的成员和动力主要来自信息技术学科领域，还未能有效发动其他学科人员的积极加入，自然也还没有取得特殊的教育研究成果。

4. 学习分析中大数据使用有待加强

学习分析技术同样是"2017 年地平线报告基础教育版"中预测的 2～3 年内的主要教育需求技术，缘于学习分析是教学设计和教学改革的前提和基础，是教学评价的依据。学习分析主要包括分析学生的认知特点、认知水平、学习情绪、生理指

---

① 美国新媒体联盟，著. 北京开放大学地平线报告项目组，译. 全球基础教育发展的趋势与技术挑战 [N]. 中国教师报，2017 - 10 - 25.

标、思维特质等,目前学习技术研究领域主要通过眼动仪(EMR)、脑电图仪(EEG)、可穿戴皮肤电反应仪(GSR)、血压测试仪(BPT)等对学习者进行相应的数据指标的采集。但研究发现,目前上述技术手段所采集到的指标仅仅从生理角度对学习者的学习状态进行客观记录,仍需要借助其他技术手段和系统方法来对数据加以分析和应用。当前,学习分析技术手段距离课堂还有一段距离,其他学习监测数据的渠道也还缺乏。

5. 新技术手段融入课程教学的过程缓慢

最新地平线报告基础教育版中预测未来五年内主流的教育信息技术有创客空间、机器人、分析技术、虚拟现实、人工智能和物联网六种。围绕新的教育信息技术手段在学科教学中应用的研究,虽有个别尝试,但仍处于基础实验阶段,特别像机器人、分析技术、物联网等在基础教育教学中的应用还十分鲜见,更缺少典型性的可推广案例。目前急需开展新技术的教育教学应用研究,一方面是新技术融入教学实践的需要,另一方面是教育信息化发展的内在需求。

第三节
上海基础教育技术助力学校变革的未来发展趋势

上海的基础教育正面临着挑战，新兴的技术不断冲击教育行业并引发了一系列的问题。展望教育发展趋势，我们可以从中找寻到提升上海中小学的教学质量的新途径。

中小学的教学质量与个人成才、祖国繁荣、世界发展有着重要的联系。当新技术出现时，学校不能盲目被动地将其应用于课堂中，而应当为学生谨慎挑选合适的资源，寻求技术与教学的连接点，以此来促进学生德、智、体、美、劳全面发展。从国家政府的政策指南，到高校和中小学的落地实施，自上而下地共同推动教育的发展，这样才能让基础教育信息化战略迈出坚实的步子。高校研究机构和中小学学校可以合作共赢开发创新型课程，提升教学媒体应用的有效性，为中小学学习空间做好顶层设计。与此同时，校长的信息化能力需进一步提高。教师也应积极适应时代发展，适应新型教学环境，努力提高信息素养，使用合适资源进行教学与评价，使学生有能力、有兴趣使用新技术学习。

人才是推动全球经济发展的关键要素。近些年来，教育越来越注重人的发展，以期培养具有批判性思维的能力、协作和自主解决问题能力的人才,增强创新文化底蕴。因此,国家、政府和学校致力于从教学的各个方面改善学习质量,促进深度学习,培养具有高阶思维能力的个性化创新型人才,从学习环境、技术与课程模式三方面着手实施变革,在重构学校的学习空间和精选服务教学的学习技术的基础上,推进 STEAM 课程建设,激励教学的创新,促进教学的全面化、精准化、多样化、专业化转型。

一、学习空间理念引领的智慧校园建设

任何学习活动发生的场所都可称为学习空间。[①] 学校作为学习活动最主要的发生地,通过将技术与教育深度融合,重构校园学习空间,实现智慧校园的建设,是教育信息化发展的一大趋势。学习空间可分为三类:正式学习空间、非正式学习空间和虚拟学习空间。正式学习空间如传统的教室、实验室、图书馆等,非正式学习空间如休息室、走廊等,虚拟学习空间如在线社区、在线学习资源库等。

(一)正式学习空间智能化

以教室为代表的正式学习空间主要呈现出三种发展趋势:一是以人为中心的设计理念。未来教室充分考虑到人体工程学原理,实现"人—机—环境"的和谐。二是学习空间的可重构性与无限延伸性。未来教室必须能够满足不同的教学类型,即教室的设计必须能够适应于多种不同类型的教学内容。学习空间的可重构性包括课堂桌椅等的灵活性和教室环境的人性化、可适应性、可持续性两方面。三是高科技的智能技术与教学装备的应用。除了具有普通教室的基础设备之外,未来教室还应配有多种先进的软硬件设备。交互式电子白板是未来教室最常见的设备之一,通过电子白板,教师可将不同媒体资源进行整合,创设课程情境,使学生进行自主、协作学习。[②]

(二)学习场馆多样化

场馆教育为学习者提供了丰富多样、形象生动的学习内容。学习者在场馆环

---

① 江丰光,孙铭泽.国内外学习空间的再设计与案例分析[J].中国电化教育,2016(02):33-40+57.
② 同上.

境中被赋予充分的自主选择权，可以自由地控制学习进度，根据个人安排去发现、思考和解决自己感兴趣的问题，最终学有所获。场馆教育的自主选择性特征真正将学习的主动权交给学习者，其自主性越强，探索和思考的深度就越深，体验到的愉悦感越多，学习效果自然也就越好。

不同于课堂学习，场馆教育自由开放的氛围和主题丰富的展品形成了"以学习者为中心"的环境，学习者非常容易积极投身于探究各类问题或者现象的过程之中，去观察发现、思考感悟、操作体验和总结梳理，主动探究场馆中各类事物的形成发展规律。学习者在主动探究过程中获得了直接经验，记忆较为深刻，更容易迁移到其他领域，成为今后学习的重要积累。[①]

（三）非正式学习空间崛起

非正式学习空间，如咖啡馆、公共学习场所、校园厨房等已经成为很多学校课堂之外的学习互动空间。现有的教学观念需要将这些空间看作教室的延伸，而不仅仅是充满"时髦"家居的场所。目前，更多非正式教学行为与传统教室里的授业解惑相辅相成，借助实体与虚拟环境的整合，在非正式学习环境中知识的产生、交换和分享已经达到了前所未有的强度。或许可以说，教育中不论是正式还是非正式学习，学习方法的获取远比知识本身的获取更为重要。以学习者为中心、实现自我构筑知识体的非正式学习模式势在必行，而学习也已经不再局限于教室之中。

（四）联接正式与非正式学习空间

传统校园总体规划往往把校内建筑视为通用空间类型，如按照"教室""班级""实验楼"进行摆放。而采用"以学习者为中心"的规划方法，校园可以理解为由不同场所共同连接而成的"网络群"，能够支持学生、教师、企业员工以及全球社区间的学习、探索与对话。与此同时，校园正在承受日益增长的相关压力，诸如如何更加有效且高效地使用教学空间、如何能预测空间初露端倪的变化趋势等。

非正式学习空间正在连接校园各个区域，包括教室之外所有进行知识分享和学习活动的场所——从图书馆、休息室和计算机中心，到咖啡馆、合作中心以及宿

---

① 李小红,姜晓慧,武倩.场馆教育：指向学习者综合素养的提升[J].中小学管理,2017(07)：5-8.

舍。在制订校园规划时,学校管理者不仅要用更广阔的视角,考察学生将投入到什么环境中学习,也要探索在实体与虚拟空间之间更为有效的潜在联系。正式与非正式空间的界限会越来越模糊。随着跨学科课程与个性化学习的发展,加之能力本位教育的革新,"坐"在教室里学习这一概念会显得缚手缚脚。当教学法以"少说教,多探索"为本,小组学习和合作课题就会增多,更多的学习活动就会转移到传统教室以外的地方。[①]

在触屏互动中感受传统文化的魅力
思言小学

为使学生置身于传统文化的氛围中,让他们在不知不觉中享受传统文化的魅力,学校运用信息技术手段,让学生可以主动"触摸"传统文化。学校在大厅、走廊、阅览区设置了多台壁挂式宽体触屏一体机、立式触屏一体机、茶几式触控屏、平板电脑等电子触屏阅读设备,配以无线网络、声像系统,将传统文化的音视频资料进行循环播放,让学生置身于相对开放的多媒体环境中,接受诗文、图片、声音、动画的熏陶,极大地激发了学生的阅读兴趣。同时,学校还加大了软硬件投入,购买了智能图书馆 RFID 系列技术和 1 万多种电子读物,将阅读材料存储在自动借阅漂流吧、触屏阅读电脑、电子桌阅读器上。孩子们在学校大厅、走廊、大队部、阅览区域等地方可自由阅读。为了让学生更好地参与触屏阅读、电子桌阅读、iPad 阅读等系信息化设备的阅读,学校专门组织开展了触屏阅读指导活动。结合传统方式的阅读,学生们逐渐走进传统文化,养成了热爱读书的良好习惯。将高雅、幽静的书香文化布置与现代信息化手段相结合,以触摸屏特有的功能为基础,学校让学生在轻轻地点击中,感受国学经典的绝妙,进一步拓展了自身的阅读空间。

得益于通信媒介的便利,学生可以自由选择学习地点,并容易被他们喜爱的空间所吸引。从这一点可以看出,空间的设计质量显得格外重要。因此,在教育机构

---

① Shirley Dugdale,李苏萍.非正式学习图景的规划策略[J].住区,2015(02):8-27.

内,新的空间模式应侧重于在提高校园生活质量的同时,支持学生的学习体验。越来越多可以提供真实学习环境的校外拓展项目,将会模糊学校与社会之间有关学习体验的界限,并且有可能会提高校园空间的使用效率。社交媒体提供了诸多机会,让虚拟对话得以实现,并使与远程专家或同学分享知识成为可能。[1]

二、基于学习技术范式的精准教学实施

20 世纪 60 年代,精准教学作为一种追踪小学生学习表现的测量方法,由奥格登·林斯利(Ogden Lindsley)提出,后来发展为用于评估教学方法有效性的框架。随着信息时代的来临,大数据、人工智能等信息技术的高速发展,信息技术支持下的精准教学,其最大的价值在于能够精准地针对学生在学习某一知识或技能的具体问题进行教学,从而在准确度方面实现百分百教学。[2] 信息技术支持的精准教学也因此成为教育教学变革的一大趋势。

精准教学主张"学习者最清楚"原则,即学生的行为能够比其他任何途径更好地反映教学的有效性。由此可见,要想实现精准教学,首要的是对学生及其学习的过程有清楚的认识与理解。

学习技术是对技术使能(Technology Enablement)孕育于整个学习过程的模式(Models)、方法(Methods)与策略(Strategies)的描述。它包含了学习设计(Learning Design)、学习内容(Learning Contents)、学习策略(Learning Strategies)、学习活动(Learning Activities)等要素[3],可理解为物化技术(Physical Technology)与智化技术(Intelligent Technology)融合而成的智慧学习技术(Smart Learning Technology)。基于上述对学习技术的理解,我们又可将其归纳为"CTCL"范式,即主张在文化(Culture)的视野下,实现技术(Technology)、内容(Content)和学习者(Learner)的统合。[4]

学习技术研究以一种跨学科的综合视角研究教育,重在以技术的方法,通过系

---

① Shirley Dugdale,李苏萍. 非正式学习图景的规划策略[J]. 住区,2015(02):8－27.

② 祝智庭,彭红超. 信息技术支持的高效知识教学:激发精准教学的活力[J]. 中国电化教育,2016(01):18－25.

③ 胡航,董玉琦. 技术怎样促进学习:基于三类课堂的实证研究[J]. 现代远程教育研究,2017(02):88－94.

④ 董玉琦,王靖,伊亮亮,边家胜. CTCL:教育技术学研究的新范式(1)——基本构想与初步研究[J]. 远程教育杂志,2012,30(02):3－14.

统化、最优化等策略解决教育中的实际问题,并更多地关注学习者,指导学习者应用技术来改善学习、促进发展。学习技术范式下的教育研究理念,与信息技术支持的精准教学核心理念相吻合。

(一)实施认知起点诊断,针对性设计资源促进学习者认知精准发展

由加利福尼亚大学伯克利分校(University of California at Berkeley)的马西娅·林(Marcia C. Linn)教授团队提出的"知识整合"(Knowledge Integration Environment),是一种从认知角度去看待"学习"的视角,将"知识"视为一些观点的集合。该视角认为,学生头脑中的各种观点,尤其是在正式学习之前,其头脑中的原有观点是不容忽视的,当教师将教学的起点定位在"学习者的原有观点"的时候,教学往往是最有效的。[①]

学习技术对"学习者的原有观点"即"认知起点"展开了系列研究。例如,针对初中物理"光现象"单元[②],对学习者认知起点进行诊断,并基于"视觉局限补偿"[③]机理设计和开发了对应的微视频资源,总结了CVL微视频资源设计模型,解析了其六大功能。在实证研究中,实验组与对照组具有同质性,但在实验结束后实验组的学业成绩高出对照组17.11分(满分60分),其中对照组的前后差异仅为4.36分,实验组达到22.61分,两组得分均值差异显著。

(二)着眼于学科学习特征,个性化使用技术改善学习者学业水平

国内学者从学习心理学出发,运用学科学习的认知特点进行了相关研究。如李克东团队以小学生数学知识建构理论为依托,在了解学生数学知识建构历程的基础上,提出了计算机支持的小学数学知识建构研究框架。崔光佐等人通过对数学学习认知过程的分析与模拟,尝试将学习者数学学习的认知过程进行可视化呈

---

① 董玉琦,包正委,刘向永,王靖,伊亮亮.CTCL:教育技术学研究的新范式(2)——从"媒体应用"、"课程整合"到"学习技术"[J].远程教育杂志,2013,31(02):3-12.

② 伊亮亮,董玉琦.CTCL范式下微视频学习资源的开发与应用[J].电化教育研究,2015(8):40-44+66.

③ 伊亮亮,董玉琦.基于"视觉局限补偿"机理的微视频设计模型[J].中国电化教育,2017(3):121-126.

现,运用技术帮助人们更好地理解学习者的学习过程。[①]

学习技术研究着眼于学科学习特征,基于对学习者认知起点差异的清楚认识,对技术支持的个性化学习设计改善学习者学业水平进行了尝试。

CTCL 视野下的小学数学概念转变的实证研究
虹口区曲阳第四小学

研究者以虹口区曲阳第四小学为研究基地,展开了针对小学数学"相交与垂直"单元的学习技术研究。针对学习者的前概念,借助物化和智化技术,研究者进行了个性化学习设计,并尝试提出设计的原则、方法与策略。实证研究中对照组前后测试增幅为 29 分,实验组增幅为 42 分,两组后测中实验组高出 12 分,存在显著差异。研究说明:根据学生的前概念利用技术进行个性化学习设计和开发个性化学习资源、学习过程,能够有效地改善学生的学习效果,提高学习成绩,为学习者个体精准指导提供了实践策略。[②]

（三）强调基于个性的社会化发展,合理使用技术促进学习者深度学习

经济合作与发展组织(OECD)于 2015 年 9 月发布了一项研究报告,就技术对学习者的积极影响提出了"质疑",汇总得出以下关键性结论:一是频繁使用电脑的学生学业成绩更差;二是有节制地使用电脑的学生比很少使用的学生"成绩要稍好一些";三是在信息技术领域投入比较多的国家,学生在 PISA 的阅读、数学和科学上并没有"显著改进";四是在电脑使用率并不十分高的韩国、中国上海等地,学生的学业成绩却较高。基于这一结论,OECD 也表示这份报告结果不应该作为学校不使用高科技的借口,而是更应该激励教育研究者和工作者寻求更有效的使用方法。

[①] 魏雪峰,崔光佐,徐连荣.基于认知过程分析的小学数学探究问题设计与应用研究[J].电化教育研究,2014,35(08)：101-107.

[②] 尹相杰,董玉琦,胡航.CTCL 视野下的小学数学概念转变的实证研究——以"相交与垂直"为例[J].现代教育技术,2018,28(02)：47-53.

技术怎样促进学习：基于三类课堂的实证研究
虹口区曲阳第四小学

曲阳第四小学针对小学数学"运算与问题解决"进行主题研究，对影响课堂教学的相关变量进行了探索性实验，并对单变量进行了验证性实验。研究得出以下三个重要结论：一是从学业成绩来看，深度学习课堂高出多媒体课堂14.8分，高出传统课堂18.14分，而深度学习课堂的标准差最小，说明深度学习课堂学业成绩较高，学习者差距较小；二是从ERP脑电数据来看，多媒体课堂不及传统课堂，深度学习课堂依然最高，说明多媒体课堂虽然学业成绩优于传统课堂一点，但生理指标却不及；三是从学习者互赖关系(LIR)来看，深度学习课堂在学业成绩、人际吸引力、社会支持与自尊等方面都表现出比其他课堂更高的水平。研究者基于研究设计和数据分析，归纳出深度学习课堂中"分布式交互中数形转化"的发生机理。[①]

上述学习技术研究的案例恰恰可以印证OECD的研究结论：一是现存技术应用方式对学习者存在副作用，但其学业成绩会稍微好于不用技术的学习者；二是学习技术(CTCL)能显著改善学业成绩，促进学习者品质发展。

综上所述，学习技术应从改变学习方式、提升学业水平逐步走向关注学习者的综合素质，从个性化设计开始走向社会化发展，从独立学科和学科应用开始探索综合课程，在以学习者为中心的设计中理解学习过程，树立善用技术的指导思想，最后形成新的学习文化。学习技术研究应成为教学模式向信息技术支持的精准教学转型的强大推动力。

数字化"导学案"
曹杨第二中学

学校从2006年下半年开始研制和使用各学科的"导学案"，试验"先学后教"模式。随着曹杨二中"移动互联学习系统（数字化校园3.0）"建设

---

① 胡航，董玉琦.技术怎样促进学习：基于三类课堂的实证研究[J].现代远程教育研究,2017(02)：88-94.

的不断推进,凝聚全校教师先进的教学理念与经验的"导学案"正式进入数字化时代,成了学校进一步推动教学改革的一个关键突破口。学校以各科学案修改和数字化为抓手,以深度学习理念为支撑,整体规划,重新构建了特色学科教学模式——"iStudy"。

"iStudy"模式是曹杨二中多年来一直探索的教学尝试,强化了教学中的师生互动合作,提升了课堂教学的有效性。"iStudy"模式尊重学生、关注差异,营造了独立思考、自由探索、勇于创新的良好氛围,激励学生有效学习。目前,数学学科的《高中数学 iMath》已经正式出版,交付全区不同学校共同使用,受到学生、教师和专家的一致好评。语文学科依托学科高地建设,承担了普陀区"高中语文读写训练数字资源平台建设项目",目前进展顺利。

三、信息技术支持的 STEAM 教育实践

随着科学技术水平的发展,特别是互联网和教育信息化等相关技术的普遍应用,STEAM 教育理念对于个人的发展、社会进步甚至国家综合实力的提高都发挥出了越来越显著的作用。国际上主流观点认为,STEAM 教育有助于培养学生具有适应未来的关键能力,并且有可能在未来生活和工作中持续发挥作用,因此 STEAM 教育成为世界各国教育改革的战略选择。一方面,发达国家因为人口老龄化问题造成了劳动人口减少,STEAM 教育恰好可以填补技能劳动力缺口,保持且促进经济良性发展;另一方面,STEAM 教育也是新兴经济体"弯道超车"的机会,因为该模式将为社会带来新的发展契机,在新兴产业领域抢占先机,刺激新的经济增长点,实现经济的飞跃和赶超。(为客观反映 STEAM 的发展历程,下文中部分内容仍保留 STEM 表述)

(一) 在真实情境中整合知识,强调问题解决

STEM 教学的八大要素：做中学、科学探究与工具使用、跨学科整合、基于问题的学习、基于项目的学习、真实情境活动中的学习、要求合作学习解决问题、学习者自主探究建构知识。[①] 从目标、形式、支持及工具各方面均体现出了 STEM 教育

---

① 江丰光.连接正式与非正式学习的 STEM 教育——第四届 STEM 国际教育大会述评[J].电化教育研究,2017,38(02)：53-61.

的核心特征——回归真实生活情景，强调问题解决。

STEM教育被称为"元学科"（meta-discipline），其教育过程不是将科学、技术、工程和数学知识进行简单叠加，而是强调将原本分散的四门学科内容自然组合形成整体。[①] 教学内容组织上要求将学科知识有机整合[②]，为学生创设真实的情境，让学生在合作完成项目、解决问题的过程中，自然地发生认知冲突、观点碰撞、知识建构，形成整合的、个性化的知识结构。

乐创空间
浦兴中学

学校是新区学生创新素养培育实验基地校，以"乐创空间"创新实验建设为契机，将STEAM课程与创客课程结合起来，作为学生创新素养培育的主打课程。结合浦兴中学原有的创客文化——"乐木"（榫卯文化）和"乐陶"（陶艺文化），"乐创"实验室内实施的课程将融入信息和机器人技术，使得原有的创客文化更加丰富。

为此，学校先后考察了CCTV"少年创客养成计划"项目、上海科学创新教育研发中心的慧鱼机器人系列、Labplus盛思创客系列、上海市史坦默国际科学教育研究中心、奇点教育（与华师大合作）STEAM课程与活动体系等多个课程与项目。经过创建小组的反复论证，学校最终选定了符合初中学生认知特点，能与学校原有基础相融合的项目进行合作，边实施边开发学校的系列校本课程。

（二）信息技术为STEAM教育提供强力支撑

STEM教学的"科学探究与工具使用"要素，鼓励STEM项目中学习者运用科技工具或系统平台进行学习。除此之外，信息技术在虚拟学习环境的创设上也发挥了巨大作用，打破了现实环境的诸多限制。有研究显示，虚拟情境高度互动和参

---

① Morrison, J. Workforce and school[A]. Briefing book. SEEK - 16 Conference[C]. Washington, D. C.：National Academy of Engineering, 2005, pp. 4 - 5.
② 丁杰，蔡苏，江丰光，余胜泉. 科学、技术、工程与数学教育创新与跨学科研究——第二届STEM国际教育大会述评[J]. 开放教育研究，2013，19(02)：41 - 48.

与的特点对于科学探究是有趣而难得的，在虚拟情境中的体验，会使学生对科学探究的理解更牢固和灵活。

数字化课程
上海市实验学校

上海市实验学校目前开设的数字化课程有：STEM、3D 打印、Scratch、App Inventor 等信息技术特色课程。

对于 STEM 课程的开展，学校主要与 STEM 云中心进行合作，任课教师主要为科学课教师，内容有 DNA 的提取、永动机模型的制作、微生物的观察以及生物的饲养等。

3D 打印和 App Inventor 主要以学生特需课程为主，在相应的创新工作室中开展。课程没有固定的教材，主要采用案例及问题式教学法，在一学期课程结束后教师整理编写相应的校本教材。

Scratch 作为学养课程，包含了一学期规范化的教学案例。该课程主要以深度学习、知识建构和元认知几个层面进行教学内容的设计，分为基础篇、拓展篇和创新篇三梯度，以项目合作探究的方式开展。在课程实施过程中，教师为学生提供了一定的资源支架、总结支架、评价支架以及反思支架，以便更好地促进学生知识的生成与创新。

学校在信息科技课程的教学中，对于作业的安排主要采取在线编辑提交的方式。Learnsite 平台中嵌入 Scratch 软件，学生可以直接在线编辑修改完善，同时学生也可在编程乐园中进行共享和查看。

在中国，讨论的主要议题是"STEM 这个概念的核心是什么"。从应用层面看，大致呈现出两种取向：一种取向可以称之为"细分取向"，即认为 STEM 教育应该仔细分析四门学科整合的有效路径，找出满足社会发展需求的类型；另外一种可以称之为"整合取向"，即认为 STEM 教育的核心是跨学科整合，这也是 STEM 教育的核心特征，其强调在学科整合过程中培养学生的素养与能力并解决实际问题。后一种取向还认为 STEM 教育不应该仅仅停留于科学、技术、工程和数学四门学科的整合上,而是需要整合更多的学科,即 STEM 应该朝着"STEM＋"或者是"STEAM"的方向发展。[①]

参考文献

布朗(Eric J. Brown),雅博瑞(William A. Yarberry. Jr),著.陈征,马丽娟,等译.卓有成效的 CIO[M].机械工业出版社,2011.

丁杰,蔡苏,江丰光,余胜泉.科学、技术、工程与数学教育创新与跨学科研究——第二届 STEM 国际教育大会述评[J].开放教育研究,2013,19(02):41-48.

董玉琦,钱松岭.国际视野下的高中信息技术课程发展.中国电化教育,2017(1):13-16.

董玉琦,包正委,刘向永,王靖,伊亮亮.CTCL:教育技术学研究的新范式(2)——从"媒体应用"、"课程整合"到"学习技术"[J].远程教育杂志,2013,31(02):3-12.

董玉琦,王靖,伊亮亮,边家胜.CTCL:教育技术学研究的新范式(1)——基本构想与初步研究[J].远程教育杂志,2012,30(02):3-14.

董玉琦,等.CTCL:教育技术学研究的新范式(3)——基础、命题与应用[J].远程教育志,2014(03):23-32.

范绕."互联网＋"教育环境下基于智慧校园的高校教育信息化建设研究[J].江苏科技信息,2017(29):78-80.

胡航,董玉琦.技术促进深度学习:"个性化-合作"学习的理论构建与实证研究[J].远程教育杂志,2017(03):48-61.

胡航,董玉琦.技术怎样促进学习:基于三类课堂的实证研究[J].现代远程教育研究,2017(02):88-94.

江丰光,孙铭泽.国内外学习空间的再设计与案例分析[J].中国电化教育,2016(02):33-40+57.

江丰光,孙铭泽.未来教室的特征分析与构建.中小学信息技术教育,2014(09):29-32.

江丰光.连接正式与非正式学习的 STEM 教育——第四届 STEM 国际教育大会述评[J].电化教育研究,2017,38(02):53-61.

李小红,姜晓慧,武倩.场馆教育:指向学习者综合素养的提升[J].中小学管理,2017(07):5-8.

刘美凤.校长的信息化领导力[J].中小学信息技术教育,2009(04):5-7.

---

① 赵兴龙,许林.STEM 教育的五大争议及回应[J].中国电化教育,2016(10):62-65.

美国新媒体联盟,著.北京开放大学地平线报告项目组,译.全球基础教育发展的趋势与技术挑战[N].中国教师报,2017-10-25.

魏雪峰,崔光佐,徐连荣.基于认知过程分析的小学数学探究问题设计与应用研究[J].电化教育研究,2014,35(08)：101-107.

吴苡婷.学业压力有所减轻　课外学习负担依然较重[N].上海科技报,2018-01-03(008).

熊建辉.以教育信息化推动教师专业化——访联合国教科文组织教师发展与高等教育司司长戴维·阿乔莱那[J].全球教育展望,2013,42(11)：3-9.

徐金尧,叶萍.中小学体育教师继续教育课程模块建构与培训方案设计[J].浙江体育科学,2010,32(01)：49-52.

徐君.教师参与：课程领导的应有之举[J].课程·教材·教法,2004(12)：12-16.

许兴亮.教师跨界生长是大势所趋[J].山东教育,2016(30)：63.

杨荣昌.教师继续教育课程体系研究[D].华东师范大学,2006.

叶澜.21世纪社会发展与中国基础教育改革[J].中国教育学刊,2005(01)：6-11+15.

伊亮亮,董玉琦.CTCL范式下微视频学习资源的开发与应用[J].电化教育研究,2015(08)：40-44+66.

伊亮亮,董玉琦.基于"视觉局限补偿"机理的微视频设计模型[J].中国电化教育,2017(03)：121-126.

尹相杰,董玉琦,胡航.CTCL视野下的小学数学概念转变的实证研究——以"相交与垂直"为例[J].现代教育技术,2018,28(02)：47-53.

于施洋,王璟璇,杨道玲,张勇进.电子政务顶层设计：基本概念阐释[J].电子政务,2011(08)：2-7.

余胜泉,陈莉.构建和谐"信息生态"突围教育信息化困境[J].中国远程教育,2006(05)：19-24+78.

岳建军.中学数学教学渗透德育的探究[D].内蒙古师范大学,2010.

张乐天.基础教育学校变革：进展、问题与建议[J].教育学术月刊,2012(12)：3-6.

张维山.谈校长信息化领导力的六个行为[EB/OL].http://blog.sina.com.cn/s/blog_3f7919600100scbq.html,2011-06-18.

赵兴龙,许林.STEM教育的五大争议及回应[J].中国电化教育,2016(10)：62-65.

祝智庭,彭红超.信息技术支持的高效知识教学：激发精准教学的活力[J].中国电化教育,2016(01)：18-25.

Morrison，J. Workforce and school［A］. Briefing book. SEEK – 16 Conference［C］. Washington，D. C. ：National Academy of Engineering，2005，pp. 4 – 5.

Shirley Dugdale,李苏萍. 非正式学习图景的规划策略[J]. 住区,2015(02)：8 – 27.

第四章
技术与治理：从管理到智能治理

　　中国共产党十九大报告中提出："打造共建共治共享的社会治理格局。"教育系统中，从教育管理走向教育治理体现了教育改革的重要方向。在教育治理过程中，广泛而深入地运用信息化技术、工具、方式、思维等，将有助于促进教育决策科学化、精准化和实现更高水平的宏观调控，推动教育生态系统的完善与发展。

从教育管理走向教育治理的动因是什么？技术在其中可以发挥怎样的作用？什么又是教育智能治理？基于大数据、互联网、人工智能的初步探索，上海市准备从四个方面开启动力引擎探寻基础教育智能治理之路：

➤ 走向"基于数据决策"的教育决策；

➤ 走向"服务本位"的治理理念；

➤ 走向"开放化"的教育资源；

➤ 走向"体系化、智能化"的数据服务。

第一节
技术与教育治理的关系

　　信息科技的发展已对信息的产生、复制和传播产生了革命性的影响。教育管理向教育治理转型的必要性与紧迫性日益凸显。教育治理与教育管理的概念及区别是什么？从教育管理走向教育治理的动因有哪些？这一转型在教育信息化中有哪些具体表现？这三个问题是本节讨论的重点。

一、教育管理与教育治理

（一）治理与管理

　　"治理"的基本解释为整治调理、修整、改造。全球治理委员会 1995 年对治理给出了权威的定义："治理是各种公共的或私人的个人或机构管理共同事物诸多方式的综合。"[①]"治理"和"管理"虽然只有一字之差，却体现了不同的理念、思维与方法。通俗地说，"管理"通常是单向性的，主体往往是政府，是一个自上而下的概

---

① 全球治理委员会. 我们的全球伙伴关系[R]. 牛津大学出版社,1995.

念,并且带有一定的强制性特征。而"治理"体现的是互动性,主体不仅仅是政府,还包括社会组织、个人等。一字之差,却体现了思维方式、话语体系和制度体系的某种变迁,包括权力配置和行为方式上的一种深刻转变,两者的内涵比较如表4-1-1所示。

表 4-1-1 管理 vs 治理

	管 理	治 理
主体	政府	政府、社会组织以及个人
权力来源	权力机关授权,人民间接行使权力	相当一部分由人民直接行使,自治和共治
运作方式	单向的、强制的、刚性的	复合的、合作的、包容的
效能	合法性常受质疑,有效性难以保证	更具合理性,有效性大大增加
效果	容易专断、低效,人治代替法治等	更加民主、科学,教育管理民主化的集中体现和现代形态

(二)教育治理

教育治理是治理理论在教育领域的延伸,指政府、社会组织、利益群体和公民个体,通过一定的制度安排进行合作互动,共同管理教育公共事务的过程。[①]

中国共产党十九大报告中提出:"打造共建共治共享的社会治理格局。"教育部副部长杜占元认为,从"教育管理"走向"教育治理"对我国的教育系统提出了三个新要求。第一,参与力量将更加多元。行政化、科层化、单一化是当代学校管理常见的特征,要办好世界规模最大的教育,单靠政府一家是远远不够的,必须由过去政府的单向度管理模式转向政府、社会与学校多方共同参与的协同管理,广泛吸引、激发社会力量参与教育建设,实现"共建共治共享",具有过程性、民主性、互动性等特征。第二,主体权责将更加明晰。"教育治理"要构建的是"党委领导、政府负责、社会协同、公众参与、法治保障"的社会治理机制。第三,不断提高教育治理社会化、法治化、智能化、专业化水平。

---

① 褚宏启.自治与共治:教育治理背景下的中小学管理改革[J].中小学管理,2014(11):16-18.

（三）从教育管理走向教育治理的动因分析

从教育管理走向教育治理体现了教育改革的重要方向。当我们谈到从"教育管理"到"教育治理"的转变，其实指的就是由过去政府的单向度管理模式转向政府、社会与学校多方共同参与的协同管理，具有过程性、民主性、互动性等特征。教育管理向教育治理转变的必要性可以从以下三个方面进行阐述。

1. 中国特色社会主义教育现代化的必然选择

教育是人民群众最关心的问题，也是当前优先发展的社会主义事业。党的十九大报告提出："必须把教育事业放在优先位置，加快教育现代化，办好人民满意的教育。"习近平总书记在 2018 年新年贺词中也说："我了解人民群众最关心的就是教育、就业、收入、社保、医疗、养老、居住、环境等方面的事情，大家有许多收获，也有不少操心事、烦心事。"这说明教育虽然是优先发展的重要事业，但也存在许多令人民群众"操心"和"烦心"的问题。解决人民群众最关切的教育难题，才能办好让人民满意的教育。当前，随着课程改革、考试与评价制度改革等实践的深入推进，基础教育已经进入综合改革的深水区，这要求教育改革不再是局部的修修补补，而是需要上升到管理、机制、法律等更宏观、更整体的层面。随着时代的发展，政府的单向度管理模式在一定程度上制约着教育的革新。

从管理转向治理已经成为中国特色社会主义教育事业发展的必然选择，关乎教育现代化的圆满实现。2013 年，中国共产党第十八届三中全会通过了《中共中央关于全面深化改革若干重大问题的决定》，确立了全面深化改革的总目标——完善和发展中国特色社会主义制度、推进国家治理体系和治理能力现代化。《教育信息化"十三五"规划》（教技〔2016〕2 号）明确指出："深入推进管理信息化，从服务教育管理拓展为全面提升教育治理能力。"党的十九大报告再次强调："新时代中国特色社会主义全面深化改革总目标是完善和发展中国特色社会主义制度、推进国家治理体系和治理能力现代化。"

2. 生产力进步对原有教育管理体制提出了新要求

生产力突飞猛进的发展让社会形态发生了翻天覆地的变化。然而现如今，基础教育形态并没有随着生产力的发展而演进。比如大家熟悉的分科教育，语文、数学、英语、物理、化学、地理、历史等整套设置确立于19世纪,有近200年的历史,为机器大生产时代贡献了不朽的力量,但是,随着生产力的发展,时代需求已经不再相同,我们需要适合21世纪的教育体制。当前,科层制仍然是我国基础教育的主要管理形式,强调命令与服从、管制与约束,顶层设计、上命下达是管理的基本形式,而治理更强调开放、包容,更尊重差异,给予每一位行为主体发挥力量的空间。

21世纪是互联网时代,主题是创新、群智、互动、共享、开放、异动,是瞬息万变的,是群智创造生成的,而不是计划、策划出来的。互联网时代也对教育提出了新的挑战,例如,近几年在线教育野蛮生长,据媒体报道市场规模已达1700多亿,虽然受到很多学生和家长的青睐,但潜在的问题也不容忽视,常见的有缺乏相应的管理制度、师资良莠不齐等。这种随着信息技术发展而产生的新的教育问题必然是传统教育管理制度所始料未及的,而若要让教育在互联网时代有序、良性地发展,仅凭管理、约束和控制是肯定不够的,还需要采用相对弹性的、柔性的治理机制与措施,去调动群体智慧,启动更强力的发展引擎,来应对瞬息万变的社会所带来的挑战。

3. 高度集中的教育管理体制不利于创新和发展

政府"大包大揽"不利于教育的创新与发展。人类社会在经历了政府职能和权力的极度扩张后,于20世纪50年代形成了典型的官僚制结构。政府权力扩张至社会各个领域,包括在公共教育领域内政府实施强制性权力干预教育改革以实现国家利益,逐渐形成了以"教育控制的科层化"为基本特征的公共教育体制。[①] 政府和教育行政部门在教育中的影响力空前强大,存在着"越位""缺位""错位"等现象,公众和社会组织的参与缺失。教育供给的单一、粗放及教育运行的内向,与人民群众教育需求的多样、个性及社会对教育参与不充分之间存在矛盾。机器大生产时代诞生的教育,主要目的是培养具备工业生产知识的工人,教学组织形式、管理模式等教育形态也是围绕这个目的。但是现在我们的育人目标已经不局限于知识的简单传输,而标准化的、刚性的管理制度仍然惯性地影响着教育,束缚教育的发展。目前我们亟须打破教育管理上的僵化模式,让每一个教育主体都能变成鲜

---

① 劳凯声.公立学校200年:问题与变革[J].北京大学教育评论,2009(10):78-190.

活而真实的人，充分发挥人的能动性，共同促使教育价值最大化。

教育事业是复杂的、庞大的、至关重要的，原本也不是政府一方就能办好的，虽然自教育诞生至今，政府负担起了办学的主要责任，但要办好人民满意的教育，还需要启用群体智慧。教育需要在"管理"上松绑，需要从管理走向治理。

二、技术支持下的智能治理

教育管理走向教育治理离不开信息化。互联网让这个世界互联互通，以互联网为载体的新一代信息技术对教育治理提出了更高的要求，扩充了教育治理的内涵，使其价值取向更加开放、多元、灵活和高效。教育治理现代化是教育现代化的重要组成部分，是教育治理与信息化的结合。只有借助信息技术之力，才能实现现代化的教育治理。

党的十九大报告提及，当前教育事业全面发展，中西部和农村教育明显加强，但人民群众在教育方面面临不少难题，例如择校困难、优质师资紧缺等。建设教育强国是中华民族伟大复兴的基础工程，必须把教育事业放在优先位置，加快教育现代化，办好人民满意的教育，建设人民满意的服务型政府。教育部副部长杜占元提出教育信息化战线也要自觉地以习近平新时代中国特色社会主义思想为指导，以服务、保障党的十九大确定的加快教育现代化、建设教育强国等重大部署为根本任务。

为适应教育形势变化，破解热点难题，2014 年全国教育工作会议上提出了"深化教育领域综合改革，加快推进教育治理体系和治理能力现代化"为阶段教育工作目标。虽然教育领域的治理水平在不断提升，但与人民群众对教育的期待相比，还远远不够。习近平总书记说："没有信息化就没有现代化"。当今世界，信息技术日新月异，信息技术创新浪潮蓬勃兴起，为教育管理信息化带来了新机遇。教育信息化是实现教育现代化的强大推动力。教育治理现代化是教育现代化的重要一环。教育信息化和教育治理现代化像是一个矛盾的两个方面，二者相互促进、相互制约。教育信息化影响教育治理现代化的实现；反之，教育治理现代化也同样影响着教育信息化的进程。如何借助信息化实现现代化教育治理，是我们必须重视的问题。

为此，我们提出教育智能治理的概念。智能在这里是指智慧、迅速、灵活、正确地理解和处理事物的能力;治理强调多元主体民主参与的政府行为方式。智能治理是以互联网、大数据、云计算、人工智能为代表的新一代信息技术运用进政府或者区域等宏观教育治理的体现。总体而言,智能治理强调信息化技术、工具、方式、思维等在教育治理过程中的广泛而深入的应用,使其贯穿于决策形成、执行、反馈和调控纠偏的全过程,借以提升政府等教育决策方科学化、精准化应对问题的能力,开展更高水平的宏观调控,切实解决人民群众迫切关心的问题,推动我国教育现代化目标的实现。同时,借技术之力,智能治理能够遵循市场规律和互联网思维,实现机制创新,激发多方合力,促进教育生态系统的完善与发展。

第二节
上海基础教育智能治理的初步探索

　　智能治理可以有效推进教育现代化。信息技术手段能够全面实时采集、分析大量的教育教学信息，提高教育行政管理效能，实现教育信息最大限度的公开透明，促进教育的公平公正，从而实现政府、学校、社会的及时互动，为社会服务、社会监督提供平台。上海市在智能治理方面已经展开了初步的探索。

　　一、互联网：打造共建共治共享的教育环境

　　互联网自诞生以来，以其资源众多、方便快捷、自由开放、个性交互等特性成为现代人类生活与发展中必不可少的存在，逐渐影响与改变着人们的思维模式与行为方式。在传统行业纷纷进入"互联网＋"时代的背景下，教育领域内生态环境也正在逐渐被重构，呈现出别具时代特色的新面貌。

　　过去我们的教育大环境中，政府的行政手段占据重要地位，行政意味浓厚的规划和管理令教育发展步伐较沉重，在决策和管理上也很难满足人民群众对其科学、民主与创新、迅速的需求。并且由于优质教育资源分布并不均衡，教育的公平问题成为社会大众抨击国内教育的主要方面,成为社会良性发展的阻碍。

时代的发展、人民的需求要求我们不能故步自封,而需以更加勇敢和开放的心态热情拥抱新事物,利用新技术、新手段、新理念与新方法来推进教育领域的改革与发展,由封闭走向开放。而今的社会背景下,教育信息化已成为世界各国建设人力资源强国、实现经济快速发展的有效策略,也是教育改革发展的战略重点。

以互联网为媒介,推动信息技术在教育中的广泛应用,推动政府、学校与社会多元主体合作参与,搭建共享共建优质教育资源的平台,创新机制,建立政府宏观调控、学校自主办学、社会(包括企业、家长以及其他社会组织等)积极参与的现代教育体系,发挥群体智慧的力量,推进教育治理体系和治理能力的现代化,已成为教育发展的新趋势。

上海市从创设更为便利的公共教育服务层面出发,在推动教育的社会参与、均衡发展、价值引领和激励创新的目标上积极探索,朝着构建共同建设、共同享有、共同治理的上海教育大环境迈进。

(一)探索教育均衡办学机制

学区化、集团化办学,是上海市教委为缩小义务教育阶段学校间办学水平的差距,办好家门口的每一所学校,为适龄儿童提供公平优质的基本公共教育服务所实行的办学机制。总体而言,它能较好地突破校际壁垒,将同一区内或跨区相同/不同学段的学校组成办学联合体,促进学校间优势互补,发挥先进办学理念、成功的管理模式、有效的课程教学、优秀的教师团队等因素的辐射作用,带动相对偏远、基础薄弱学校的发展,促进学区/集团内整体教育品质的提升,不断创生新的优质教育资源。

自2015年上海为达成学区化、集团化办学颁布的政策文件《上海市教育委员会关于促进优质均衡发展推进学区化集团化办学的实施意见》以来,截至2017年底,全市已建成125个教育集团,覆盖学校627所;学区化54个,覆盖学校406所,"家门口"的好学校已有相当的覆盖面。这一过程中,上海上线了"学区化集团化办学地图"供社会查询办学信息,下发了《上海市学区化集团化办学发展性评估指南(征求意见稿)》,指导各区对区域内学区和集团进行发展性绩效评估,提升学区和集团办学效益。

上海还在积极探索促进义务教育从"基本均衡"走向"优质均衡"，从优化顶层设计、健全保障机制、优质资源共建共享、制度创新四大方面发力，做好优质均衡的"双引擎"，推动各区形成各具特色、百花齐放的发展格局。

上海各区积极探索学区化、集团化办学的多元模式。例如，静安区的八大教育集团，就构建了"一体多校""多校一体""名校＋新校""大社区＋小片区""城乡一体""委托管理"等多种模式；金山区坚持城乡联动发展组建学区和集团，并对参与交流的教师在评先评优、职称评定方面给予优先；浦东新区采取委托管理、结对互帮、局镇合作等多种形式打造 14 个联合体；徐汇区加强学区内学校教师编制统筹，建立骨干教师蓄水池，并试点后勤服务岗位统筹；闵行区七宝中学教育集团在完善章程的引领下，实现干部和教师柔性流动，提升集团内 14 所不同层次学校的办学水平。

学区化、集团化办学机制的蓬勃发展，是持续深化地探索上海教育均衡发展的重要举措，是探索从教育管理走向公共治理、实现教育基本公共服务均等化的重要标志。[①]

（二）构建教育资源均衡分配体系

为了推动数据和资源的融合共享，上海将"智慧教育"作为重点专项，在《上海市推进智慧城市建设行动计划（2014—2016）》中指出，通过"一网两平台三中心"建设，引领各区县、学校建设完善的教育信息化基础应用环境，形成"政府、市场、学校教师、学生、家长"等联动发展机制，实现各级各类教育资源衔接融通，实现教育管理服务的高能、高效和教育决策的开放、科学。"一网两中心三平台"的总体框架涵盖上海教育城域网、大规模智慧学习泛在平台、上海教育综合管理决策平台、上海教育数据中心、上海教育资源中心和上海教育认证中心。

2016 年，上海市教委委托上海开放大学建设上海教育资源中心，它作为上海教育信息化顶层设计中的重要组成部分，旨在以融合各级各类数字化教育资源、满足学习者需求为目标，以创新资源汇聚机制、服务机制、运营机制为纽带，通过共建共享、多方参与、开放平等、互利共赢的新模式，搭建集"汇聚分享、智能传播、认证

---

① 沈祖芸,薛婷彦.集群式均衡 上海学区化集团化办学力促入学机会均等[J].上海教育,2014(25):28.

评级、展示交流、置换交易"功能于一体的资源平台,构建上海的教育资源公共服务体系。

目前,资源中心信息化系统的主要功能表现在:

1. 多元化的资源在线汇聚

资源中心具有开拓汇聚渠道和支撑汇聚过程的功能,通过政府调配、置换共享、整合引进、激励征集等方式,推动包括公共投入、机构合作、市场及个人等各种形式下产生的优质数字化教育资源的汇聚过程,支持视频、图书、网络课程、动画、文档等不同类型资源的在线汇聚和批次入库归档,帮助资源中心形成公共服务的资源储备。

2. 集中化、标准化的大规模数字资源管理过程

针对汇聚的大规模数字化资源,资源中心提供包括汇聚、入库、整合加工、发布更新、配送应用、出库等一系列的资源管理过程,明确资源的来源、分类、版权信息与应用范围,实现对资源的运营与使用过程进行在线的有效控制和管理,提供线上的多维度资源查询与管理过程监控。

3. 以机构应用带动个人应用的广泛共享模式

除面向个人的资源应用服务外,资源中心还提供以应用机构为单位的配送共享服务,按需提供资源满足不同业务面的资源应用需要,支撑面向机构的资源的线上配送过程,形成网状结构的资源公共云服务,以机构应用带动机构下的个人应用,同时通过机构提高资源的应用率与辐射范围,促进资源的应用流通。

资源中心通过线上线下相结合的应用方式,结合个人、机构、平台的资源应用需求,以应用为导向推动资源的共享与传播。截至 2017 年底,结合资源应用主要需求,上海教育资源中心通过资源整合、社会采购、共享置换等汇聚方式,已汇聚了以视频课程资源为主的各级各类数字化教育资源 39 000 余个,形成了一定的教育资源应用储备,并通过对接微校、上海市总工会、上海学习网等 14 个大型的市级公益性教育应用机构,根据各平台应用需要,对外共享资源 12 492 个,资源应用次数达到 213 万人次,初步形成了数字化教育资源的公共服务模式。

基于基础型课程的"优课"共享资源库平台
上海市

上海"优课"共享资源库平台是充分发挥上海基础教育引领作用的一项举措。利用优质课程资源平台的辐射分享效应，上海市推广"优课"资源，更好地发挥"优课"作用，以点带面，促进国内教育整体水平的提升与均衡化发展。目前平台汇聚了市级"优课"1 200 多堂，相关资源 4 000 多个。平台建成一年以来，访问量超过 20 万，其中"优课"资源直播约 2 700 次，点播约 160 000 次，用户分布全国，产生了良好的社会效益。

通过"一网两中心三平台"打下的良好基础，为上海市各类教育信息化资源的开发提供了平台技术支持与发展借鉴模式，推动着市级与区级层面的各类资源共享平台的开发与应用，进一步营造了学习资源的共享环境。例如，上海市大规模智慧学习平台的建设，便是又一次资源共享的新探索。

大规模智慧学习平台
上海市

大规模智慧学习平台（简称"微校"）旨在展现上海教育整体水平，面向所有学习者提供个性化教育服务，其总体目标是集中体现上海教育与信息化融合的成果，并形成面向学习者的一站式服务平台，如图 4-2-1 所示。它包括面向学习者的各种教育资源与工具、多种模式的微校课堂；与上海教育信息化顶层设计"三大中心"的集成，衔接了学习者各级各类学校的学历和非学历教育信息，为学习者提供伴随一生的个人学习记录档案；面向教师集合各类教育应用生成工具、教育资源和应用而形成的应用超市；面向优质教育服务商形成的优质教育服务联盟，整合优质教育服务商的各类教育教学应用，以对学习者最为便利的形态呈现，服务于各学段、各类需求的学习者。

微校继承多年来上海教育信息化的建设成果，连接体制内外的教育机构、平台，共建教育生态圈，开放学习资源，为所有学习者提供个性化学习和

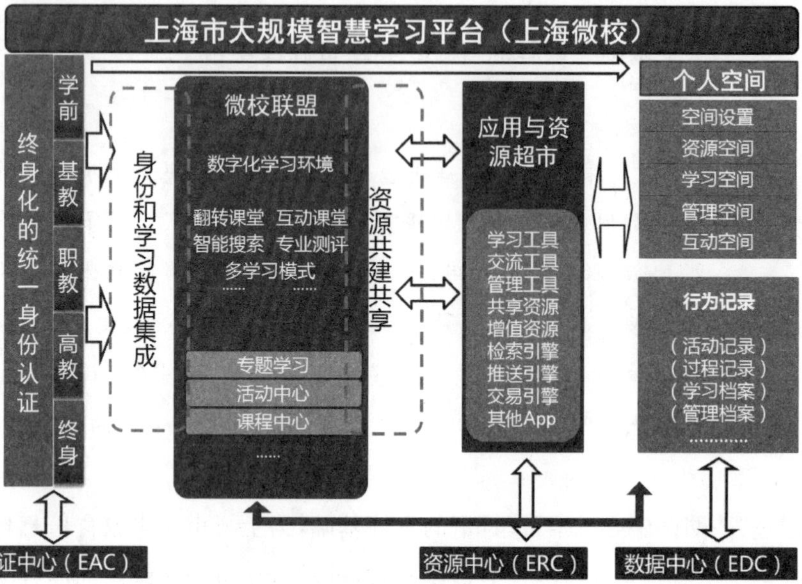

图 4-2-1 微校总体架构

个人发展服务。以微校为代表的政府主导项目,联结各类教育主体的上海教育资源共享机制,必将成为未来教育资源构建与传播的重要途径。

(三)以扁平化激发多元主体活力

作为社会大系统中的一个子系统,教育的改革发展不仅会深刻影响社会的方方面面,同时也离不开社会各个层面的支持和保障。学校教育在适应并满足学生多样化需求、促进并实现学生全面发展的过程中,必然需要来自家庭、社会等多方力量的同步参与和深度支持。为此,如何进一步调动学校、家庭、社会等多方力量共同参与区域教育改革发展的积极性和主动性,进一步厘清不同主体之间的关系,进一步破解他们参与学校教育发展的体制或机制障碍,搭建多元主体合力共治的机制和平台,自然也就成为区域教育治理改进过程中的重中之重。

以扁平化机制激发多元主体活力①
静安区

上海市静安区以重大项目引领教育治理现代化,以扁平化激发多元

---

① 陈宇卿.上海静安:重新明确政府在教育治理中的功能定位[J].人民教育,2016(07):27-29.

主体活力。静安区连续承担了 4 项教育部重点课题，从"九五"探索"素质教育实施"到"十五"开展"课程教学改革"，再到"十一五"致力"学业效能提升"及"十二五"推进"个性化教育"，这些项目改变着区域的教育管理方式，扁平化的运行机制正在形成。

静安区着重关注流程的优化和改进，致力于减少不必要的中间环节和程序，实现人财物与供给需求之间的无缝对接，推行以"素质教育实践项目"为载体的专项支持计划，以项目制的形式定点、定项扶持学校改革实践，破解学校改革过程中的资源困境。同时为改进传统的家校联系制度，进一步激发家长参与区域教育发展的动力，静安区组建了区域性的家庭教育指导中心与早期教育指导中心，在传统家校合作的基础上，深度介入学生家庭教育环节，更加强化区域对家长的直接引导和支持。此外，我们还探索社会力量直接参与区域教育发展的新路径，从课程资源的开发、教学设计与实施的改进到第三方评价机制的建立、社区学校共建等不同方面，为学校教育发展引入社会力量。

在实践过程中，静安区由其不同主体共同参与、合作，如在区域推进中小学生多元智能测评项目、做中学及社会情绪能力项目过程中，校长、教师、学生、区域研究人员就与专业咨询机构、专业研究部门及家长一起，共同参与测试评价和分析反馈，从而形成育人合力。区域则通过把握分层、分类和分步骤的推进策略，适时整合社会各方力量和资源，为学校、教师和学生的差异化需求提供有针对性的指导和支持。同时针对不同学段、学科以及学生的特点、要求及其变革情况，静安区搭建了区域性的交流展示平台，为学段之间、学校之间以及教师之间和学生之间提供区域性的学习分享机会。基于此，在改变以往命令式的行政管理方式，充分彰显管理民主性的同时，静安区也更进一步关注了不同教育个体的实际需求，切实提高了区域教育的科学性和有效性。

（四）教育信息公开发布机制

随着互联网的普及和发展，教育信息可以通过各类平台和软件快速地传递给外界，教育信息公开发布机制的形成有助于教育信息公开和透明化，对教育治理的现代化有重要作用。这里以上海市浦东新区借助教育网站探索教育信息公开发布机制为例,展现上海市为教育信息公开所做努力。

以教育网站提升服务质量
浦东新区

经过几年的探索、实践,浦东区域教育网站的建设取得了一定成就,但随着教育事业和信息技术的不断发展,公众对政府教育信息公开和线上业务开展的便捷性需求越来越迫切,对网站建设提出了更高的要求,对网站运维的服务质量要求也有所提高。建设智慧型教育网站群,提升网站服务质量,是浦东教育网站建设的方向与目标。

浦东教育网站群包括浦东教育门户网站、浦东教发院网站、青少年心理健康网站、教育督导网站、团委五月花海网站、学前教育网站、名师名校专题网站、妇工网、教育安全事务中心网站、退管会网站等,依托"三网"合一的技术支持,建立面向学校、社区和教师个人的公共服务体系,形成了开放、多样、便捷的高标准、高质量的学习与交流平台。其中浦东教育门户网站是浦东新区教育局的政府网站,是具有政府信息发布、教育公共服务和社会网络问政的平台,满足线下政府逐步走向线上的各种业务需求,适应网站逐步走向高效导航的设计风格,实现按用户对象设计网站内容的模式。同时,该网站由原来的"新闻性门户"转变为新的"互动性门户""资源性门户",由一个"只有办事我才去"的门户网站转变为一个"我随时随地都想去看看"的门户网站。

(五)促进区教师专业发展

上海市教育信息化的发展离不开教师信息素养的提高,它是拓展教师教学资源、促进教育公平均衡、提升教育教学效率、促进教育转型发展的内在需求,也是提升教育品质的核心重点。为推进"互联网+"时代上海教育发展,科学合理的教师专业发展评价对教师发展起到至关重要的作用。目前,教师发展主要突出了结果性评价,指标比较单一,教师专业发展的过程性数据采集困难,使用更是严重不足。过程性数据的有效使用有利于教师专业发展普遍性规律的研究,也有利于教师个性化的成长。

教师专业发展数字化支持系统
闵行区

  闵行区在编教师人数超过 15 000 名，教师发展更加多元，学校及教师个体的绩效管理需要更加客观、公平、公正的数据作支撑，教师个体的职业生涯需要更加完善、有效的业务档案管理。基于自身教育管理的实际需要和对教师专业发展的目标期待，闵行区教育学院在原有数据源的支持下，结合区域性特点，建设完成"闵行区教师专业发展数字化支持系统"，以信息化手段记录教师的专业发展轨迹，提供教师成长过程中的一整套数据，提高教师教育管理的有效性。

  该系统由教师研修网、课堂教学云录播系统、课程管理系统、学业质量分析系统、教师档案管理系统和个人空间六大板块组成，将有关教师的业务信息数据统整、贯通，实现了为教师提供业务数据一体化体验、全方位业务分析功能和个性化专业发展服务支持等目标。

  在确定平台的功能需求后，系统建设团队积极探索基于数据挖掘和能力胜任模型的教师专业发展评价指标，并根据教师管理业务模型和教师专业评价指标构建闵行区教师专业发展指标体系，分模块建设业务系统。目前已实现教师研修网、课堂教学云录播系统、学业质量分析系统、教师档案管理系统、课程管理系统（建设中）、个人空间等平台统整。其中，教师研修网作为内容和业务管理系统，主要负责教师一系列业务活动数据的记录和采集；课堂教学云录播系统实现在线展示和录播课堂教学行为，同时提供教师对精品课教学的观摩和研究；学业质量分析系统承担中小学各学段基于"绿色指标"的学业质量综合分析、评价；教师档案管理系统汇总各系统信息，并与上海市学分银行数据贯通，全方位记录教师的研修业务数据，并加以汇总和分析；个人空间为教师提供了个性化交流和协作研修、资源分享的平台。[①]

---

① 恽敏霞."互联网＋"时代的教师专业发展：支持与管理[J].中国民族教育，2017(Z1)：24-27.

闵行区教师专业发展数字化支持系统的建设思路如图4-2-2所示。

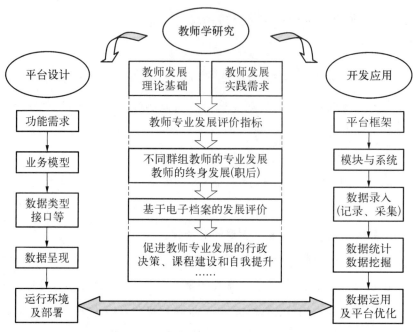

图4-2-2 教师专业发展数字化支持系统建设思路

闵行区教师专业发展数字化支持系统的建设与运用加速了闵行区教育管理信息化的进程。系统实现了教师业务数据中心建设,探索了相关业务系统的集成整合方案,为教育管理信息化的发展提供了建设思路,有助于实现教育系统的商业智能(BI)。系统还开拓了基于教师全维度专业发展数据的大数据分析平台,探索了教师专业发展的数据挖掘体系,提高了分析的精准度和有效性,同时促进了教师专业发展评价指标的发展。此外,系统还建设了符合闵行区区情的教师专业发展档案指标体系,指标体系首创性地将 IBSTPI 教师能力标准、能力胜任模型和国家中小学教师专业标准相结合,同时提供了教师专业发展评价的信息化系统案例,为教师专业发展指标提供实证性研究。

二、大数据:促进教育治理能力现代化

随着信息化的深入发展,运用大数据完善社会治理,提升治理能力已经成为全

球范围内的发展趋势并受到普遍重视。教育作为政府治理的重要方面，需要时时抓住大数据发展的有利时机，利用大数据推进教育决策科学化、推动教育治理的现代化。

在我国教育信息化发展的过程中，已经产生并将继续产生大量的数据，这些都是教育大数据的来源和实施教育治理的基础数据。与传统数据时代相比，大数据使教育行政组织所采集的数据的深度、广度以及细分度不断地拓展延伸，教育数据越来越呈现出多层化、多元化、非结构化的表征。[①] 大数据的发展对教育治理提出了新的机遇和挑战：教育决策者在信息的收集和运用中应更注重共通性，避免教育信息孤岛的存在；改善了教育领域中根据直觉、冲动等决策的状况，给决策者追踪发展过程并调整现行政策提供了可能性，为决策者提供更加全面性、及时性和可利用性的数据支撑；同时，要注重大数据的决策结论对民众的传递性、可接受性，通过可视化技术为社会大众提供便利、直观的信息服务。

（一）消除信息孤岛集成教育大数据

"信息孤岛"一般是指各个部门的信息来源彼此独立、信息平台相互排斥、信息处理难以关联互助、信息运用不能共享的信息壁垒和信息堵塞现象。大数据时代，教育数据以海量、多样、高频的方式爆炸增长，各级教育部门对信息数据的需求将逐渐增大。由于数据难以共享、互通等原因，各级部门将产生重复收集的可能，消耗不必要的人力物力等资源，产生信息孤岛的现象。发展教育智能治理的一大目标就是要消除信息孤岛，通过优化改造传统政务服务模式，打通教育部门之间的信息壁垒和信息孤岛，达成教育部门之间信息互联互通、资源共享的状态，最终实现网上政务协同。

为了消除信息孤岛，上海市在一定程度上做了建设和优化的探索。例如，通过建设上海学生学籍信息管理系统、上海市义务教育入学报名系统等项目，面向上海市学生统一收集信息，给各个部门提供学生信息的对接入口。同时，为了更合理地管理和优化现有的上海教育信息化项目，教育信息化项目管理系统树应运而生，通过统整各信息化系统独立设计的缺陷，更好地集成教育大数据。

---

① 刘金松.大数据应用于教育决策的可行性与潜在问题研究[J].电化教育研究，2017，38(11)：38－42＋74.

学生学籍信息管理系统
上海市

上海学生学籍信息管理系统(以下简称"学籍系统")是上海市统一的学籍信息管理平台,全面、真实掌握全市范围中小学生信息,实现全市中小学生电子学籍卡的全面覆盖。基于"一套市级系统＋一套区级系统"的基础框架,学籍系统实现了全市统一系统、统一数据、统一版本、统一运维和功能定制的基本要求,为全市1600余所学校提供学生电子学籍管理服务。同时,该系统还建立了可靠权威的上海市基础教育学生、学校数据中心,也完成与教育部学籍系统的对接,并根据第三方的业务发展需要,与统一认证机构、招生报名部门、考试院等第三方机构建立了对应的数据对接机制。

学籍系统为全市16个区、4个后方基地、近1600多所学校,以及各级教育行政部门相关人员约2000人提供服务。同时,该系统还面向全市140万学生及家长提供呼叫中心服务。2017年1～9月,总呼入量16986个,其中学籍异动呼入量9554个,占总呼入量的56.25％。在学籍异动问题中,跨省转学问题占89.24％。系统处理学籍邮箱邮件1282封,主要问题集中在学籍异动,所占比例为61％。

学籍系统的建立和完善有效解决了原有的数据管理模式层级多、耗时长、信息滞后等问题,对学籍注册、学籍异动、毕业、升学、成长记录等全过程进行信息化管理,实现上海市范围内学生学籍信息的共享、信息互通,有利于为学生资助、经费保障、事业统计、日常管理和科学决策提供及时、全面、客观、真实的数据支持。

义务教育入学报名系统
上海市

上海市义务教育入学报名系统包括招生准备、信息登记、民办报名、入学报名验证分配、公办分配或统筹、统计分析等业务环节或模块功能,基本涵盖了小学和初中招生的所有流程环节,满足各区义务教育入学报名工作的基本要求。

每年，上海市义务教育入学报名系统要服务近 30 万名家长，1 万多名工作人员。该系统每年为全市小学一年级近 20 万入学适龄儿童（包括特殊儿童）和近 15 万小学毕业生提供在线的、公平的、公开的入学报名环境，为上海义务教育学生入学提供便捷高效的入学报名服务。

上海市义务教育入学报名系统，一方面实现了全市层面利用信息技术手段规范管理入学报名工作的目的。全市使用统一的招生录取平台，招生信息更加公开透明，极好地为教育行政部门控制择校提供了有效管理手段，形成更为有力的社会监控体系。另一方面，入学报名系统信息登记和录取结果的数据又被全面应用到基础教育学籍管理系统中，大大提高了数据的应用效率，使得学籍系统更加完善，数据更加准确。

教育信息化项目管理系统树
上海市

经过多年的信息化建设发展，上海市各区、各校为适应不同阶段、不同业务的需要，建设了很多的信息化系统。但这些信息化系统都是独立设计的，区与区之间、校与校之间彼此没有互通，各信息系统的建设目标、资金投入、绩效评估等信息只有建设单位掌握，而各建设单位对各信息化系统的描述与衡量标准也参差不齐，造成上海市教育信息化发展过程中出现低水平重复建设、目标绩效不合理、立项投入决策困难、资源共享程度较低等问题，从而导致管理部门无法及时对各信息化项目进行诊断和评估，也难以掌握全市教育信息化发展情况。

随着信息技术的不断革新，教育信息化在教育改革中的重要作用越来越突出，如何对新的项目进行科学决策、如何管理好已有的信息化系统，以保证经费使用科学、有效是当下亟待解决的问题。目前，虽然上海市经济和信息化委员会的信息化项目申报系统为上海市教委直属事业单位的信息化项目申报提供服务，但因其原有系统设计只针对直属事业单位，并非针对教育类项目，所填写的信息内容较为局限，也没有考虑到教育行业信息化项目的特殊性，难以支撑市教委内部信息化项目管理和决策。同时,由于描述标准不一,缺乏全面有效的统计和分析功能,容易造成误解,导致了诸如项目评估不准确、无法及时诊断信息化发展健康度、采集信息不够全面、共享程度低等诸多问题。

(二) 大数据为科学决策提供依据

大数据的核心不在于其体量大小、速度快慢和数据类型,而是在于如何挖掘和发挥出教育数据的价值。大数据的应用可以为教育行政部门提供准确的数据预测与数据分析,为决策者提供决策依据。

上海市在教育大数据决策方面也做出了建设与实施的初探。为给素质教育的评价提供更全面客观的依据,上海市普通高中学生综合素质评价信息管理系统应运而生,收集和记录学生德、智、体、美等方面的表现情况,学校可依此提供更多的适性的教育服务。闵行区平南小学将运动手环应用于课堂,改变了传统的体育教育模式,通过数据的收集方便教师做出更合理、科学的课堂决策。

普通高中学生综合素质评价信息管理系统
上海市

为促进中小学生全面发展和健康成长,上海市电化教育馆结合上海市实际情况,设计和建设了上海市普通高中学生综合素质评价信息管理平台。上海市普通高中学生综合素质评价记录和评价的内容主要分为"品德发展与公民素养""修习课程与学业成绩""身心健康与艺术素养""创新精神与实践能力"四个模块,为高中学生在德、智、体、美诸方面的发展状况和表现提供过程记录的信息化采集、呈现和基于诚信的管理支持。

数据采集以高中学校为记录主体,采用客观数据导入、高中学校和社会机构统一录入,学生提交实证材料相结合的方式,客观记录学生的学习成长经历,并由信息管理系统汇聚形成真实、准确的学生"大数据"中心。

上海市普通高中学生综合素质评价信息管理系统自2015年6月底上线运行至2017年6月,系统中共有学生163 480人,共记录信息20 354 983条,其中记录高三学生研究性学习报告50 709份,军事训练信息 52 304 条,农村社会实践信息 51 468 条,志愿服务合格信息 52 087 条,自我介绍 51 253 份。2017 年 3 月 2 日,信息管理系统将 3 320 名已完成签字操作的学生信息向 23 所春招院校开放,相关院校在自主测试环节中进行了使用;3 月 25 日,信息管理系统将 759 名已完成签字操作的学生信息向 3 所大专院校开放,在专科层次依法自主招生中作为参考;4 月 10 日,信息管理系统将 1 935 名已完成签字操作的学生信息向自主招生高校开放;5 月 19 日,信息管理系统将 16 430 名已完成签字的学生信息向综评录取批次高校开放;6 月 23 日,信息管理系统将 51 327 名毕业生信息向上海市教育考试院开放,用于高考投档。

通过对学生成长大数据的采集,政府可以基于"大数据"进行分析,更好地配置教育资源和教育治理,引导社会、家庭、学校按照素质教育的导向更科学地培养人才,同时帮助学生更好地了解自我,进行生涯规划和学业管理;学校可以更好地了解学生,按需提供课程服务和成长指导,引导教师开展各种素质教育活动,促进学校特色多样发展;高校也可以按照"两依据一参考"的原则进行数据挖掘,从而更好地选拔人才。上海市普通高中学生综合素质评价信息管理平台充分发挥了大数据对于变革教育方式、提升教育质量、改变教育模式、提升教育决策能力的支撑作用。

运动手环
平南小学

近年来,上海学生肥胖率已超过 20%,学生体质健康水平正在逐年下降,这已成为教育者和全社会都亟须反思和不得不直面的问题。传统体育课堂教学中,教师对学生体质干预的有效性和科学性受到种种限制:教师依靠眼睛观察无法全面掌握全班每个学生的运动数据,无法为每个学生制订个性化的运动方案,无法及时准确地获取运动数据,监测的数据无法积累、推广、常态化。

基于此,在闵行区教育局大力支持下,平南小学依托信息化手段,借助于智能化的穿戴设备"闵思"运动手环对学生的体质进行监测和评价,通过大数据分析形成了个别化模型和方法,有效提高体育课的课堂效应,从而提高每个学生体质健康水平,并培养其良好的健身习惯和运动理念。

体育教研组的教师在课堂上利用运动手环对学生的运动数据进行数据采集,为体育课教研走向"经验＋数据实证"的研究提供技术支持。例如,教师可以依靠课堂整体的心率波形与理想波形的匹配程度(如图4-2-3所示),对学生的学习行为进行评判。

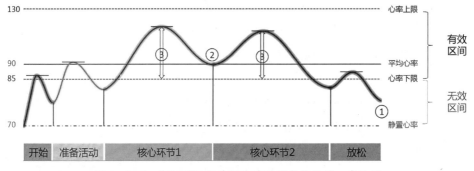

图4-2-3 "闵思"运动手环反馈的课堂整体的心率波形

通过可穿戴技术与大数据分析的对接,学校成功地推动了课堂教育转型。用学生实时的生理数据及时调控运动量,用大数据说话,这是上海体育教学史上的创新之举。

可见,将大数据应用于教育领域,具有促进教与学的有效性、完善质量监控体系、实现动态的质量管理、推进教育决策的科学化的积极意义与作用。[①] 而其中推进教育决策科学化是大数据在教育领域应用的热点。大数据使得传统松散的各种教育关系彼此之间产生紧密联系,通过教育基础数据的融合和数据资源的整合,实现数据的共享和开放,为科学决策奠定数据基础,为有效解决复杂的教育问题提供新途径,从而实现教育治理模式和思维方式的不断创新,持续推动教育治理能力的现代化。[②]

---

① 刘金松.大数据应用于教育决策的可行性与潜在问题研究[J].电化教育研究,2017,38(11):38-42＋74.
② 王永颜.大数据时代教育治理能力现代化构建与路径选择[J].电化教育研究,2017,38(08):44-49.

（三）大数据的可视化呈现

可视化数据是大数据应用中非常重要的一环，它能够将教育决策的发展动态更好地传递给受众。对于社会大众而言，可视化的数据更加容易被接受，方便公众了解当前教育发展的阶段和程度。上海市在教育数据可视化方面进行了探索。

为落实上海市教育综合改革要求，上海市教委努力做好城乡义务教育资源配置基本统一工作，通过制度创新，盘活和扩大优质教育资源，提出了学区化集团化办学、新优质学校集群发展的理念。将优质学校与自主发展能力较弱的学校等结成办学联合体，有助于推进义务教育优质均衡发展。

2016年6月，上海市教委推出了"上海市学区化集团化办学地图"（如图4-2-4所示）[①]，供市民查询本市各区学区化集团化办学信息。该地图能直观呈现全市各学区和集团及其成员校的地理分布及相关信息。

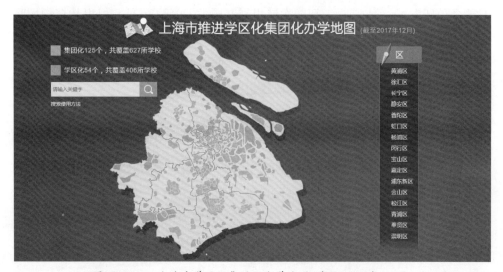

图 4-2-4　上海市学区化集团化办学地图（截至 2017 年 12 月）

上海市学区化集团化办学地图以可视化的方式，直观便捷地让市民接触到学区化集团化办学的建设进度，保障了办学的信息公开，同时也加大了对学区化集团化办学的宣传力度，让老百姓更近距离地感受"家门口的好学校"。

---

① 上海市教育委员会.上海市推进学区化集团化办学地图［EB/OL］. http://sd. iameduwork. com/，2018－01－19.

三、人工智能：辅助教育教学回归育人本质

杜威曾说："教育即生长。"教育就是要帮助每个人的天性和与生俱来的能力得到健康生长，而不是把人视为一个"容器"，将外界的东西（例如知识）灌输进去。如何做到"教育即生长"？苏格拉底曾指出，求知是每个人灵魂里固有的能力。教育要以学生为中心，辅助每个学生成长，就必须因材施教，帮助学生开展个性化学习。

人工智能正快速进入教育领域，成为教育改革新工具，为育人本质的回归提供有力的技术支撑。人工智能是研究、开发用于模拟、延伸和扩展人的智能的理论、方法、技术及应用系统的一门新的技术科学。人工智能实际是计算机科学的一个分支，它企图了解智能的实质，并生产出一种新的能以人类智能相似的方式做出反应的智能机器，包括机器人、语言识别、图像识别、自然语言处理和专家系统等。近日国务院印发了《新一代人工智能发展规划》（国发〔2017〕35号），提出教育领域将建立在线智能教育平台，逐步完善人工智能教育体系。人工智能让个性化学习的可行性有了大幅度提升，为个性化学习创设了两条实现路径：一是自适应学习，实现智能化推荐；另一个是分析内容，构建知识图谱。

（一）人工智能辅助学生学习与管理走向自适应

自适应学习技术是人工智能在教育中的应用，指学习者学习时可以自动调整以适应其个性化学习需求的软件技术和平台①。自适应学习技术为实现个性化学习提供了一条技术路径。自适应学习系统不仅有助于学生开展个性化学习，还可以将学生的学习过程以及教师的教学过程纳入教育治理的范畴。上海市基础教育在区域教育治理上初步开展了关于自适应学习分析技术的相关探索与实践。

> ### 研究型课程自适应学习系统 MOOR 平台
> **上海市**

上海市研究型课程自适应学习系统 MOOR 平台结合自适应学习分析技术，为普通高中学生打造研究性学习平台。上海于 2016 年暑假正式

---

① ADVISORS E G. Learning to adapt：A case for accelerating adaptive learning in higher education［EB/OL］. http://www. georgiacolleges. org/members/sm_files/Adaptive％20Learning％20Report. pdf, 2016－02－01.

开通该平台，系统通过专业测试，从工程技术、自然科学、人文社会科学、数学综合 4 大类主题中的 14 个领域，为每一名在线学生推荐适合其特点的研究领域，为其提供"自适应"的个性化定制导航。这在一定程度上实现了自适应的学习资源推送、学习引导和辅助，同时能够对大规模学生的研究与学习进行宏观管理。截至目前，在线活跃的学生人数约为 25 000 名，分布在 400 余所中学，形成 13 290 个本校或跨校的网络研究小组，累计形成有效课题成果 23 977 项。每名学生的研究经历可一键式导入上海市普通高中学生综合素质评价信息管理系统，作为高校自主招生的参考依据。2017 年起，该平台在上海高考改革中发挥作用，为综合素质评价和高校自主招生提供实证依据。平台的发展目标是为学生开展研究性学习提供智能化指导与服务，分析和挖掘学生探究能力，为教育决策和分层分类培养创新型人才提供参考。

（二）拟借助知识图谱建立资源创生、管理与激励机制

上海市基础教育在人工智能领域的另一尝试是知识图谱项目。人与机器的本质区别是认知能力。如果说知识是人类进步的阶梯，知识图谱就是人工智能进步的阶梯。[1] 知识图谱让机器更加智能，使得机器不断学习，获取更多知识。目前，针对基础教育的优质资源还十分匮乏，这是制约教育信息化的一大瓶颈。要突破这一瓶颈，必须组建相应的机制，最大限度地调动教师的能动性，让他们主动创造内容。这与互联网时代的"用户创造思维"十分契合。

基础教育知识图谱项目
上海市

上海市正在策划基础教育知识图谱项目，将根据课程标准设置近 10 万个知识点，发动上海近 20 万教师和近 4 000 所教育机构共同建设，实现知识多样化、系统化、低结构、智能化组合。平台上的知识与资源都真正做到用户生产内容、选择内容、使用内容和更新内容，甚至创造内容。

---

① 王海峰. 知识图谱是 AI 进步的阶梯[EB/OL]. http://tech. sina. com. cn/roll/2017 - 11 - 09/doc-ifynrsrf3147186. shtml, 2017 - 11 - 09.

同时,上海市将研究配套一整套相应的激励机制,鼓励教师上传资源,认定教师的知识产权和成果,以政策和机制促进资源汇聚、使用和不断进化。知识图谱项目将以创新资源汇聚机制、推送机制、运营机制为纽带,以共建共享、多方参与、开放平等、互利共赢为新模式,通过创设"汇聚分享、智能传播、认证评级、展示交流、置换交易"等功能,构建适合中小学教师教学与学生学习需求的、具有鲜明特点的、基于知识图谱的,融资源汇聚、推送和数据分析于一体的平台,提升全市教师创建与使用数字化资源的能力,培育学生查找、甄别、使用知识与资源的数字化学习素养和能力。

上海市教委副主任李永智在接受采访时强调:"上海的教育知识图谱将重点发挥机制和政策的作用,以需求导向为核心,让教育回归到因材施教、个性化发展的路子上来,以资源建设促进教师专业成长,把上海教师的智慧通过互联网实现充分的共享,减少教育发展的不平衡。"

第三节
上海基础教育智能治理的未来发展趋势

上海市基础教育智能治理即将进入新阶段，更加强调各级各类教育管理信息系统的广泛应用和数据价值的深度挖掘，更加重视通过管理信息化提升各类教育机构的管理水平，更加注重破解制约教育管理信息化发展的体制、机制难题，更加重视数据的精准科学和实时生成。

一、教育决策从"基于有限个案"走向"基于数据决策"

长期以来，教育决策往往是基于部分抽样或个案试点的方式进行推断和预测。这种治理方式有两个局限性：一是难以充分甄别和把握不同群体之间教育治理需求的差异性，二是难以对不同地区经济、社会发展平衡性的情况进行权衡和分析。[①] 大数据时代则能够为教育决策提供近似"全样本"的数据基础，为选择最优的教育决策方案奠定了坚实的实证基础，有利于引导政府部门提供更加具有个性

---

① 姚松. 大数据时代教育治理转型的前瞻性分析：机遇、挑战及演进逻辑[J]. 现代远程教育研究，2016(04)：32-41.

化的教育服务。

随着信息化的深入发展，人类社会将进入一个新的大数据时代。运用大数据完善社会治理、提升政府治理能力已经成为全球范围内的发展趋势并受到普遍重视。加速大数据部署，发掘大数据价值，深化大数据应用，已成为政府以及各部门治理能力现代化构建的内在需要和必然选择。教育作为政府治理的重要方面，需要"深入推进管理信息化，从服务教育管理拓展为全面提升教育治理能力"，适时抓住大数据发展的有利时机，利用大数据推动教育治理能力现代化，助力教育决策科学化。[①]

大数据时代，作为社会大系统中重要子系统的教育，其各级各类学校和教育机构会产生各种教育数据，对这些数据进行收集和整理，并建立各种数据库，将为教育治理能力现代化构建提供大数据参考。[②]目前，上海许多学校在日常工作中都在有意识地开展数据收集和整理工作，形成数据合力，打造各自的教育大数据综合平台，为教育大数据的建立打下了坚实基础。

社会和其他各级各类教育机构也建立了相应的大数据平台，如上海市普通高中学生综合素质评价信息管理平台、上海学生学籍信息管理系统、上海市义务教育入学报名系统等。这些大数据平台为教育决策的科学性提供信息共享、信息互通、资源共享等服务，在技术层面为科学决策、高效治理提供有益服务，也有助于增强教育管理者利用教育大数据进行科学决策和教育治理的能力。

随着上海各类教育系统的建立和统一身份认证的实现，上海基础教育大数据正在形成，未来基于大数据的科学教育决策将不再是空谈。上海市的教育治理现代化将用大数据技术构建覆盖各级各类学校、学习者和教与学全过程的教育管理与监测体系，用信息化手段实现对教育领域的数据信息进行收集、分析、预警，实现事中事后监管，提高教育治理的水平，从用经验说话转向"用数据教学、用数据说话、用数据决策、用数据管理、用数据创新"的机制，精准评估教育的过程和效果。

二、治理理念从"管理本位"走向"服务本位"

当前我国教育发展面临公平、质量、减负、择校等一系列重大现实的难题，直接

---

①② 王永颜.大数据时代教育治理能力现代化构建与路径选择[J].电化教育研究,2017,38(08):44-49.

影响人民群众对教育的满意度。运用大数据提升教育治理现代化水平，就是要坚持以人民为中心的发展思想，发挥数据的基础资源作用和创新引擎作用，促进"管理本位"向"服务本位"转型，破解教育发展和改革中的难题，促进保障和改善民生，切实增强人民群众对教育的获得感。"服务本位"的治理形态是集多元主体共同参与，为教育相关者提供精准的适性服务。

1. 教育公共服务体系

互联网可以促进教育服务的开放，同时，能让多方的力量一起联动。教育服务的提供方不仅仅只有学校，还有除学校以外的教育服务机构。借助社交平台等网络化工具，人们可以建立资源的传播渠道，这不仅有利于资源的有效传播，也利于使用者的检索。利用互联网在信息共享、数据融合、业务协同和智能服务方面的优势，在建立科学的准入、评价、监管规范的前提下，能促进多元利益主体间的协作与互补，建立面向全社会的教育服务供给统一战线，形成共建、共享、共治的教育公共服务体系。[①]

教育应转型为政府、学校、社会等主体共同参与、民主对话、协作共赢的新模式。在"互联网＋"的时代下，上海会基于大数据技术，结合其开放性、参与性、关联性、包容性的特点，尊重多主体、多中心的教育利益诉求，共同参与完成教育治理过程，达成教育治理方案的共识。

2. 精准的适性服务

近年来，我国各级各类教育取得很大发展，但教育公平、择校热等问题也依旧存在。两会期间提出了教育供给侧改革，其核心在于扩大优质教育资源供给，优化教育资源配置，给受教育者提供更多、更好的教育选择。因而，单纯供给的模式已经不适合当前社会大众对教育的需求，教育的供给端和教育的接收端需要交互，学校和社会教育机构更应该注重教师、家长和学生的需求。这就敦促教育管理要从单一的管理方式向精准的适性服务的转变。精准的适性服务应立足于个体需要，提供高质、按需、动态的教育供给与服务。

---

① 余胜泉，汪晓凤."互联网＋"时代的教育供给转型与变革[J].开放教育研究，2017，23(01)：29-36.

当前,上海在为全市师生提供适性服务方面已经做了很多努力,例如面向全市的研究型课程自适应学习系统 MOOR 平台为综合素质评价的有效开展提供了支持。上海通过大数据全面构建基于学生、教师的数据架构,为师生提供更加精准的适性服务。

三、教育资源从"封闭化"走向"开放化"

随着生活水平的提高,人们对于探索未知的世界和追求民主平等的渴望空前强烈,竞争的激烈让群众对于获取优质教育的渴求也日渐迫切,"教育公平"始终是社会发展的热门话题。从 21 世纪开始,随着教育理念的转变、共享思维的发展与自主学习的探索,开放教育资源运动俨然成为全球趋势,联合国教科文组织(UNESCO)开展一系列推广活动,各国著名高校纷纷将本校优质资源与外界共享……种种举措,让教育资源开放、共享的理念遍布世界,并且随着网络时代的来临表现得愈加明显。

当前在我国各级各类教育中,资源短缺的问题已基本解决,但优质资源短缺的问题依然突出,还存在资源陈旧、封闭等问题。互联网的发展和普及为解决优质资源短缺问题、满足人民群众的迫切需要提供了有利条件,在理念、技术、方法上都为优质教育资源的建设与分享提供了新的途径。

在这样的背景下,上海教育在教育资源的建设与共享上也将呈现新的面貌。上海教育的未来,教育资源由"封闭"走向"开放"是必然趋势。无论是市级还是区级层面,都在着力推进资源的应用流通,细化资源运营过程,提升资源配送的精准性。

未来,上海在教育资源方面可做如下尝试:通过建设碎片化管理系统,提供资源的深度编目;通过资源碎片化、资源内容文字化和视频图像识别,实现资源的智能检索,提高搜索海量资源的准确性;通过建设精准配送系统,有效汇聚应用需求,对接优质资源;通过资源的应用数据及用户的行为数据,开展配送应用的大数据分析和终身学习档案的补充(它一方面可促进形成资源的精准配送,另一方面可为资源规划和优化提供决策依据,提高资源的建设标准与整体质量);通过建设运营推广系统和激励结算机制,吸引个人和市场化资源的加入,细化资源的运营应用模式,定向智能地进行资源的推送,同时实现资源及机构的在线评价和评级,建立起开放的资源创生环境，最终让上海市的优质教育资源在全市普及，并辐射全国。

四、数据服务从"碎片化"走向"体系化、智慧化"

"碎片化"是教育治理体制面临的突出问题。其突出表现为承担教育治理职能的政府部门的协同性与合作性不足，部门之间的教育职能存在交叉与重叠，"信息孤岛"和"信息矛盾"现象并存。[①] 借助大数据的整合和优化技术，数据服务有望从"碎片化"向"开放融合共享"方向转变，降低信息不对称对落实教育政策的不利影响，提升教育政策的执行效益。

上海市基础教育的各级各类教育平台和数字教育资源正在从"零散""封闭""割裂"走向体系化和网络化，主要表现在内容和平台两个方面。在内容方面，上海将整合各区所有的教育资源库，以创新资源汇聚机制、推送机制、运营机制为纽带，搭建集"汇聚分享、智能传播、认证评级、展示交流、置换交易"功能于一体的资源平台，构建基于知识图谱的，融资源汇聚、推送和数据分析于一体的平台。在平台方面，上海现存的教育系统五花八门，一方面存在信息化项目水平低、重复交叉、虎头蛇尾的现象，另一方面存在着应用单位不知道如何建、建什么、找谁建的难题。针对这一问题，上海将借助教育信息化项目管理系统树，整合各类教育系统和平台，通过项目关系图谱，公开比建，互相借鉴，从而实现项目的自学习、自适应、自约束和自管理，这对未来教育信息建设项目理想决策和作用效能发挥具有重要的价值[②]。通过这两项举措，上海将对所有的教育资源和教育系统进行全局的规划和统筹，进一步消除信息孤岛，教育数据的量和质都将有极大的提高，为上海市基础教育数据服务走向体系化、智能化打下坚实的基础。

参考文献：

陈宇卿.上海静安：重新明确政府在教育治理中的功能定位[J].人民教育，2016(07)：27-29.

褚宏启.自治与共治：教育治理背景下的中小学管理改革[J].中小学管理，2014(11)：

---

① 姚松.大数据时代教育治理转型的前瞻性分析：机遇、挑战及演进逻辑[J].现代远程教育研究，2016(04)：32-41.

② 傅宇凡.质变前夕的教育信息化——专访上海市教委副主任李永智[J].中国教育网络，2017(12)：25-27.

16 - 18.

傅宇凡.质变前夕的教育信息化——专访上海市教委副主任李永智[J].中国教育网络,2017(12):25 - 27.

劳凯声.公立学校200年:问题与变革[J].北京大学教育评论,2009(10):78 - 190.

刘金松.大数据应用于教育决策的可行性与潜在问题研究[J].电化教育研究,2017,38(11):38 - 42 + 74.

刘金松.大数据应用于教育决策的可行性与潜在问题研究[J].电化教育研究,2017,38(11):38 - 42 + 74.

上海市教育委员会.上海市推进学区化集团化办学地图[EB/OL].http://sd.iameduwork.com/,2018 - 01 - 19.

沈祖芸,薛婷彦.集群式均衡　上海学区化集团化办学力促入学机会均等[J].上海教育,2014(25):28.

王海峰.知识图谱是AI进步的阶梯[EB/OL].http://tech.sina.com.cn/roll/2017 - 11 - 09/doc-ifynrsrf3147186.shtml,2017 - 11 - 09.

王永颜.大数据时代教育治理能力现代化构建与路径选择[J].电化教育研究,2017,38(08):44 - 49.

王永颜.大数据时代教育治理能力现代化构建与路径选择[J].电化教育研究,2017,38(08):44 - 49.

姚松.大数据时代教育治理转型的前瞻性分析:机遇、挑战及演进逻辑[J].现代远程教育研究,2016(04):32 - 41.

姚松.大数据时代教育治理转型的前瞻性分析:机遇、挑战及演进逻辑[J].现代远程教育研究,2016(04):32 - 41.

余胜泉,汪晓凤."互联网＋"时代的教育供给转型与变革[J].开放教育研究,2017,23(01):29 - 36.

恽敏霞."互联网＋"时代的教师专业发展:支持与管理[J].中国民族教育,2017(Z1):24 - 27.

ADVISORS E G. Learning to adapt: A case for accelerating adaptive learning in higher education[EB/OL]. http://www.georgiacolleges.org/members/sm _ files/Adaptive％20 Learning％20Report.pdf,2016 - 02 - 01.

第五章
上海教育信息化发展的路径选择

托马斯·库恩(Thomas S. Kuhn)在《科学革命的结构》[①]一书中提出,范式是一套被普遍接受的信念、理论或世界观,它可以为实践者提供主题、工具、方法以及前提。面对急速变化的、复杂的、充满不确定性的世界,基础教育正从工业社会建立起来的传统范式向信息社会以人为本的个性化教育范式转变。范式转变的标志是人才培养模式的变革,用核心素养教育模式取代知识传授体系,由划一的"工厂模式"教育转向为每一位学生提供个性化的、合适的教育。

---

① 托马斯·库恩. 科学革命的结构[M]. 金吾伦,胡新和. 北京: 北京大学出版社,2003.

融入信息技术与互联网要素的教育范式转变不能滞留于对当下教育系统渐进式的修补，而是需要革命性的转变，是理念重塑、价值重建、结构重组、程序再造和文化重构，包括教育目标和内容的重构、新型师生互动与合作关系的建立、教育实践的设计与实施、学习质量测评的设计与执行等诸多实践。本章将对前面各章的论述进行综合和归纳，讨论的议题是：

➤ 上海基础教育信息化基本格局的估计；

➤ 新一代信息技术支撑教育变革的新趋势；

➤ 上海基础教育信息化发展的路径选择。

第一节
上海基础教育信息化基本格局的估计

上海是我国基础教育信息化的先行地区,早在 2011 年,《上海市中长期教育改革和发展规划纲要(2010—2020 年)》中就明确提出未来上海教育改革和发展要以育人为本,把"为了每一个学生的终身发展"作为核心理念,努力实现教育从工业社会建立起来的传统范式向信息社会以人为本的个性化教育范式转变。

一、范式转换下的上海基础教育信息化实践

近几年来,上海在教育范式转换的进程中开展了多视角、多样化的教育信息化探索实验:

在变革人才培养模式方面,开展了包括云计算和移动学习技术支持的学生综合素质评价、微课程与翻转课堂、创客和 STEM 学习、DIS 实验系统在科学中应用、学习分析等诸多方面的实践探索,形成了一批具有引领性的实践案例。

在从教育管理向教育治理的转变方面,上海进行了用数据技术支撑智能治理的全方位的实践探索,包括对核心业务流程的优化和规范;遵循数据标准和系统开

发规范实现学生数据、教师数据、学校数据等区域数据的整合与互通；从"管理本位"向"服务本位"转型。上海开发和运行的上海市基础教育学生、学校数据中心、上海市义务教育入学报名系统以及上海市普通高中学生综合素质评价信息管理系统已取得初步成效，有效地支撑了政府的教育决策和治理。

IT是变化和创新最为频繁的高新技术领域，教育又是一个十分复杂的系统，在研究对象本身与其发展背景的界限尚不清晰的情境下，通过带有前瞻性和探索性的实践案例来归纳或解释"为什么"和"怎样做"的问题，并进一步提炼个案所揭示的规律用以指导实践是教育范式转换的必由之路。教育范式转换下上海教育信息化实践的意义在于：

● 广大教师参与的教育信息化实践促进了教育价值取向的转变，回归到教育本分，回归到"立德树人"。

● 一批具有引领性和可复制性的实践案例表明，技术的应用已不再局限于知识传授的手段和"工具"，正在向以支撑学生为中心的教学方向转变。目前这种转变尽管仍是局部范围的，但对整体格局变革的先导意义不容低估。

● 教育智能治理的探索，践行了习近平总书记提出的"运用大数据提升国家治理现代化水平"之中的"运用大数据促进保障和改善民生"的要求，尽管取得的成效还是初步的，但在实践中形成的保障和改善民生的经验具有可复制和可推广意义，为进一步提升教育治理现代化水平奠定了良好的基础。

二、教育信息化从量变向质变的转化

范式转换下的教育信息化是一个从教育变革的外生变量转化为内生变量、从量变到质变的转化过程。要实现这一转化，还有漫长的路要走。

首先，思想解放是教育变革的先导。习近平总书记明确提出"要因应信息技术的发展，推动教育变革和创新"，要构建"数字化、网络化、个性化、终身化"的教育体系。不必讳言，从全局而言，传统教育思想仍然束缚了教育变革的深入，教育信息化引领教育现代化的理念仍未形成全社会的共识。没有思想解放，上海教育信息化就很难有质的突破。

其次，教育信息化促进人才培养模式变革的策略、方式和途径仍不清晰。上海开展数字化学习实验的中小学已超过100所，但是，诚如我国著名的教育家顾明远在 2015 年一次讲话中指出的那样：

"有的中小学拿平板电脑上课，我在上海看到了，在北京也看到了。看了几个后，我并不是太满意。（他们）并没有做到个性化，网络化好像做到一点，但也还不是真正网络化。仍然是老师提问，学生在自己的平板电脑上答疑、回答，依旧是这种简单的交流，还没有真正的网络化交流。"

再次，信息技术从展示性应用转向常规应用仍存在诸多障碍，公开课在探索技术支持下的学生为中心的课堂，常规课又回到教师讲授为中心、学生被动接受性学习的老路。离开信息技术的常规应用，就谈不上"互联网＋"教育，也谈不上促进教育质量的全面提高。

综上所述，上海教育信息化坚冰已经打破，正处在由量变向质变转折的前夜，诚如上海市教委副主任李永智指出的"近三十年的教育信息化发展主要是教育手段的信息化，信息技术对教育发展的革命性影响越来越近，值得期待。加快实现教育现代化，需要教育信息化的质变发展"[1]。

---

① 傅宇凡.质变前夕的教育信息化——专访上海市教委副主任李永智[J].中国教育网络,2017(12)：25－27.

第二节
新一代信息技术支撑教育变革的新趋势

新一代信息技术对经济发展、社会治理、人民生活都产生了重大影响。2017 年 7 月，Gartner 公司发布了年度新兴技术成熟度曲线（Hype Cycle for Emerging Technologies）。Gartner 公司认为，2017 年技术成熟度曲线揭示了未来 5～10 年的三方面技术趋势，那就是无处不在的人工智能（AI）、透明化身临其境的体验（transparently immersive experiences）和数字化平台（digital platforms）。[①]

技术发展日新月异，教育创新未有穷期。新一代信息技术支撑教育变革的可预见的创新趋势是：

- 集成教学、学习、管理等功能的网络学习空间的发展；
- 自适应学习技术开辟了个性化学习的新方向；
- 物联网技术和虚拟现实技术开辟了实景的、沉浸式学习的新方向；
- 以计算思维为导向的学生信息素养发展的新方向；

---

① 崔光耀. 物联网：发展的风口与安全的浪尖——写在世界物联网博览会召开之际[J]. 中国信息安全，2017(08)：44 - 47.

- 基于大数据技术的教育智能治理发展新方向。

一、集成教学、学习、管理等功能的网络学习空间的发展

澳大利亚昆士兰州自 2001 年开始,用 12 年时间实施智慧课堂项目,至 2012 年实现了"网络学习空间人人通"。昆士兰州给出的网络学习空间的定义是:[①]

网络学习空间是一种用于发现、连接、共享和增长新思想和知识的在线学习环境。网络学习空间包括教育工作者空间和学生空间,能提供安全和可靠的方式接入用于教与学的数字工具、资源和空间。

网络学习空间支持用户的在线学习需求,教师和学生能:

- 通过在线学习社区创建知识;
- 创建和发布个人的学习经验;
- 搜索和探究与国家和地方课程相关的在线学习资源。

支撑网络学习空间运行的是整合多项教育云服务的学习平台,昆士兰州学习平台的教育云服务有:

- eLearn:在线课程与虚拟课堂;
- iConnect:网络会议;
- Equella:内容管理系统;
- 教师与学生博客;
- edStudio:写作笔记;
- edTube:多媒体材料的转输与播放;
- 我的学习空间;
- OneChannel(接入网络教育电视);
- Learning Pathways(用快捷方式发布和分享资源)。

展望未来,网络学习平台将是对话式的、人工智能驱动的平台。网络学习平台为数字化学习提供的基本模块包括信息系统、客户体验、分析和智能、物联网与业务生态系统五个数字技术系统,形成万物互联、人机交互、天地一体的网络空间。

---

① Education Queensland. learning-place-overview [EB/OL]. http://education. qld. gov. au/smartclassrooms/documents/working-digitally/pdf/learning-place-overview. pdf, 2012.

其主要特征是：

- 基于云；

- 无需服务器；

- 事件驱动；

- 平台即服务(serverless PaaS)；

- 软件为导向(API)；

- 软件定义安全(software-defined security)。

二、自适应学习技术开辟了个性化学习的新方向

自适应学习技术是人工智能用于教育领域的技术，是指用技术为每位学生提供合适的个性化的学习内容、学习途径和学习方式。自适应学习技术的第一步是实现数据驱动学习，未来的发展将会引入机器学习，让机器能学习、思考、感知、有逻辑、能开口说话，与我们进行交流。学习者在与机器交互中学习，从而使教育进入机器学习时代。

数据驱动学习围绕大数据技术展开，目前最可能实现的是利用数据的智能化分析去发现学习者的"最近发展区"，从而给予学习者精准、有效的学习内容和学习途径。数据驱动学习的技术实现是开发个性化的、以内容为承载，以测试问题作为标签的自适应性学习系统。系统假设没有两个学生是完全一样的，所以要设计对每一个学生的特点都敏感的实时推送引擎，通过采用教育路径规划技术来推送精准、有效的学习内容，促进每个学生都能通过数字化学习不断进步。同时，该技术通过构建包括学习者的潜在特性、能力和试题特征在内的多参数的数学评价模型，用学生对不同试题级别的测试表现来评价学生的能力建构状况，最终实现以最小的测试量对每位学生的学习能力建构状况做出准确的评估。

三、物联网技术和虚拟现实技术开辟了实景式感知学习的新方向

物联网技术让学校内外大量设备可以无缝地连接在一起，通过收集大量学生学习数据，拓展了挖掘这些数据服务于学生学习的各种可能性。DIS(Digital Information System)即数字化信息系统在科学实验中的普遍应用，是近期科学教学创新实践的极具潜力的发展方向。沉浸式技术，如虚拟现实(VR)和增强现实

(AR)技术,改变了人与人和人与软件系统交互的方式,创建了全新的沉浸(immersive)、交互(interactive)和想象(imaginative)的 3I 学习方式。近期能融入教和学实践的是增强现实技术(AR),AR 无缝地融合了虚拟数字世界和现实世界。AR 的应用,尤其是 3D 图像、视频、地图和地球仪的应用,可以将学习体验从 2D 时代提升到 3D 时代。AR 的另一项功能是使用过程中的存在感和实体感,这可以帮助学生回想以前有亲身经历的体验,促进已学知识的迁移。目前要突破的是如何将 AR 技术整合进课程设计和教学计划,可以预期,AR 在教育领域的应用将会是一个令人兴奋又曲折的过程。

四、以计算思维为导向的学生信息素养发展的新方向

随着新一代信息技术的兴起,人们对什么是信息素养有了新的、全面的认识。欧盟在 2011 年给信息素养下的定义是:"在工作、就业、学习、休闲以及社会参与中自信、批判和创新性使用信息技术的能力。"[1]早在 2006 年,美国卡内基·梅隆大学计算机科学系主任周以真(Jeannette M. Wing)教授就提出计算思维的概念,就是运用计算机科学的基础概念进行问题求解、系统设计以及人类行为理解等涵盖计算机科学的一系列思维活动。[2]《2015 年地平线报告(基础教育版):技术驱动教育变革》[3]进一步提出了"复杂思维"的教育,其中复杂思维是指理解事物复杂性的能力。复杂思维要有高水平的社交技能,在人际网中建立联系的技能,并利用技术来加以强化,运用数据来支持他们的想法,这些都需要宏观的理解能力和逻辑、数据及直觉意识。面对我国 2030 年在人工智能理论、技术以及应用等方面的总体水平要达到世界领先水平的宏伟蓝图,探索用计算思维作为主线来发展学生信息素养的新方式和新途径将是一个富有前瞻性的、具有深远历史意义的议题。

五、基于大数据技术的教育智能治理发展新方向

随着快速推进的城市化进程,城市规模和人口急速增加,伴随的是城市社会群

---

① 裴新宁,刘新阳. 为 21 世纪重建教育——欧盟"核心素养"框架的建立[J]. 全球教育展望,2013(12):89-102.

② Jeannette, M. W. Computational Thinking[EB/OL]. https://max.book118.com/html/2015/0714/21010267.shtm.

③ L·约翰逊. 2015 年地平线报告(基础教育版):技术驱动教育变革[J]. 人民教育,2015(17):71-74.

体利益格局的不断分化和城市公共事务的不断增加,这就要求传统的城市管理向新型的城市治理转变。纽约、芝加哥、新加坡等全球大都市率先推动大数据在城市治理中的应用,这些大都市的经验对上海教育智能治理具有借鉴意义,包括如何对海量数据进行分类、整合与互通,如何增强在复杂的环境中的数据分析能力以及如何开展数据服务。①

　　纽约市各部门合计有几百个 IT 系统,储存着纽约不同类型和不同年代的城市数据。在数据隐私相关法律的约束下,纽约采用分散式治理方式来汇聚来自 40 多个机构的数据,形成一个聚合的数据库。纽约市数据分析团队基于已有的技术和资源,建立了 DataBridge 和 DEEP 两大核心系统。其中,DataBridge 具有数据库管理以及统计分析工具,并向纽约市其他部门的分析师开放。DEEP 系统将各部门的系统相互连接起来,使得城市机构能够安全地进行信息交换。在具备强有力的组织架构、技术和工具的基础上,纽约建立了运用大数据处理城市特定治理问题的工作流程和方案体系。到目前为止,纽约已经开放了 12 000 多组数据,涉及健康、商业、公共安全、城市治理、教育、环境、住房与发展、创新等诸多领域,并基于数据开发了大量社会化 App 应用。

　　面对城市治理难题,如何通过应用大数据模型对这些风险进行分析预测,以改变特大型城市政府决策滞后和治理被动的局面? 芝加哥的解决方案是采用集中式治理方式,通过收集和分析原本属于各个部门的数据建立统一集中的 SmartData 平台。SmartData 平台每天都会收集各市政部门当日产生的 700 多万条数据,如天气、交通、学校、停车场等,将这些数据加以汇聚,使得芝加哥拥有一个全美范围内最大和最具稳健性的城市开放数据门户。SmartData 的核心是建设数据驱动的政府决策模式,提供实时事故检测、历史数据检索和高级数据分析功能,允许用户基于时间、空间和距离等要素实时查询。不同类型的数据以一个友好的图形界面展现给用户,而且会自动更新数据并提出预警,以软件即服务(Software-as-a-Service)的模式为城市各类应用提供服务。SmartData 还为全市的雇员提供简单易用的接口,创建一系列商业智能工具,帮助城市雇员获得、使用和发现能够用于战略管理和日常运营的数据信息。芝加哥通过强大的高级分析工具,更早预测了

---

① 陈志成,王锐.大数据提升城市治理能力的国际经验及其启示[J].电子政务,2017(06):7-15.

城市可能面对的挑战以帮助决策者作出更好的决策,从而改变了政府决策滞后和治理被动的局面。

新加坡采用的是分散式治理和集中式治理混合方式。新加坡早期就国家安全需要成立了风险评估与扫描(RAHS)项目推进办公室,建立风险评估与扫描系统,搜集并筛查大量数据,加以分析,创建模型,预测可能出现的事件,并在新加坡政府机构内分享。2009 年后,新加坡决定将 RAHS 系统扩展到国家安全之外,将 RAHS 方法输出到整个政府系统,利用该系统应对各种国内社会和经济问题,包括政府采购、预算、经济预测、移民政策发布、房地产市场研究、教育方案设计等。在数据开放方面采用分散治理方式,新加坡建立了严格而清晰的数据开放规则,政府通过 data. gov. sg 开放来自 60 多个公共机构的 8 600 多个数据集,并提高数据的机器可读性。政府还提供专项资金举办"ideas4appschallenge"活动,提高社会公众参与的积极性,并为开发者提供技术支持和帮助。此外,新加坡颁布了《个人资料保护法》(2012 年),防范对国内数据以及源于境外个人资料的滥用行为,并成立个人资料保护委员会,对不遵守《个人资料保护法》的企业进行调查。

三个城市智能治理的经验给我们的启示是:[1]

(1) 数据资源体系架构是以数据采集、加工融合、分析挖掘、共享交换等流程为主线,以数据资源目录和数据库为主体,以工具平台为支撑,以机制建设为保障,实现政务数据资源和有关数据资源的整合、共享与应用服务,并通过治理法制化和软件技术确保数据信息安全。

(2) 纽约和芝加哥分别采用了分散式治理和集中式治理两种城市治理模式,新加坡模式则是两种模式的混合。跨部门的信息资源整合采用分散式治理方式阻力较小,建设周期短,有利于推进政府治理中的应用和数据开放;而针对风险评估和预警,采用集中式治理方式有助于构建实时的快速反应体系,能从根本上摆脱城市治理过程中决策滞后和被动应对的局面。

(3) 为了实现数字政府利益的最大化,数据处理、分析和应用正在向移动互联网平台拓展,使社会治理在各种移动终端和移动互联网基础设施上使用成为可能,移动电子政务很可能成为公共部门使用信息通信技术(ICT)应用进程中的下一个

---

[1] 王礼鹏,石玉. 智能化治理:国内外实践与经验启示[J]. 国家治理,2017(37): 34 - 48.

浪潮。

（4）物联网技术将成为智能治理的又一发展新方向。在物联网技术中，任何设备都可以联网，将其与其他设备的计算能力和分析能力联系起来，并使之"智能化"，从而有助于政府在紧急情况下作出更好更快的反应，并为公民提供有价值的服务。

第三节
上海基础教育信息化发展的路径选择

习近平总书记在主持实施国家大数据战略第二次集体学习学习时强调："大数据发展日新月异，我们应该审时度势、精心谋划、超前布局、力争主动"，"要坚持以人民为中心的发展思想，推进'互联网＋教育'"。①

"互联网＋教育"是以互联网为基础设施和创新要素的教育发展新形态，其要点是：

● 技术进步。基于人工智能、大数据、移动技术、云计算、物联网等新一代信息技术构建全新的教育生态环境。

● 教育创新。创新2.0(Innovation 2.0)关注用户创新，以人为本的创新，以应用为本的创新。从传统的以技术发展为导向、科研人员为主体、实验室为载体的科技创新活动转向以用户为中心、以社会实践为舞台、以共同创新、开放创新为特点的用户参与的创新2.0模式。

---

① 央广网.习近平在中共中央政治局第二次集体学习时强调：实施国家大数据战略加快建设数字中国[EB/OL]. http://china. cnr. cn/news/20171210/t20171210_524056124. shtml，2017－12－10.

● 技术进步与教育创新的协同发展。新一代信息技术发展催生了教育创新，而教育创新又反过来促进基于新一代信息技术的教育生态环境的形成与发展，"互联网＋教育"正是对21世纪早期技术进步与教育创新的协同发展的高度概括。

贯彻党的十九大精神，根据上海基础教育的实际，以问题为导向，对标国际标准，研究具有特大城市特色的上海基础教育信息化的路径选择，进而明确上海推进"互联网＋教育"的目标任务、路线图和时间节点是具有前瞻性和先导性的重大议题。

一、应用信息技术破解教育改革发展难题，切实增强人民群众对教育的获得感

上海基础教育信息化的路径选择要坚持以办好人民满意的教育为根本宗旨，对基础教育改革发展的整体格局作全面分析，找准制约教育改革发展的短板，应用信息技术破解教育改革发展难题，提供更多的高层次、高品质的教育公共服务，从而提升教育信息化的效能，释放信息化的潜力，切实增强人民群众对教育的获得感、幸福感、安全感。

当前，上海教育面临公平、质量、减负、择校等一系列现实难题，直接影响人民群众对教育的满意度。政府已采取了的一系列治理措施，也开始运用大数据技术提升教育治理现代化水平，但从总体而言，数据信息滞后和被动应对的局面还没有得到根本性改变。建议下列议题应列入推进教育信息化的优先议程：

● 从课堂革命开始，切实改变教师讲授为中心、学生被动接受性学习的局面，用信息技术支持学生核心素养的发展，构建以学生为中心的常态化课堂。

● 应用大数据技术，跟踪监测教学全过程，开展学情分析和学习诊断，精准评估教学和学习效果，变结果导向的"单一"评价为综合性、过程型的"多维度"评价。[①]

● 应用信息技术支持促进区域教育均衡，探索应用网络技术支撑的集团办学教育教学组织新模式。

● 以网络学习空间为核心拓展课堂的外延，支持网络化学习，为研究性学习、创客、STEAM等综合实践创新活动提供支持。

---

① 蔡继乐. 以教育信息化全面推动教育现代化[N]. 中国教育报,2017－10－23(001).

● 应用众创、众分、众筹的新模式推进优质教育资源的建设和应用。

● 在数据汇聚、整合与共享的基础上，构建教育风险评估和预警体系，提高教育治理的实时反应水平。

二、对标国际标准，超前布局，前瞻性地谋划上海基础教育信息化的未来发展

上海从 2020 年到 2035 年的第二个百年第一阶段奋斗目标已经明确，那就是努力把上海建设成为创新之城、人文之城、生态之城，卓越的全球城市和社会主义现代化国际大都市。放眼未来，面对新一代信息技术日新月异的发展，上海市应当对标卓越城市教育发展标准，审时度势、精心谋划、超前布局、力争主动，前瞻性地谋划上海基础教育信息化的未来发展。

（一）应用新一代信息技术，构建教学和管理融为一体的教育智能平台

应用人工智能和大数据技术，设计和开发教学和管理融为一体的教育智能平台，有助于实现机构、人员、课程、网络、软件等要素的一体化管理，发挥协同效应。

● 应用用户图谱、知识图谱和认知图谱[①]，实现身份数据、教学内容数据以及教和学行为数据的统整，实现机构、人员、课程、网络、软件等要素的一体化管理。

● 通过数据接口接入企业、学校及社会各界开发的多样化的学习系统，为教学提供高质量的服务。

● 应用 X – API 数据标准[②]来统整众多学习系统教和学行为数据的采集、汇聚和挖掘。

● 应用自适应学习技术实现学习资源的个性化推送和学习成效的监测。

● 优化平台的应用环境，大数据技术有效应用要建立在常态化数字学习和学生为中心个性化的教学模式基础上，在传统的以讲授为中心、整齐划一的教学模式下谈不上数据采集和挖掘，更谈不上学习分析和教学改进。此外，在基础设施建设

---

① 用户图谱指教师和学生各自的属性和相互关系，是构建用户认证系统的基础；知识图谱是一种对知识点及相互关系的逻辑梳理，是课程与学习资源分类的基础；内容投影在用户身上是认知图谱，是汇聚教和学行为数据的基础。

② 由美国"高级分布式学习"组织发布的 Experience API（X – API）规范利用"活动流"来描述学习经历，通过事件来记录学习经历，并通过语义定义将其转化为良性结构且易于扩展的数据，为大数据背景下学习经历数据的获取提供了指导性的框架，同时通过实现接口规范的学习记录仓储（LRS）来共享学习经历数据，由此实现对教育大数据尤其是学习经历数据的获取和共享。

上,学校无线网络的全覆盖和借助学生自带终端(BYOD)实现学生终端的普及是大数据技术应用的基本保障。

(二)用信息技术支持学生核心素养的发展,构建以学生为中心的常态化课堂

移动互联网环境下的"翻转课堂"以"先学后教,以学定教"为原则,在再造教学流程、实施个性化学习上迈出了关键性的一步。但在如何应用信息技术支持学生核心素养的发展,"翻转课堂"模式并未能给出一条清晰的实施路线。

教育部已颁布了高中各学科的核心素养,信息技术在课堂教学中的应用要围绕学科核心素养重构课堂教学模式,实现从深度融合向融合创新发展的转变:

● 面向全体学生、提高教育质量是信息技术与课堂教学融合创新的出发点和终极目标,为此要回归常态,通过常态环境下的课堂变革实验来促进教育质量的提高。

● 坚持用信息技术来设计和推进新一轮课程改革,从发展学生学科核心素养出发,通过实验在学科层面上找到信息技术与学科教学的融合方式和创新点,再指导实验的进一步深入。

● 关注技术支持的跨学科综合学习,特别是 STEAM 和创客学习,通过实验探索课内外学习一体化的跨学科综合学习模式。

为此,需要顶层设计推进信息技术常态应用的路线图,包括:

● 如何构建支持常态化应用的教学生态环境?

● 如何建设支持常态化应用的学生学习资源,并实现与教学过程同步推送?

● 如何利用新一代信息技术跟踪监测教学全过程,精准评估教学和学习效果?

● 如何构建常态化应用的长效机制?

(三)探索技术支撑的集团办学的教育教学组织新模式

集团办学是促进区域教育均衡的新型教育组织,应用技术支持这种新型教育组织,让更多的学生能够享受到公平的、高质量的教育已有成功的案例,下一步是做好顶层设计,推出技术支撑的集团办学的教学组织新模式,以发挥优质学校的辐射带动作用,整体提升学校办学水平:

- 应用网络学习社区实现优质教学资源的全集团共享。

- 开展多样化的教学云服务,通过共同网络研讨备课、网络研修培训、名师课堂和学术交流等多种形式整体提升学校教学水平。

- 规范教育管理流程,逐步实现人力、物力和管理的一体化。

(四)应用众创、众分、众筹的新模式推进优质教育资源的建设和应用

教育资源的匮乏是教育信息化的瓶颈问题,破解这一难题的关键是要建立起一种用户制造内容的机制,以最大限度地发动教师的能动性,实现众创、众分、众筹。上海正在设计学习资源的知识图谱,根据课程标准设置各学科的近 10 万个知识点,发动上海近 20 万教师和近 4 000 所教育机构共同建设,实现教育资源多样化、系统化、低结构和智能化。同时,上海将研究配套设置一整套相应的激励机制,鼓励教师上传资源,认定教师的知识产权和成果,以政策和机制促进资源汇聚、使用和动态更新。

(五)构建实时的风险评估和预警体系,提升提高教育治理的实时反应水平

借鉴国际经验,上海将应用集中治理方式构建实时的风险评估和预警体系,应用大数据技术对招生、考试、择校、减负、校园安全和网络安全等社会普遍关注的教育议题进行事前预警和事中事后监管。

- 针对社会普遍关注的教育议题构建集中的数据系统,扩大数据采集范围,从滞后的统计分析到实时数据分析,用近乎全样本的数据来支持政府决策。

- 提升数据分析水平,提供历史数据检索和高级数据分析功能,构建教育风险评估和预警体系。

- 借鉴建设智慧城市的经验,应用地理信息系统可视化地呈现数据挖掘分析结果,例如招生、减轻学业负担、教育布局调整均可使用地理信息系统可视化地呈现数据的分布和实时的变化。

- 依据严格而清晰的数据开放规则实现数据开放共享,开展数据服务,支持教育治理的共建、共治、共享。

- 通过治理法制化和软件技术确保数据信息安全。

三、构建教育信息化可持续发展的长效机制

（一）全面提升学校信息化领导力和教师的信息素养

在教育信息化可持续发展中，人是第一位的，要把提高学校信息化领导力和教师的信息素养作为推进教育信息化的首要任务，构建具有上海特点的教师专业发展的课程体系，改变校长和教师培训模式。

上海已开发了面向发展新需求的教师信息技术应用能力提升课程体系方案，密切跟踪新技术在教育教学中的应用，注重开拓教师视野，体现与时俱进的时代特征，同时又高度关注培养教师应用信息技术的能力，强调应用驱动，把区、学校、教师的信息技术应用创新实践也纳入课程体系。课程体系包括通识课程、专业课程和实践应用课程等三个系列，每一系列分为若干类别，每一类别的培训课程又以课程主题归类。整个课程共 10 个类别、53 个课程主题。

根据方案，上海已开发了第一批包括自适应学习模式探究、移动互联网环境下的教和学、创客教育等 10 余门教师培训网络课程。为了保证网络课程质量，上海建立了课程首席负责制、课程开发全程监理和评审制度，目前已有数以千计的教师参加了新课程的网络学习。

为了适应推进教育信息化的新要求，上海值得期待的、进一步的发展是：

● 根据教师由提升信息技术应用能力到发展信息素养的新需求，修订和拓展课程方案，例如增加关于"互联网＋"、深度学习和智能治理的新型课程。

● 根据教师"做中学"实践—体验—协作与交流—反思—行动研究的专业发展历程重构教师培训新模式，强调通过一系列交互和探究活动来激发教师的创造力，从而真正把教学的新理念和新方法转化为教师自身的教学行为。

（二）探索建立协调政府和市场作用的教育信息化工作新机制

长期以来，基础教育信息化的服务体系薄弱的症结在于没有形成从研究开发到实践应用的产业和服务链。位于产业和服务链上游的高等院校、研究机构，其对信息技术在教育中应用的研究成果不能传递到企业，这就造成企业开发的教育平台、软件和资源很难有创新性的突破。产业和服务链从中游企业到下游用户的转移主要通过培训和实验来实现。在基础设施建设阶段，企业在这方面尚能有所作为,但在培训和实验环节中,目前大多数企业仍不具备这种能力。① 为此,要探索服务机制创新,构建政府规划引导、企业建设运营、学校购买服务的运行模式。

● 既要落实政府推进区域教育信息化的主体责任,又要充分发挥市场在资源配置中的决定性作用,调动社会各方的积极性,探索建立政府和市场作用相互补充、相互协调、相互促进的教育信息化工作新机制。

● 应用众创、众分、众筹融合专业机构创新、企业创新和用户创新,重组从研究开发到实践应用的产业和服务链。

● 要在资金筹措、建设、运营、维护、资源服务、教学应用等领域形成良好的政策环境。

习近平总书记在十九大精神研讨班讲话时提出:"时代是出卷人,我们是答卷人,人民是阅卷人。"不忘初心,勇于担当,通过广大教育工作者和社会各界的齐心协力,上海的基础教育信息化一定能因应时代的发展,向人民群众交出一份满意的答卷。

参考文献:

蔡继乐.以教育信息化全面推动教育现代化[N].中国教育报,2017-10-23.

陈志成,王锐.大数据提升城市治理能力的国际经验及其启示[J].电子政务,2017(6):7-15.

崔光耀.物联网:发展的风口与安全的浪尖——写在世界物联网博览会召开之际[J].中国信息安全,2017(08):44-47.

傅宇凡.质变前夕的教育信息化——专访上海市教委副主任李永智[J].中国教育网络,2017(12):25-27.

蒋鸣和."后非典"时期的基础教育信息化[J].中小学信息技术教育,2003(07):9-12.

裴新宁,刘新阳.为21世纪重建教育——欧盟"核心素养"框架的建立[J].全球教育展望,2013(12):89-102.

L·约翰逊.2015年地平线报告(基础教育版):技术驱动教育变革[J].人民教育,2015(17):71-74.

王礼鹏,石玉.智能化治理:国内外实践与经验启示[J].国家治理,2017(37):34-48.

---

① 蒋鸣和."后非典"时期的基础教育信息化[J].中小学信息技术教育,2003(07):9-12.

央广网. 习近平在中共中央政治局第二次集体学习时强调：实施国家大数据战略加快建设数字中国［EB/OL］. http://china. cnr. cn/news/20171210/t20171210_524056124. shtml，2017－12－10.

Education Queensland. learning-place-overview［EB/OL］. http://education. qld. gov. au/smartclassrooms/documents/working-digitally/pdf/learning-place-overview. pdf，2012.

Jeannette，M. W. Computational Thinking［EB/OL］. https://max. book118. com/html/2015/0714/21010267. shtm.

附 录

　　在教育信息化领域，无论国内还是国际范围内，大家都站在了同一个开放多元、自由发展的平台上。依据上海基础教育信息化发展的整体布局和顶层设计，上海市教育相关部门和教育界人士做了许多积极而有意义的探索。这一探索实践的过程，重在理念的不断革新，贵在实践的永不止步。

这里节选了一些富有代表性的案例，大致按照市级平台、区域发展、学生发展、教师发展、学校发展的顺序进行展示。从中可以深切地感受到，信息化进程的不断加深，显然会给学生的创新能力、教师的研修模式、教学环境的智能化带来无限活力与精彩。这里的案例也必然是对前述教育理念的贯彻与再创造。

扫一扫，获取更多有关上海基础教育
信息化发展的精彩案例。

[市级平台]

上海市级教育信息化平台

平台名称：上海市基础教育学生信息管理系统
平台地址：http://www.shsim-qx.edu.sh.cn/

　　上海市于 2012 年着手建立基础教育学生信息管理系统，以全面、真实掌握全市范围中小学生信息，实现全市中小学生电子学籍卡全覆盖，构建上海市统一的学籍信息管理平台。

　　目前已经实现了全市学生学籍信息的采集与数据服务工作，形成了"一套市级系统＋一套区级系统"的基础框架，实现了统一系统、统一数据、统一版本、统一运维和功能定制的基本要求，为全市 16 个区近 1 600 所学校提供电子学籍管理服务。已完成对自身重点核心业务流程的优化和改造，建立起可靠权威的上海市基础教育学生、学校数据中心，也完成了本市中小学生学籍系统与教育部学籍系统的对接。并根据第三方的业务发展需要，与上海市教育考试院等第三方机构建立了对应的数据对接机制。

上海市基础教育学生信息管理系统自建立以来，为各级各领域教育部门在基础教育阶段学生的学籍管理、学生电子学生证及毕业证制证、普通高中学生综合素质评价、义务教育入学报名、中考及高中学业水平考试报名、特殊教育信息通报、中小学专题教育、学生成长信息记录、学生体质健康监测、学生帮困助学、教育经费保障、日常管理和政策决策等方面工作提供真实、准确的基本数据支持和应用管理服务。同时，它也为市区各级教育行政部门在决策中提供数据支持与统计等各类数据服务。该系统是全市首个学籍信息统一管理平台，也是全市唯一的学籍数据中心。

平台名称：上海市义务教育入学报名系统

平台地址：http://www.shrxbm.cn

上海市教育委员会基础教育处于 2014 年 6 月启动了上海市义务教育入学报名系统，并顺利完成 2015 年、2016 年和 2017 年的入学报名信息化业务服务工作。通过构建流程规范的入学报名系统，推动义务教育招生工作的公正、公平、公开，利用信息技术手段实现全市招生信息的统一登记、统一管理，提升了招生报名工作的信息化管理水平。

上海市义务教育入学报名系统包括招生准备、信息登记、民办报名、入学报名验证分配、公办分配或统筹、统计分析等业务环节或模块功能，基本涵盖了小学和初中招生的所有流程环节，满足各区义务教育入学报名工作的基本要求。

每年，上海市义务教育入学报名系统要服务近 30 万名家长、1 万多名工作人员，为全市小学一年级近 20 万入学适龄儿童（包括特殊儿童）和近 15 万初中新生提供在线的、公平的、公开的入学报名环境，为上海义务教育学生入学提供便捷高效的入学报名服务。

上海市义务教育入学报名系统一方面在全市层面上实现了利用信息技术手段规范管理入学报名工作的目的，另一方面入学报名系统中信息登记和录取结果的数据又被全面应用到基础教育学生信息管理系统中，大大提高了数据的应用效率，使得学籍系统的数据更加完善和准确。

平台名称：研究型课程自适应学习平台

平台地址：http://moor.shzhszpj.com

上海市电化教育馆于 2016 年组织建设了研究型课程自适应学习平台。

研究型课程自适应学习平台以自适应学习理念和技术为基础，是一个集资源富集与推送、学习引导与辅助、过程数据记载与挖掘、学生学习管理与评价于一体的智能化学习管理平台。其目的是依托信息化的手段，实现研究过程的管理及评价、学习者行为数据的收集和分析、优质资源的汇聚和个性化推送、多种研究模式的融合以及学习者多维度的综合分析，为学生开展研究性学习提供智能化指导，提供各类优质的资源，分析和挖掘学生探究能力，为教育决策和分层分类培养创新型人才提供参考。

研究型课程自适应学习平台的内容包括资源、培训、服务、学习评价。其中资源包括：① 研究性学习过程相关的方法论资源，② 用于启发学生思考和发现问题

图 1 研究型课程自适应学习平台

的案例资源(优课),③ 学生研究报告(成果)资源。服务包括：① 为学生学习提供支持和帮助,② 为教师提供支持和帮助。学习评价包括：① 过程性评价,② 结果性评价。

研究型课程自适应学习平台自 2016 年 7 月底上线试运行至今,已开设 87 所中学的管理员账号,平台用户 25 771 人(其中包括学生 23 977 人,指导教师 1 692 人,校长 14 人,校级管理员 87 人,平台管理员 1 人),有效课题总数 19 010 个。

平台名称：上海市高中名校慕课平台

平台地址：http://gzmooc.edu.sh.cn

上海市高中名校慕课平台是本市高中学校面向所有初高中学生分享优质、特色拓展型和研究型课程资源的一个网络学习平台。该平台旨在提升中学生信息化环境下的学习能力，推进高中学校特色多样发展，培育信息技术与教育教学兼通的师资队伍。该平台由上海市实验性示范性高中和市特色高中提供课程，上海市电化教育馆负责平台建设和技术服务。上海市所有初中和高中学生，每逢双休日和寒暑假（每天8:00—20:00)，均可凭学籍号或身份证号登录慕课平台注册、浏览课程信息和选择感兴趣的课程学习。

慕课平台以拓展型和研究型课程资源为主，以开阔视野、激发兴趣、拓展体验为目的。平台除视频学习外，还为学生提供了讨论区、点对点互动等多种交互研讨形式，支持中学生围绕主题深入研讨，支持助教点评引导，形成符合网络学习要求的教学方式。

2016年3月，慕课平台开始试运行，首批27门课程由上海中学、华东师范大学第二附属中学、复旦大学附属中学、上海交通大学附属中学建设。经过一年多的建

图2 上海市高中名校慕课平台

设,平台课程扩容到 58 校 176 门。课程涵盖语言文学、数学、社会科学、自然科学、技术、艺术、综合实践等多个领域。除了学校数量持续增加之外,多所学校也根据学生选课需求多轮开课。至今,平台学生注册人数 27 744,有 25 794 名学生进行了选课,学习参与率达到 93%。学生覆盖了 657 所初高中学校,其中选课的初中学生 15 241 名,约占选课群体的 59%;高中学生 10 553 名,约占选课群体的 41%。学完课程的学生人均获得 1.5 个证书。

平台名称： 上海市普通高中学生综合素质评价信息管理系统

平台地址： http://shzhszpj.edu.sh.cn

　　　　　http://xszp.edu.sh.cn

　　根据《教育部关于推进中小学教育质量综合评价改革的意见》（教基二〔2013〕2号），结合上海市实际情况，设计和建设上海市普通高中学生综合素质评价信息管理平台，为高中学生在德、智、体、美诸方面的发展和表现状况提供反映过程的信息化采集、呈现和基于诚信的管理支持。

　　上海市普通高中学生综合素质评价记录和评价内容主要分为四个方面：①"品德发展与公民素养"模块，重点记录学生遵守日常行为规范，参加志愿服务、党团活动等情况。②"修习课程与学业成绩"模块，重点记录学生学业水平考试成绩、基础型课程成绩、拓展型课程和研究型课程学习经历等。③"身心健康与艺术素养"模块，重点记录《国家学生体质健康标准》测试结果，参加体育运动、艺术活动的经历及表现水平等。④"创新精神与实践能力"模块，重点记录学生参加研究性学习、社会调查、科技活动、创造发明等。除此之外，上海市综合素质评价还专设了"学校特色指标"，该项指标为非硬性指标，满足相应要求的学校可将原创的"特色指标"纳入学生综合素质纪实报告，鼓励高中学校特色办学。数据采集以高中学校

图3　上海市普通高中学生综合素质评价信息管理系统

为记录主体,采用客观数据导入、高中学校和社会机构统一录入与学生提交实证材料相结合的方式,客观记录学生的学习成长经历,由信息管理系统汇聚形成真实、准确的学生"大数据"中心。

　　上海市普通高中学生综合素质评价信息管理系统自 2015 年 6 月底上线运行至 2017 年 6 月,系统中共有学生 163 480 人,共记录信息 20 354 983 条,其中记录高三学生研究性学习报告 50 709 份,军事训练信息 52 304 条,农村社会实践信息51 468 条,志愿服务合格信息 52 087 条,自我介绍 51 253 份。2017 年 6 月 23 日,信息管理系统将 51 327 名毕业生信息向上海市教育考试院开放,用于高考投档。

平台名称：上海市特殊教育信息化公共服务平台

平台地址：http://shsedu.shdjg.net

为解决特殊教育资源短缺与分散问题，建立特殊教育信息化支持保障体系，需要建设特殊教育公共服务平台，以便整合特殊教育信息以及各种优质的特殊教育资源。

经过近几年的努力，在上海市教委基教处的领导下，已初步建成上海市特殊教育信息化公共服务平台。其中，上海市特殊教育信息报告系统、上海市出生缺陷残疾儿童信息报告系统、上海市残疾儿童青少年通报系统、上海市残疾儿童青少年数据库、上海市特殊教育数据展示系统、上海市特殊教育数据统计地图共六个系统组成了上海市特殊教育信息通报系统，与上海市特殊教育资源库、上海特教之窗网站共同组成了上海市特殊教育公共服务平台。

上海市特殊教育信息通报系统从 2009 年开始筹划建设，已初步建成覆盖教育、卫生和残联的残疾儿童青少年信息通报系统，全面汇总来自教育、残联和卫生三方面的残疾儿童诊断、教育、康复等信息，最终整合形成一套较为完整可靠的残疾儿童和残疾青少年的电子档案管理系统，实现从发现开始的跟踪服务。上海市特殊教育资源库关注特殊教育管理者、研究者、教师等的需要，为其提供特殊教育法律法规、特殊学生评估工具与方法、课程与教学资源、国内外特殊教育先进理念与经验等；借助特殊教育资源检索与服务平台，为各类特殊教育学校、机构、特殊教育教师提供专业支持。上海特教之窗网站主要用于交流和展示"医教结合"项目推进过程中的信息和成果，方便教师长期、全程地跟进和掌握特殊教育工作动态。

平台名称：一师一优课项目"上海优课"共享资源库平台

平台地址：http://youke.shdjg.cn/

　　根据上海市教育综合改革要求,以教育部开展的"一师一优课、一课一名师"活动项目为核心,建设基于基础型课程的"上海优课"共享资源库平台,充分发挥上海基础教育的引领作用,利用优质课程资源平台的辐射效应,推进基于一云多端的网络教研、看课评课、主题研讨、问题解答等活动,切实推进基于"互联网＋"的学科教研活动,分享经验、分享快乐,提升基础教育的整体水平以及教师的业务能力。同时,通过优质拓展活动课程的应用展示,推进校本课程建设以及学校素质教育的提升。

　　目前"上海优课"平台汇聚了市级"优课"1 200多堂,相关资源4 000多条。平台自建成一年以来,访问量超过20万。其中"优课"资源直播2 699次,点播157 640次,用户分布全国各地。2016年,"上海优课"平台为全国的中小学教师进行了小学美术和初中英语学科教研活动的微信视频互动直播,取得了较好的效果。平台所提供的教研活动微信直播既可以实时收看与互动,也可以回看与点评,所以受到广大教师和学生的欢迎。2017年,上海市"一师一优课"活动市级"优课"评审基于"上海优课"共享资源库平台进行,1 608课次和168名专家同步在"上海优课"平台评审,开创了本市大容量在线实时评审教学课例的先河。

平台名称：上海市中小学专题教育网络学习平台
平台地址：http://ztjy.edu.sh.cn/

拥有本市学籍的中小学生，通过登录上海市中小学专题教育网络学习平台，可自主学习专题教育网络课程。课程内容涵盖安全与防范、法律与道德、环境与健康、民族与文化、综合与实践五大主题，贴近学生生活实际，表现形式活泼，多采用动画和互动游戏的形式，具有较强的趣味性。

从2013年开通至2017年10月，上海市中小学专题教育网络学习平台访问量达6 500万，学习人数达56万，累计在12个区开展应用推广活动，每年参学人数超30万，人均获得8学分。目前平台上已经上线课程有70余门，可为市、区、校各级教育行政部门提供学生实时学习数据。

2015年开始，每年举办主题为"舟游学海，乐在其中；体验网络的魅力，争做学习达人"的绿色网上行活动，为中小学生开辟绿色网络学习通道，引导广大未成年人在暑期中通过相关体验活动，调整身心，健康成长，过一个"安全、健康、快乐、有益"的暑期。

2017年，6个区（黄浦区、徐汇区、长宁区、静安区、普陀区、闵行区），461所中小学，24.47万小学生，9.76万初中生，顺利开展了为期2个月的"网上学"活动。2016年，也有6个区参加了"网上学"活动。2018年，全市中小学试用范围实现全覆盖。

以数字教材促进教学方式转型
上海市教委教研室

　　上海市于 2013 年启动"中小学数字教材建设与教学应用实验"项目研究,立足于数字教材应用促进教学方式转型,围绕功能体系、教学应用、推进策略进行实践探索。截至 2017 年春学期,全市数字教材试验学校共 41 所,分布在 8 个区,以普陀和虹口两个整体试验区为主,涉及试验班级 281 个,试验教师 486 名,试验学生 8 070 名。

　　一、开发匹配教学方式转型要求、运行稳定的数字教材阅读软件

　　数字教材阅读软件具有阅读、笔记、储存、流转笔记、练习五大功能,适配 PC、iOS、Android 三种系统,实现系统间资料的传输,能满足自主学习、互动交流与诊断改进的需求,支持个性化教学理念的落实。

　　二、提出基于学校环境的数字教材应用形态建议

　　通过研究,我们发现数字教材的应用方式与网络、教室、电脑等条件密切相关。为此,总结出不同学校条件下数字教材应用的教学特征,并提出相应的研究建议。

表 1　不同学校条件下数字教材应用特征与研究建议

学校条件			教学特征	研究建议
网络	教室	设备		
好	普通教室	自带电脑（BYOD）	师生可以流转笔记；电脑布局便于学生进行小组讨论；资料可直接保存，不必再转存。	尽量使用数字教材进行课前、课中、课后的一体化教学，在课堂上体现基于笔记流转的师生互动，重视学生的小组讨论。
	专用教室	公用电脑	课堂使用频度受到限制；师生可以流转笔记；电脑布局便于学生进行小组讨论；学习结果需转存到家庭电脑。	在一定频度上师生共同使用数字教材进行课堂教学；基于笔记流转进行师生互动，关注学生的小组讨论；学生在课外尽量使用数字教材进行自主学习，课上教师根据学生学习结果，使用数字教材进行课堂演示。
	专用教室	台式电脑	课堂使用频度受到限制；师生可以流转笔记；因电脑布局（成排、成列），学生小组讨论受限；学习结果需转存至家庭电脑。	在一定频度上师生共同使用数字教材进行课堂教学；以基于笔记流转的、教师引领下的师生互动为主；学生在课外尽量使用数字教材进行自主学习，课上教师根据学生学习结果，使用数字教材进行课堂演示。
一般			无法流转笔记，无法反馈练习。	学生在课外尽量使用数字教材进行自主学习，课上教师根据学生学习结果，使用数字教材进行课堂演示。

三、发现适当增加应用深度有助于促进教学方式转型

在应用研究推进过程中，总项目组提炼出由无必要应用、模仿性应用、中层次应用、深层次应用、联系性应用组成的数字教材应用水平体系，作为分析数字教材应用情况的基础。分析历次教学案例评选结果，均可得出类似结论：对于一节课而言，当数字教材的应用水平达到深层次应用与联系性应用时，有助于促进教学方式转型，提高数字教材应用效果。

四、初步提炼有助于增加应用研究辐射价值的数字教材应用模式

组织专家分析课堂教学案例与自主学习案例，初步提炼数字教材应用模式，包括自主学习模式、互动交流模式和诊断改进模式。对于每种模式，均提供操作流程，说明实施要求，并提供典型案例。模式提炼既有助于学校应用研究深入推进，又对其他信息技术应用研究有启发作用。

数字化实验系统(DIS)的创新和拓展
上海市中小学数字化实验系统研发中心

数字化实验系统(英文表述为 Digital Information System,简称"DIS")是上海市中小学数字化实验系统研发中心历经十余年的研究项目"中学物理教学的革新:数字化实验系统(DIS)的研发与应用"的成果。近三年来,DIS 聚焦于 STEAM 综合科学教育实践领域持续发力。

一、DIS 智能实验仪器的开发,突破了物理实验的教学难题

DIS 智能实验仪器特指将传感器和数据采集器集成在物理模型或科学模型内部,直接连接计算机的实验数据采集分析系统,属于 DIS 的高级应用形态。

1. DIS 电磁定位板——"魔板"系统

该系统巧妙地将电磁感应原理应用到平面内运动物体的定位领域,结构简单、形象直观、测量精密、用途广泛,可以用一种实验系统完成单摆、伽利略斜面、机械能守恒定律验证、离心轨道、平抛运动、斜抛运动、匀速圆周运动、运动的合成、自由

落体运动、阻尼振动等十余个初、高中阶段的实验。

2. DIS 光电计时测距系统——"π"系统

该系统首创将高精密度光电编码轮应用于新型轨道小车的设计,使轨道小车具备了自主计时、测距、测量直线运动时速度和加速度的能力,开创了新的运动学实验工具体系。

3. DIS 数字静电实验器

该实验器实现了在实验过程中静电荷的稳定采集和长期存储,并实现了静电量的数字化显示,开启了静电实验的新篇章,对于广大南方潮湿地区的静电实验教学的贡献尤为突出。

4. DIS 机械能守恒实验器 2.0 版

机械能守恒是上海"二期课改"高中物理教材中的学生必做实验,2003 年定型的实验器 1.0 版结构复杂、安装不便。凭借十年来的技术积累,研发中心成功按照智能实验仪器的标准将其升级到了 2.0 版,解决了老版本的问题,大幅度提高了实验精度。

二、DIS 与移动平台的对接,拓宽了学生学习的时空

1. DIS 基于 iOS 和安卓版本的 App 应用

通过对 DIS 软硬件的系统升级,实现了广大教师和学生使用平板和手机等移动设备随时随地做实验的梦想,并已在闸北第八中学取得了良好的应用成果。

2. DIS 基于谷歌 Chrome 云系统的应用

在美国,谷歌 Chrome 云教育系统的应用大有超过 Windows 的趋势。研发中心完成了 DIS 从 Windows 系统向 Chrome 系统的迁移,使得 DIS 走出国门,与美国国家航空航天局在科学探究仪器研发方面建立了初步合作。

三、DIS 在 STEAM 领域的突破，实现了向课内、外实践的延伸

1. DIS 现有 STEAM 装备的升级换代

DIS 模块组合机器人 1.0 版设计于 2002 年。研发中心集中力量，对该机器人进行了升级换代，所推出的 2.0 版综合运用了当今主流的软硬件技术并重新进行了外观设计，提供了更为强大的用户编程系统，整体教学功能比 1.0 版有了显著提高。

2. DIS-DIY 系列教具的开发

研发中心在 2017 年初开始着手开发 DIS-DIY 系列教具，目前主要有三种类别：

(1) DIS 传感器控制电路。该电路由传感电路和控制、执行电路组成，安装在绘制了该系统电原理图的示教板上，可清晰地展现基于传感器的自动控制的原理和过程。

(2) DIS 传感器回控系统。该系统不必编程，而是借助内置于 DIS 通用软件中的"回控功能"，将计算机作为控制器加以使用，所有的传感器都可以被作为控制信号的来源，而控制信号则通过 USB 数据线输出到系统附带的自动控制开关或自动控制执行器上。

(3) 可编程 DIS 传感器自动控制系统。借助研发中心提供的一个可编程模块，一方面可将所有 DIS 传感器作为控制信号源加以使用，另一方面可自行设置任意类型的执行装置。

3. DIS"超级模块"系列 STEAM 教具

DIS"超级模块"的基本定位：通过将自动控制系统进行模块式分解，使各模块分合自如、百变百搭，将抽象的模块化思维形象化并发展成为 STEAM 教育的生动样例。

其基本构成为：① 硬件部分：以 Arduino 为核心的控制模块、通讯模块、电源模块、扩展模块、传感模块、键盘模块等。② 软件部分：可视化软件，开源式软件包。③ 课程资源：教学案例及活动辅材。

其应用发力点包括手机 DIY、共享设备 DIY、智能家居 DIY、创新实验 DIY。

[区域发展]

黄浦教育信息化"学习"之路

黄浦区教育学院　李　宁

一、互联网＋环境建设，支撑学习创新

黄浦区教育信息化系统规划基于教育信息化整体架构，以泛在技术为支撑，更新和完善信息基础设施建设，打造面向未来的区教育数据中心系统平台和教学研究平台，推进数字化学习资源库建设和网络教育视频系统建设。同时，黄浦区还不断推动区域学校网络的升级改造，如区域无线全覆盖，学校教学教室的多媒体化，综合多功能教室的智能化，配套计算机室、微型电教室、网络语言实验室、电子阅览室、虚拟录播室等。这些基础设施的建设为我区信息化教育的实施创造了条件，也为师生教学奠定了的良好环境基础。

二、智慧校园环境，助力学校特色发展

智慧学习环境是一种能感知学习情景、识别学习者特征、提供合适的学习资源与便利的互动工具、自动记录学习过程和评测学习成果，以促进学习者有效学习的

学习场所或活动空间。智慧学习环境是普通数字化学习环境的高端形态,是教育技术发展的必然结果。基于智慧校园的教育信息化建设,可以提高学校信息服务的质量与水平,建立一个开放、协作和智能的信息服务平台。

1. 教学特色

黄浦区利用最新的信息技术手段,打造具有学校特色的新型学习生态,形成了众多的信息化应用学习案例。区域技术应用呈现百花齐放的繁荣景象,例如区内格致高级中学的基于"多点触控"技术背景下高中互动课程建设,上海外国语大学附属大境中学的基于 IMMEX 信息技术平台开发的思维课程体系等一批各具特色的学校信息化建设项目,体现了信息技术与学校教育的深度融合,展示了教育信息化建设应用对教育改革和发展的支撑与引领作用。

2. 教育特色

黄浦区注重完善教育信息化服务体系,引入现代信息资源管理模式,推动教育管理和服务的信息化,以期建设人人享有、人人利用、人人贡献的智慧校园。

例如,黄浦区市实验小学基于 8 大核心价值观,研发以教育导向、过程记载、成功激励为主要功能的学生成长平台,使育人过程建立在数字化平台之上,依托现代科技,助力学生成长。

黄浦区巨鹿路第一小学借力云计算信息技术,创建学生数字化发展档案,通过学生、教师和家长共同协作,关注学生成长发展的过程,留下学生的成长足迹,实现学生数字档案的动态呈现,同时实时推送学生的各类成长数据,让家长即时掌握孩子的健康、饮食、阅读、活动、学科学习等各类学习生活信息,打破学校的"围墙",让学生的成长不再有"边界"。

3. 环境特色

黄浦区学校抓住机遇,引进社会资源,利用最新的信息技术手段,打造具有学校特色的学习环境。如上海市商贸旅游学校依托数字校园建设,引入市专项资金,从构建智慧教室起步,创设智慧教学环境,研发智慧学习资源和平台,拓展智慧课堂,建设智慧校园。在基于智慧教室诞生的智慧课堂中,教师的教学方法、学生的学习方法都发生了转变。这种转变不仅在个别的示范公开课中体现,而是渐渐走向日常教学,形成智慧教学"新常态"。学校还连续四年以"信息技术与课程的深度融合"为主题举办信息化教学研讨会和高峰论坛,使智慧校园成为学校改革发展的一大亮点。

三、技术应用双驱动,养成教师学习素养

教育信息化,人才要先行。为了实现教育信息化,需要培养大量掌握信息技术基础知识、具备信息技术应用能力的教育信息化人才。黄浦区是教育部确认的"全国现代教育技术实验区",良好的区域网络环境和学校教育信息化特色发展为教师信息新素养的提升提供了良好的土壤。区教育学院和学校五级培训机制健全,包括初职教师的区级第一年信息技术培训,区级教育学院的职后培训,市级网上教育信息技术能力提升工程培训,校本教育信息化特色项目研训以及中青年教育信息技术骨干教师的资源开发实践和培训。通过外在行政培训推动和教师内在需求自主学习的双驱动,学校有效地培养教师形成教育信息化创新意识和创新能力,积累更丰富的创新教育资源,构建更适宜的创新教学模式,从而更好地指导学生学习创新,实施和推动素质教育。

1. 开发应用软件,激发教师创新意识

黄浦区连续18年组织教师开展教学软件创新制作评比和培训研究活动,推动关于教育技术的教师教学应用的开发和学生电脑作品的制作,积累了大量具有黄浦特色的教学辅助资源。

2. 开发影视资源,丰富校园教育的多样性

黄浦区连续12年组织教师开展校园影视技术作品的研究与开发,把影视技术引入校园,通过各种形式的专家讲座、中心组骨干教师的影视研究和培训,为校园教育教学的多样性提供了优质素材,包括校园宣传、校园专题、校园新闻、校园微电影、微教学、教学情景剧等形式多样的反映黄浦特色的教育教学辅助资源。

3. 学科网络教研平台的深入实践，提供教师研修新途径

黄浦区网络教研平台已成为开展多主体、跨时空、低成本、高效率的网络学习和培训的重要工具，为教师搭建了自我展示、自我管理的教学舞台，为师生创造了学习和交流的新环境。总而言之，常态化的网络教研活动积累了具有黄浦特色的优质教育教学资源。

长宁区：以数据服务为核心，构建智慧型信息化服务体系

十三五期间，长宁区开始发展以数据服务为核心的智慧型服务体系，通过三个"一"工程构建智慧型服务体系的核心骨架。

"一个账号"工程——建设统一认证中心

以长宁教育数据中心为依托，长宁区建设完成了长宁教育统一身份认证中心，能够方便、可靠、安全、高效地实现各类教育应用系统的用户接入，并能与市级身份认证平台相互对接。该认证中心提供全区师生一人一账号，在统一的登录界面要求用户认证、单点登录，进而为集成的应用系统提供访问控制功能，支持各种类型的统一认证。

师生使用自己的个人账号登录认证，就可以无障碍地访问所有区域应用平台，不同账号有不同的权限；该账号还可用于登录区内兄弟学校的 Wi-Fi、登录上海市各大高校的 Wi-Fi，访问高校共享的教育资源。

"一项机制"工程——制定系统建设机制

长宁区制定和完善了信息化系统建设机制,确保系统建设规范化,并能持续为数据中心输送动态业务数据,在三大基础数据库之上形成业务数据库。

首先,全面统一和完善数据标准,包括软件接口标准、基础数据元标准、数据交换格式标准、文档交换格式标准、信息分类编码标准等。其次,规范信息化系统的建设流程,从系统规划设计、立项招标、功能开发到验收维护的每个环节,由区教育信息中心提供全过程跟踪管理与支持,确保系统建设遵循统一的数据交换标准,实现业务系统与数据中心长期、持续的信息交互。

目前,数据中心已与长宁教育行政平台、人事系统、学籍系统、招生系统、管理通系统、GIS系统、微视频系统、卫生系统、师训系统、问卷调查系统、家校共育系统、学业评价系统、安保系统、学生考勤系统、门户网站等平台实现了数据交互,逐步消除了信息孤岛,促进了信息的交换、流通与共享,提高了信息的准确性、时效性,提升了数据质量,为智慧型服务体系的最终形成打造了良好、持续的数据生态环境。

"一个平台"工程——开发数据服务平台

长宁教育着力建设数据服务平台,对数据中心采集的数据进行筛选与过滤,形成数据同步异常报警机制,确保数据的权威与精准,并从应用主体的视角进行处理,将不同来源的各类数据汇总整合,实现用户关联、时间关联、业务关联、逻辑关联,形成数据网络,满足不同用户的需求。数据服务平台实现了与市级平台的数据对接,省去了以往各个部门分别上报的烦琐操作,统一通过平台进行业务和数据的上报汇总。

面向最终用户,平台提供多层次的数据服务。例如,通过抽取与人相关的各类信息,可形成师生个人数据中心与学校数据中心,主要功能包括数据展示、统计查询,并可实现横向同类别比较与纵向时间线比较。再如,平台为家长(学生用户)和学校提供学生体测数据,比较与标准值的偏离度,为相关行政部门提供各校学生体测达标情况的对比数据和逐年变化趋势。

在数据关联、整合的基础上,研发团队尝试对数据进一步加工与挖掘,开展探索性的数据分析工作。例如,通过跟踪近三年来长宁各学段的招生生源情况,分析本区与外区生源流进流出的变化趋势,研发团队尝试为研究长宁教育影响力、教育政策、学校宣传等方面提供数据支持。同时,研发团队还尝试开展数据可视化研究,提升数据服务质量,增强用户体验,以便呈现更直观的数据结果。

深化融合，助力教学——信息技术促进学习方式变革
虹口区教育局

　　虹口区作为教育信息化探索之路的前行者，于 2010 年成为部市合作项目——
"开展数字化课程环境建设和学习方式变革试验"（简称"电子书包"）在全国的唯一
试验地区，总体规划和设计了学校数字化基础环境及教学应用场景。

　　2015 年 9 月，虹口区成为上海市中小学数字教材试验项目首个整体试验区，
目前我区已有 20 所学校参加数字教材试验项目。

　　在区域教育信息化推进过程中，我们发现：信息技术与教育教学存在分割孤
立的局面，亟须从应用环境建设、教师信息能力提升、学生核心素养发展等方面开
展信息技术与学习方式融合的实践工作，以实现"深度融合，助力教学"的整体
目标。

　　一、重构教学应用环境，做好基础保障

　　对于数字教材及信息技术的常态化应用，配套环境是基础。在市教委、区教育
信息化的专项投入下，虹口区率先进行区域环境建设顶层设计：将市级信息化系

统、区级信息化系统、区域教育资源中心、区域教育数据中心、安全运维监控系统及智慧校园进行有效整合,建设教学数据共享机制。

1. 硬件方面

虹口区完成了数字教材试验学校常态化教学配套保障,人手一台终端,随时随地学习。无线网络配置方面,2015 年覆盖 6 所,2016 年再覆盖 6 所,2017 年再覆盖 4 所。终端设备配置方面,2015 年投入 30 台,2016 年再投入 1 485 台,2017 年再投入 1 400 台。多媒体教学设备方面,2015 年投入 30 套,2016 年再投入 57 套,2017 年再投入 45 套。智能化环境教师配置方面,配置数字阅览室 5 间,数字教室 5 间。

2. 软件方面

围绕数字教材这个"纲",基于课堂教学的应用需求,区项目组配套教学信息化平台和学科应用软件,如在线翻转课堂平台等。

3. 运维方面

虹口区构建了适合本区的教育信息化运行维护服务管理 ITSM 外包运维体系,完善教育系统网络信息化运行维护质量评价体系与服务标准,使得整个项目发挥出最大效益。

4. 机制方面

通过制订标准和规范,虹口区有效推进项目的实施和学校信息化建设,制定了《虹口区学校信息化专项评估制度》。通过"自评 + 评审 + 督导调研"相结合的方式,深入推进本区信息化专项督导工作。

二、以数字教材为抓手,促进学科融合,实现流程再造

在以"数字教材"为抓手的区域教育信息化应用方式的引领下,试验学校纷纷进行"前置学习、再造课堂""有效课前预习""调整课堂教学策略"等方面的专项研究,建立了良好的互动教研制度,积累教学应用案例,提炼学科应用特色与推广模

式并取得一定成效。

三、优化教师培训体系，涌现信息技术达人

围绕"电子书包"项目和"数字教材"项目的进行，虹口区打通了现有信息化应用系统和教学主体分割孤立的局面，建设以促进信息技术与教育教学深度融合为目的的师训体系并按体系实施，提升教师的信息技术应用能力。连续三年教师进修学院以"教师信息素养的三层次培训模式的研究与实践"为引导，对全区适龄教师进行了全方位的培训，并对试点学校送教上门，现场解决实际技术问题。

在各类信息化项目影响下，虹口区踊现出一批信息技术达人，我们称之为"玩客"。虹口区为"玩客"们搭建了成长的舞台，组建了"玩客玩课"沙龙，通过新技术学习、项目研究、网络课程创建等，打造了一支能将信息技术与学科深度整合的专家教师团队。"玩客玩课"沙龙中的王杰明等多位数学教师被选拔成为"中英数学教师交流项目"成员，赴英交流和展示中国数学学科教学方法，并参加相应的专业发展工作坊。

在数字教材深入应用下，我区试验学校提交的案例数量和质量均获得较高评价。在"一师一优课、一课一名师"活动、全国教育教学信息化大奖赛等活动中，虹口区近50位教师获奖，在全国平台上交流经验5次，接待了数千人次的参观学习，形成了"进课堂、进学科、学校多样发展、区域均衡发展"的区域教育信息化特色。

以学生成长数据助推区域教育发展转型

闵行区教育局信息中心　康永平

　　2013 年,闵行区启动了基于数据的学校办学绩效评价改革,通过关键性指标的数据反映与相关者的质性评价相结合,将基于学生成长档案的学生成长数据、基于教师专业发展档案的教师专业发展数据、基于业务管理系统的学校管理数据以及委托第三方组织的社会对教育感知度测评数据纳入年度学校办学绩效评估。

　　一、强化融通整合,通过数据流推动管理流程优化

　　1. 建设教育数据中心,打破教育业务间的数据壁垒

　　区教育局于 2010 年建立区教育数据中心,整合了区教育质量分析系统、区图书管理系统、区校外实践管理平台、区运动会报名系统、区体质健康监测平台等十多套业务系统数据。所有教育管理数据汇聚到数据中心后,由数据中心为各业务科室、部门、单位提供数据共享服务。数据中心将相应数据以数据接口方式对外提供服务,相继实现有线电视、个人网上空间、业务平台和个人微信服务等十多项业务应用系统间的数据同步和综合应用。

2. 以学生为"数据线索",记录学生成长轨迹

2012 年,我们提出以学生为主要的"数据线索",构建身心健康、学业进步、个性技能、成长体验四个维度的学生发展主题数据库,并设计了由近百项数据组成的学生电子成长档案数据管理体系。后台通过"学生"这一主体串联起所有教育管理数据,前台则在全区中小学开展学生电子成长档案建设,为全区 16.8 万名学生建立了电子成长档案,形成反映学生成长轨迹的应用载体。

3. 以教师专业需求为导向,构建教师专业发展支持系统

2013 年,我们从职业规划、师德修养、研修经历、教育实践四个维度记录每一位教师的专业发展轨迹,构建了由教师研修网、课堂教学云录播系统、课程管理系统、学业质量分析系统、教师档案管理系统和教师个人空间六大板块组成的教师专业发展支持系统,全面记录教师专业发展轨迹。

二、通过学生成长数据,推动教育服务供给改革

图 1　闵行区学生个人成长空间示例

1. 面向家庭社会，开展学生成长信息服务

教育局积极整合社会资源，先后开发了基于数字电视的学生成长信息公共服务平台、基于网络和手机应用的学生个人成长空间服务，打造基于学生成长数据的综合性应用平台。通过各种载体，家庭可以全面了解孩子学习与生活情况，从而更积极地参与到促进学校办学和学生发展的工作中。

2. 深化数字化教与学实践，促进区域教学变革

区域开展了数字化环境下的教与学的变革实践项目，目前已有95所学校作为项目学校，投入到数字化学习平台的应用、数字化教与学的实践、教学资源的建设与共享。每学期开展的数字化常态课实践超过一万课时，近万名学生采用自带终端的方式参与到数字化学习之中。

3. 开展个性化指导与干预，关注每一个学生个体

区域层面提供的学生成长数据分析，显示了学校在学生全面发展各大维度的具体状况和区域平均水平，帮助学校及时调整、完善办学目标与工作计划。学校对区域提供的学生成长数据如学生近视率、肥胖率、阅读书数量、自主管理参与情况等进行提取与分析，优化学校教育教学管理工作，及时对学生进行个性化指导与干预。

浦东新区示范性高中智慧校园建设

浦东教育发展研究院　周　伟

　　"浦东新区市、区两级示范性高中智慧校园建设项目"以浦东新区 26 所市、区两级示范性高中为试点项目学校,运用物联网、云计算、移动互联网等前沿信息技术手段,把学校里分散的、各自为政的信息化系统和资源整合为一个具有高度感知能力、协同能力和服务能力的有机整体,对学校的科教运作、校园管理和公众服务提供强有力的智能支撑。

　　智慧管理:为管理者提供智慧管理服务
　　智慧校园通过对校园各类信息管理系统、数字化办公系统的集成,实现了系统内部及相互之间各类数据信息的高效管理。
　　一是学校教务智能管理。如:网上选课与自动排课,解决了高考改革后走班制教学带来的相应问题(如图 1 所示);网上阅卷与分析,有效降低考试成本、减轻教师负担、提高阅卷效率、指导教学实践。
　　二是学校校园智能管理。通过本项目的数据集成,将各个应用系统进行整合,

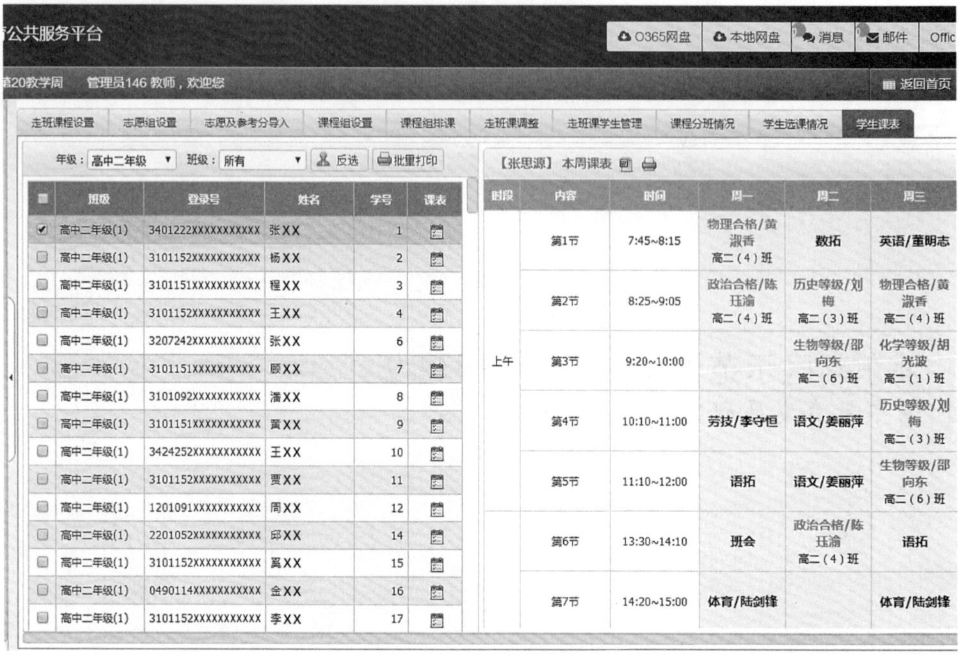

图 1 基于走班制的课表

加上基于物联网的智能门禁、校园一卡通的应用等，实时记录和汇总教师、学生的各类活动，能够较为全面地对教师、学生进行综合评估，为学校制定更有针对性的教育教学决策提供依据（如图 2 所示）。

项目（一级）	项目（二级）	评价结果	评分
遵规守纪	无违规现象	发生三等教育教学过失一次	8.00
工作满量	达到要求工作量	7.00	7.00
考勤记录	大会考勤	大会出勤率达到2/4	2.00
	升旗考勤	升旗出勤率达到2/3	2.00
	坐班考勤	坐班出勤率达到2/3	2.00
完成任务	听课任务	完成听课任务的5/6	5.00
	班主任、年级组长	1.00	1.00
	教学、行政、三长	1.00	1.00
	师训任务	1.00	1.00
	承担额外的临时性任务	有承担额外的临时性任务	1.00
抽查记录	日常教学常规抽查	2.00	8.00
工作态度学部考评	学部自行拟定	8.00	8.00
教学实绩	期中考试质量	7.00	7.00
	期末考试质量	5.00	5.00
学生评价	学生评价	学生评价优秀	5.00

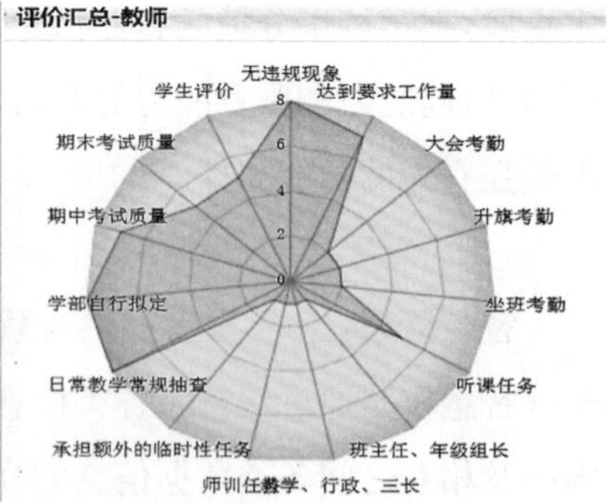

图 2 教师综合评价与分析

智慧教学：为教师提供智慧教学服务

在智慧教学的备课过程中，智能备课系统一方面能实现教学资源的自动化与个性化推送,便于教师获取教学资源;另一方面能帮助教师快捷地加工、集成教学资源,使教师能更高效地进行网络备课。基于智慧教室开展课堂教学,平板电脑、互动白板等的运用使得课堂教学过程中师生互动、生生互动、学生与资源之间互动变得便捷、深入;根据学习者特征,进行快速分组,组织课堂协作学习;自动记录课堂教学过程,便于课后教师开展教学反思与教学研讨。在作业布置与批改环节,智能作业系统能智能推送相关作业试题,对学生的作业进行自动批改与自动分析。在考试与评价环节,借助网络阅卷与学习质量分析系统,教师能全面掌握学生的学习成绩分析数据,开展针对性教学。

在开展智慧教学过程中,教师教学与教研的行为数据、结果数据均被自动采集,形成教师个人专业电子档案。在此基础上进行数据挖掘与分析,能够形成教师个性化教学的诊断建议、教师个人专业发展的指导建议等(如图 3 所示)。

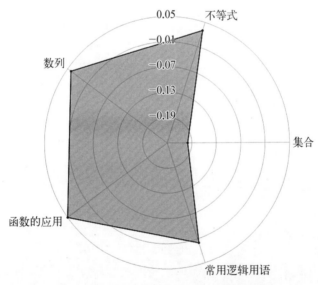

图 3　某中学关于数学知识点掌握情况分析图

智慧学习:为学生提供智慧学习服务

在智慧学习的课前预习过程中,学生可以在学习平台上浏览教学资源,便捷地预习,并在平台上反馈遇到的问题和困惑。课堂上学生的整个学习过程由平台自动记录并智能分析,帮助学生形成自己的学习风格,寻找到适合自己的学习方式,提高学业水平。课后,平台为学生提供了在线作业的方式,智能推送所学知识点的相关试题,检测学生知识掌握情况,并自动将错题汇总整理成学生的个人错题集,将教师讲解的微视频与错题关联,使得学生在校外也可以修正错题,巩固所学。同时,智慧学习还对传统的作业方式进行了优化,学生做完当天的作业之后,可以对照平台上教师发布的答案进行订正,增强对当天所学知识内容的消化吸收效果。

［学生发展］

以数字音乐教学激发学生创新能力

上海中学　陈向蕊　吴越和

　　数字音乐是指用数字格式存储的、可以通过网络来传输的音乐。在如今数字化普及各个领域的时代，数字音乐产业已确立了其重要地位。上海中学率先将数字音乐艺术引进了课堂，于 2001 年开设了"数字音乐制作"课程。其后，上海师范大学、上海音乐学院也纷纷开设了此类课程并成立专业院系。

　　为了更好地指导教学，我们于 2005 年编写了第一版配套教材。随着数字音乐技术的不断发展，也随着课程的不断成熟和经验逐渐积累，我们于 2016 年编写了第二版教材《数字音乐新天地》，并于 2017 年正式出版。教材主要由课前引导、操作演练、拓展练习、课后探究及知识天地五个板块构成。因为课堂时间有限，在课堂上只能"举一"，通过引导，让学生在课后"反三"，比如为周边的超市自动开关门制作标志性音乐，为所在教学楼制作上下课铃声，为艺术节闭幕式创作场间音乐及颁奖音乐，等等。

　　我校数字音乐制作课程不仅在本部和国际部高中段开设，同时也全面辐射到国际部的初中段和小学段。教师可以根据学生年龄层次以及音乐素养的不同，采用不同形式、不同教学内容进行授课。例如，针对小学段学生，我们根据学生的接受和理解能力，开设了 iPad 乐队课，使用 GarageBand 软件让学生组成自己的虚拟乐队。对于初中段的学生，音频处理是我们教学的着重点。这是对专业的数字音乐制作软件 Cubase 的基本运用，其中包括剪辑合成、音频特殊处理等技术的教学。学生可以发挥自己天马行空的想象力，合成制作出一些特殊的声音效果，以满足自己的学习及生活需求，比如，可以自己录制一段生活情境视频并为之配乐，也可以把喜欢的几段音乐合成为一首新的作品。对于高中段的学生，音乐制作和创作是我们教学的着重点。通过使用 Cubase 中的更多高端功能和 MIDI 键盘，学生既可以改编音乐风格，也可以进行原创音乐的制作，能有效提升自我的创新意识和创作能力。除此之外，针对部分音乐基础较好同时也有着更高热情的学生，我们还设置了数字音频采样的教学内容，专门开设了数字录音制作课程，这是对数字音乐更深入的学习和探究。

上海中学数字音乐制作课程还为学生提供了更广阔、更丰富的艺术表现空间。早在 2006 年的艺术节上，我们就将一台文艺演出的音乐录制工作全部分配给选修此课程的学生。学生在课程中屡屡展现出不凡的音乐创造能力。比如，翁同学喜爱歌唱，尤其喜爱阿卡贝拉这种无伴奏组唱的形式，但他苦于找不到其他声部优秀的合作者，后来在课程中学习录音技术后，自己一个人录唱了 5 个声部，通过后期合成处理，完美地制作出了阿卡贝拉的效果。再比如，慧同学一直喜欢创作歌曲，在学习了此课程后，将自己的原创歌曲通过数字录音软件 Pro tools 录制了伴奏，并在 2014 年的上海市原创校园歌曲比赛中斩获金奖。除此之外，在音乐 IB 课程中，每名学生均需提交数字音乐课程的原创作品，这在 IB 考核时占有重要比例；在艺术节中，我们也专门设置了数字音乐制作、创作比赛项目，成为艺术节中的亮点项目。

iThoughts 思维导图在高中人文地理教学中的实践

上海市格致中学　何　刚

iThoughts 思维导图软件是 iOS 平台上优秀的思维导图工具之一,适用于 iPad、iPhone 和 iPod Touch 等,对基于平板电脑的无线网络移动教学,适用性非常强。本文以人口地理的学习为例,介绍基于 iThoughts 思维导图软件的人文地理学习方法。

人口增长和政策的内容是学习高中地理"人口"篇章的基础。对于本节课教师进行了先期设计,主要包括五个方面的教学意图:一是梳理主要知识点,二是确定课堂教学过程中的主要关注点,三是设计课堂实施环节和过程,四是明确课堂指导的主要方法和策略,五是合理处理学生的课堂反馈。上课伊始,教师通过教学管理平台,以思维导图的形式将教学意图发布在网上(如图 1 所示)。

学生登录格致中学课程管理系统,可以预习相关学习内容,并通过留言方式提出小组需要解决的问题。一些简单的问题,教师或学生直接在网上答复即可。有一些重点、难点问题,经过筛选后,可以作为课堂交流讨论的问题。

本节课的课堂教学,主要有五个环节:① 学习主题发布;② 分组分工合作,完

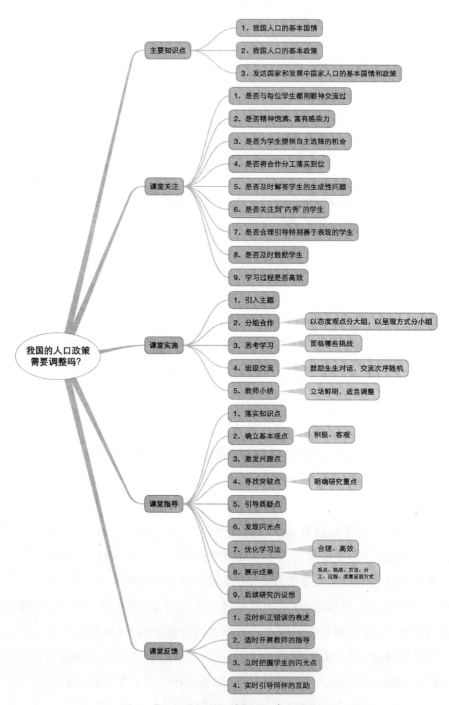

图1 "人口增长和政策"的教学意图展示

成学习任务单;③ 制作围绕学习主题的思维导图;④ 小组交流,发布学习成果;⑤ 小结反思,深化学习主题。由于与现代信息技术的深度融合,在 40 分钟有限的课堂时间里,这五个环节都得以高效实施。

上课伊始,教师发布本节课的学习主题"我国人口政策是否需要调整?",指导学生以小组为单位分工完成任务,时间约为 15 分钟。教师在大屏幕上将发布的任务单定格,并呈现相关要求。教师在学生小组活动的过程中,重点引导学生五个方面的内容(如图 2 所示):一是围绕课堂讨论的核心问题,分享小组观点;二是根据小组观点,谈谈该政策将面临哪些挑战;三是如何应对这些挑战;四是小组交流过程中,需要哪些数据、辅助手段呈现学习过程;五是小结反思,包括感悟分享和后续研究。

学生分组活动期间,4 人需要进行合理分工,如小组协调、资料收集、思维导图制作、交流发布等。此时教师的主要职责是关注学生学习的进程,开放用于主题学习的在线学习资料包,并对呈现方式提供漫画、歌曲、数据图表等素材。虽然交流环节只有 20 分钟,但由于前期准备充分,共有六组学生高效完成全班范围的交流展示,且形式多样,如多媒体展示、对话讨论、自编歌曲演唱、漫画解读、数据分析等。其中三个小组交流的思维导图,包含图表、数据统计、漫画等,都是学生合作学习的成果(如图 3~5 所示)。

在本节课剩余的 5 分钟时间里,师生互动进行小结,把感悟收获、后续研究等通过课程管理平台进行分享和深化,将学习的各种过程性资料及成果及时保存,通过平台提供的信息检索、问题解答与交流等交互功能,实现课堂学习成果的后续延伸。

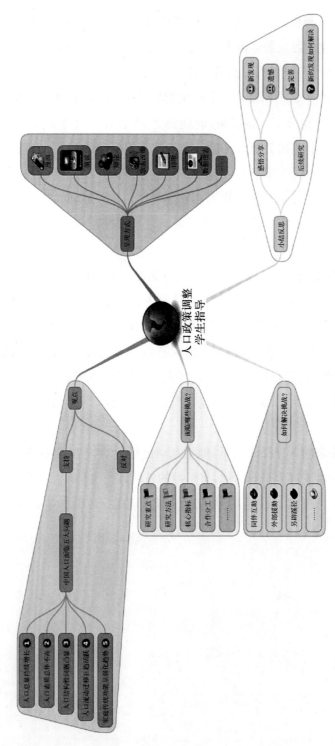

图 2 学生小组活动的五方面内容

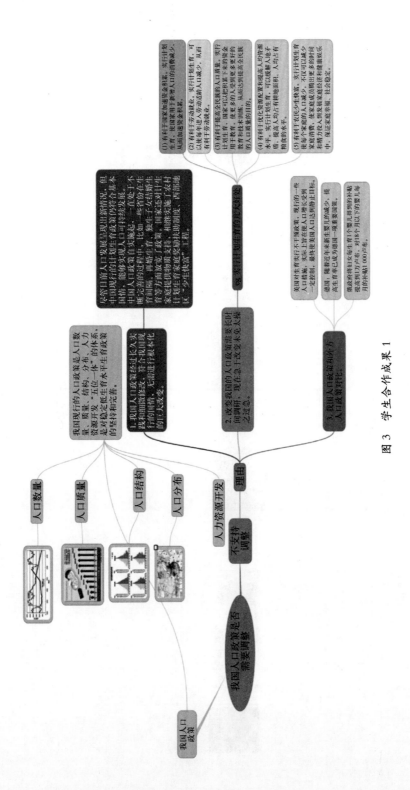

图 3　学生合作成果 1

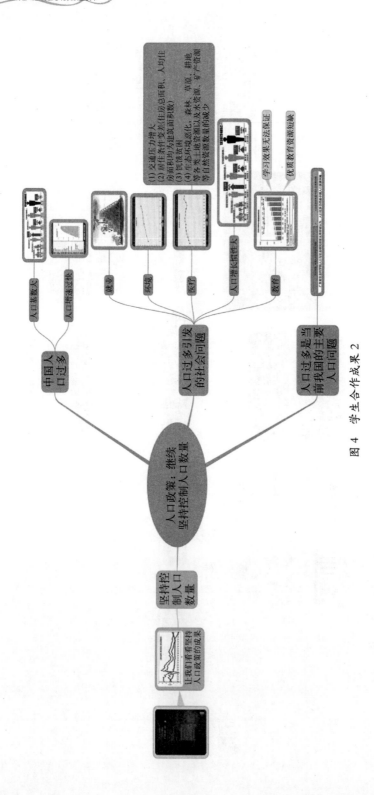

图 4　学生合作成果 2

据统计：中国每年新增"失独家庭"7.6万个。截至2012年，全国范围内的"失独家庭"已超过100万，全国已经有了近200万"失独老人"。

疾病、意外伤亡等事故的发生使一些独生子女父母老无所依。

由于独生子女数量增多，越来越少的父母支持子女从军。

独生子女家庭的养老支持具有唯一性、缺乏回旋的回旋余地。同时，独生子女父母的高龄化也会导致养老需求的加重。

仍有一部分人利用一系列非正当关系超额生育。

由于大多数家庭对于独生子女娇生惯养，致使独生子女难以承受工作压力，社会各岗位缺乏能吃苦耐劳的高素质工作者。

风险问题

服兵役问题

赡养问题

黑户问题

就业问题

独生子女问题

我国人口政策是否需要调整

图 5　学生合作成果 3

地理创新实验室中基于微课的协作学习
上海市仙霞高级中学

作为上海市第二批创新实验室,我校地理信息化互动学习室依托先进的教学设备、多元的学习平台和丰富的信息技术手段,推进了基础型、拓展型和研究型课程的融合实施,为学生实践能力和创新精神的培养,探索出了有效载体和可行方法。其中,每学期1～2次的基于"制作微课"的协作学习,是融信息技术、合作精神、实践创意和作品推介于一体的综合性专题学习,不仅拓展整合了学习内容,还打破了学习时空,并丰富了学生的学习经历,体现了现代信息技术对学习方式转变与学习内涵变革的支撑和促进作用。

以下是学校教师与六年级学生一起,在地理创新实验室①开展的基于微课的协作学习案例。我们选取了"巴西"一课作为学习内容,设立协作问题解决的主题为"保护巴西热带雨林",预期让学生从地理视角出发,在解决巴西热带雨林困境的过程中,了解巴西、认知热带雨林;在制作微课作品过程中,学习作品设计、接触微课制作软件;在学习和作品的评价推介过程中,学会自我诊断和沟通分享。

微课支持的协作问题解决学习模型如图 1 所示，"保护巴西热带雨林"范例的操作流程如图 2 所示。

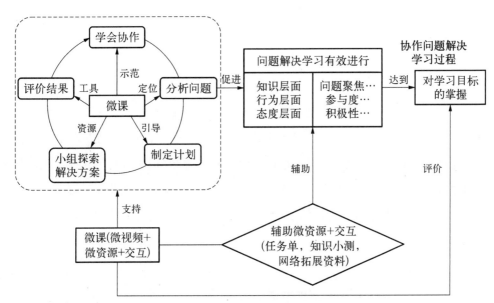

图 1　微课支持的协作问题解决学习模型

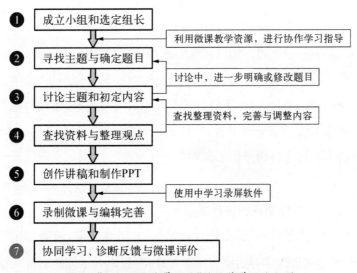

图 2　"保护巴西热带雨林"的协作学习流程图

一、师生共同参与开发"教学微课"

当今的学习,既有学习内容的学习,又有学习方法的学习。在开展"巴西热带雨林保护"主题学习前,教师与部分学生合作创作了三个微课小视频,既用于开展协作学习的导学,又让部分学生有机会率先接触学习内容。第一个小视频,是由教师根据教学目标,立足巴西的地理位置特点,介绍巴西的主要特征,让学生对巴西有整体了解。第二个小视频,是教师与学生私下交谈、合作完成的"巴西狂欢节"微视频,围绕宣传巴西狂欢节主题,将问题解决过程中的每个步骤设计为一个知识点,以"总—分"的关系描述整个问题的解决过程,让学生对问题解决过程的一般流程有感性的认识。第三个小视频,是在学生志愿者的参与下,卡通化演绎小组协作学习过程,通过视频中小组成员间的对话、表情、行为,让学生直观地了解哪些行为在小组协作学习中是值得肯定的,哪些行为是不应该的,从而引导学生对协作学习应如何沟通交流有较好的认识。

二、开展小组协作学习"制作微课"

微课不仅是教师用来教学的学习资源,也是学生把学习成果可视化呈现与传播的重要方式。学生"制作微课"的过程是融团队协作、方案设计、视觉艺术与信息技术于一体的综合性学习过程。其中,分阶段的小组学习任务单(本案例共四个,具体内容略),是引领学生协作解决问题的流程化内容。

对于一个主题下分阶段学习任务单的设计,教师充分利用了"云学习"平台,既作为学习任务的推送平台,也作为研讨学习任务的沟通平台,还作为学习任务完成的过程记录和作品展示的交流平台。以"云学习"平台支撑下的任务单学习,为小组协同学习的学习行为分析提供了无限可能。

三、自我诊断"制作微课的协作学习"

在交流欣赏学生创作的"巴西热带雨林保护"微课之前,教师利用"云学习"平台,引导学生以本次协作学习活动为反思对象,开展以元认知能力和元认知体验为主的自我诊断调查。一些层次水平较低的学生,可以与教师及时沟通,接受个别化元认知指导,以期下次表现更好。

四、利用多元平台交流推介"微课作品"

历时一个多月课内外相结合的自主学习,每个小组终于创作好了"巴西热带雨林保护"的微课作品。

我校地理创新实验室,可以利用现代信息技术环境下多元学习平台的优势,一方面以班级为单位集中开展微课作品的交流欣赏与量化评价活动,并在此基础上组织全班集中欣赏与评价;另一方面利用"地理家园"微信公众号,进行分享推介与网络投票。这种基于多元学习平台交流、展示、评选的综合性学习,对提高学生信息素养、培养社会交往能力、增强团队凝聚力等有着特别的意义。

利用微信公众号实现差异化个性学习，提升数学核心素养
——"跟着老张玩数学"微信公众号

上海市洛川学校　张　华

"跟着老张玩数学"微信公众号由上海市洛川学校数学教师张华于2015年开办，主要针对初中数学学习，利用线上线下教学方式的结合，为三类学生提供个性化学习资源，尝试解决学生在初中数学学习过程中的差异化问题，培养学生的个性化学习能力，提升学生"逻辑推理、数学抽象、数学建模、运算能力、直观想象、数据分析"这六大数学核心素养。

一、为不同学习阶段的学生提供个性化的学习资源

"跟着老张玩数学"为初中4个学年的学生提供丰富的个性化学习资源：为初中起始年级（六、七年级）的学生主要提供富有趣味性的数学题和基础知识点的视频讲解（如图1所示）；为八、九年级这两个即将面临中考的学生提供专题解题指导类的学习文章（如图2所示）。

图 1　六年级的趣味数学题和部分学生完成的作业

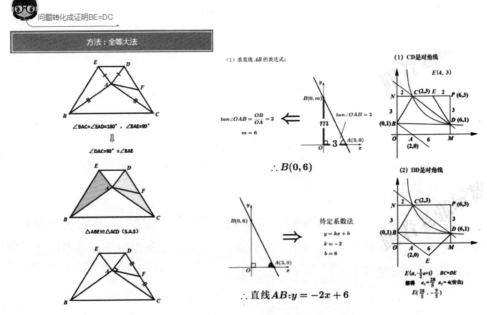

图 2　为九年级学生提供中考几何证明题图解

二、为不同学习程度的学生提供个性化的学习资源

"跟着老张玩数学"尝试为三类不同学习水平的学生提供差异化的学习资源。（如图 3 所示）

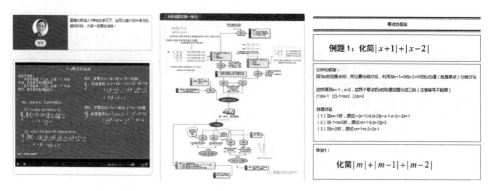

图 3　为三类学生提供的个性化学习资源

1. 数学学习困难的学生

为数学学习困难的学生提供基础知识点的讲解视频,解决这类学生在课堂学习中的疑惑,及时补救这类学生数学学习中的漏洞。

2. 数学学习中等的学生

为数学学习中等的学生提供以单元知识点为基础的知识框架图和专题类的解题指导,为这类学生在宏观层面上建立数学知识网,形成系统的思维方式,实现数学建模,为进一步提升数学核心素养打下扎实的基础。

3. 数学学习优等的学生

为数学学习优等的学生提供进阶训练题,以图形和视频的形式为这类学生提供课内外丰富的拓展性、提高性的学习资源,为这类学生能在数学学习中更上一层楼提供更多的可能性。

三、为不同学习风格的学生提供个性化的学习资源

学生学习的差异原因之一在于学生本身的学习风格不同,具体表现为每个学生个体对不同感官刺激的反应程度不同。"跟着老张玩数学"提供了刺激方式多样化的学习资源(如图 4 所示),让不同学习风格的学生都能最高效地吸收,具体包括:

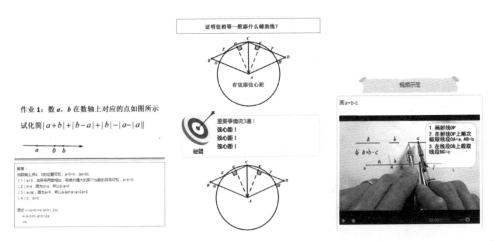

图 4　文字、图像和视频三类学习资源

1. 以文字为主的学习资源

主要形式为文字和数学符号，以精练的语言、高度概括的方式为学生提供专题化的解题指导。

2. 以图形为主的学习资源

这类学习资源主要集中于综合题和几何题，以图像的形式为学生形象直观地展示高度浓缩的解题思路，通过对基础图形的分解、组合、再分解，提升学生数学直观想象能力，同时建立这一类题的解题模型。

3. 以视频为主的学习资源

这是以 6～10 分钟的"微视频"为主要形式的视频资源，学生可以在这些高度精练的视频中以最快的速度掌握基础概念、基础解题方法。

"科技坊"校本课程的数字化实施

曲阳第四小学　袁曼丽

2006 年,我校在"科技坊"课程建设中开始思考如何利用信息技术手段来丰富课程的建设。2010 年,学校接受了国家教育部下达的重点课题"数字化环境建设下的教学变革"的教学研究任务后,我们的探索也有了新的进展。

在数字化环境下,校本课程"科技坊"中原有的"开放""虚实融合"的课程特色,又融入了新的含义。关于"开放",我们借助网络的力量实现校内外优质资源的跨时空共享。关于"虚实融合",我们的目光更关注"网络环境"下教与学的方法变革,以及实现便捷的、长周期的电子化过程性评价。

一、技术助力的行动框架

将信息技术运用于教学,能使课堂跨越时空的阻隔,能为学生个性发展提供海量信息,能让终端自动、快捷地完成学习评价以及分析……这些优势可转化为具体的课程建设的行动,贯穿于整个教学流程,主要表现为四个方面,如图 1 所示。

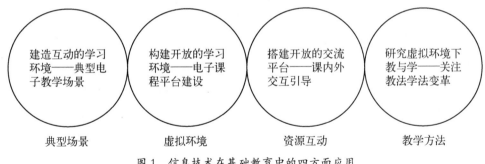

图 1 信息技术在基础教育中的四方面应用

二、技术助力的行动成果

1. 典型场景——互动式大型教学场景

学校建造了开放式科技长廊"梦幻列车"和能互动体验的"中华古船楼",这两个很有特色的大环境为科技教育提供了典型的互动式学习场景。

（1）"梦幻列车"。

"梦幻列车"位于学校一楼走廊，没有封闭的门，全天候向学生开放。之所以称其为"梦幻列车"，是因为我们把长廊连成整体，外形就像一列行驶的列车。

"车厢"共有 5 节，展示现代科学发展成果，引导学生展开梦想的翅膀，追寻未来的科技创新。5 节"车厢"对应 5 个主题，通过声、光、影、音等多种多媒体手段，分别展示了"森林寻梦""火箭追梦""能源圆梦""极地探梦"和"宇宙萦梦"5 个内容。按科技教育分类，这些主题涉及的领域有：生命世界、物质世界、地球宇宙、工具工艺。

每一个主题的呈现都由电脑控制的模型演示和电脑答题两大部分组成。

（2）"中华古船楼"。

以"中华古船"为主线，采用实物模型、图片、文字、多媒体等手段进行展示，学校设计并建设了"中华古船楼"。

一楼"创新实践坊"中"七彩梦"主题墙上摆放有平板电脑，让学生体验各种虚拟实验，还能浏览同学发明的金点子，给同学金点子留言。"船型"发布台上，学生定期发布交流小发明作品，大家在互动分享中让智慧增值。"联动展示幕"通过投影屏幕，用图文介绍获奖作品的发明过程、核心概念。"小发明展示橱"则同步展示发明作品的实物，这样的联动让严肃的发明多了些趣味。

二楼"古船史源舫"中,逼真的船型空间内,只需戴上 3D 眼镜,就可以体验"虚拟航海"的眩晕;在"郑和下西洋"电子沙盘前,轻按平台上的投影按钮,郑和七下西洋的沿途文化、历史事件一览无余。

三楼"古船制作坊"的里间是"中华现代舰船"视听间。当我们在感受体验中华古船的魅力时,也需要激情展望:走进视听间,只需挥动手臂,一艘艘现代航海舰船展现在我们面前,特别引人注目的是中国航母"辽宁舰"。

2. 虚拟环境——电子课程平台的建设

2010 年后,我们深化了电子学案的建设,这是因为电子学案能够呈现音频、视频并能与学生进行交互,因此更能满足学生心理和学习过程的需求。学生在课前,根据学案自己摸索,为上课做好充分准备;课中,学生借助学案中提供的虚拟实验环境或者选用软件,进行个性化探究;课后,学生根据自己实情,在家中利用一个周期进行探究。因此,我们要不断丰富课程平台中的"虚拟环境"。

3. 资源互动——网络交流平台的搭建

有了网络支持,学生的创造力得到了解放。在探究课上,学生因为探究失败,希望了解科学家在同类问题上的探究思路时,QQ 连线把科学家请进了"课堂"。当科学知识的匮乏影响了学生探究的进程,baidu、google 瞬间就把学生带进浩瀚的知识海洋。这样的课堂资源让学生真正按需索取,空间无限巨大。

运用 AR 技术提升学习者兴趣

杨浦区平凉路第三小学

增强现实(AR)技术的情境带入感极强,平凉路第三小学教师利用 AR 技术的特点,在课程设计时融入情景表演、动画人物引领、学习过程的优质视频即时回放、慢放等教学手段,实现现实情境的虚拟化,让学习者走进虚拟的现实,实现情境的体验。

情境带入——将抽象的学习内容可视化、形象化

喜爱表演是孩子的天性,但背诵剧本,尤其是英文剧本,就不是他们喜爱的"功课"了。我们制作了适合小学生学习的 AR 英语剧《海洋馆》《三只小猪》等,开展基于角色扮演的 AR 学习。学生在 AR 环境中扮演不同的角色,不同角色的学生在一个动态的系统中,对交互的内容进行操作。学生们看到自己可以完美地融入美轮美奂的动画中,热情高涨,背诵剧本不再是额外的作业,同伴之间对台词、排练也变得兴趣盎然。AR 技术还让他们克服了上台表演的恐惧,个个都想争取更多上台表演的机会。这样的课程结果是他们不仅在短时间内熟记了英语剧本,还在英语口语和对话能力上都有所提升。

图 1　教学中 AR 技术应用实例 1

增强直觉——提升学习者的存在感、直觉和专注度

AR 技术包含了多媒体、三维建模、实时视频显示及控制、多传感器融合、实时跟踪及注册、场景融合等新技术与新手段。由于学生不需要佩戴任何设备就能体验 AR 技术的魅力，使得教学和学习都充满乐趣，教学和学习效率显著提升。我们制作"森林大派对——室内体育律动舞蹈"软件，运用 AR 技术将学生的现实影像即时融入事先制作好的虚拟场景中。整个课程中，学生们一直沉浸在快乐的学习中。在此基础上，我们编写了 10 套 AR 韵律操，卡通人物、动物"走"入课堂和同学们一起表演、跳舞、锻炼。AR 系统提供即时反馈和动作提示来培养学生的直觉，将学习者、虚拟元素或信息以及某些特性在一个真实环境中融合到一块，给学生带来一种身临其境的感觉。我们还利用 AR 技术制作了"希望风帆"小学广播体操，由动画人物按动作节拍引领学生学习。以往枯燥的广播体操教学在 AR 技术介入后，变得很受欢迎。

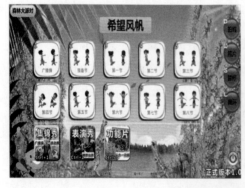

图 2　教学中 AR 技术应用实例 2

即时视频反馈——教学和学习效率更高、教学评价更加客观

利用先进的录屏技术,我们可以实时录制屏幕中显现的增强现实影像,学生的学习过程和成果能即时回放。排练 AR 英语剧时,教师会经常使用录屏回放功能,让学生自己观看刚才表演的视频,和同学一起讨论演出中台词、节奏、表演等方面的问题。这样的评价过程自然、即时、客观,受到学生的欢迎,教学效率也得到大幅度提升。

图 3　教学中 AR 技术应用实例 3

"基于多元体验"的自然学科数字化教材应用与研究

闵行区平南小学　唐祁军

数字化教材能够提供丰富的教学资源,使教材内容的呈现方式多样化,提高学生的学习兴趣。平南小学的自然学科数字化教材资源蓝本,来源于学生课堂所用的纸质教材,即上海科技教育出版社出版的小学自然学科课本,采用 UNITY 3D 进行制作,引入实时 3D 支持,对于宏观世界(如太阳系)和内部世界(如脊椎构造)以及微观世界(如细菌)的知识点进行了突破性的尝试。同时,该数字化教材还将课后练习与测评进行了游戏化尝试,通过配对、连线、拼图等手段大大加强了趣味性与互动性,让学生更有参与和互动欲望。数字化教材最突出的应用莫过于"数据分析"和"数据挖掘",能让教师即时捕捉学生学习动向,调整教学组织,让学习设计由"静"变"动"。

该数字化教材具有以下几个特点:

1. 容量大

数字化教材涵盖纸质课本、活动手册、配套课件、光盘等内容资源。自然学科教学内容丰富,纸质教材简单的文字与图片描述远远不能满足学生对科学万象探究的欲望。在数字化教材资源的建设中,学校整合了教师在教学、学生在学习中需要用到的图片、视频、练习、实验等资源,形成了一本完整的、能为学生的有效学习服务的数字化教材,让教师一看就懂、拿来就能用。

2. 可视化

大量的视频资源让学生亲眼看到实物在自然环境中真实的状态,把"视觉学习"引入课堂,变单一感官的听觉学习为直观丰富的多元体验。教师在讲解的过程中,增加了学生的视觉学习机会,同时利用电子信息技术增强了师生之间及生生之间的"交流"体验。一些原先教师讲不清、讲不明的东西,让学生看了能懂,做了不易忘记。

3. 可交互

拖一拖、点一点、录一录、拍一拍,对于可以触摸、可以使用的电子课本,学生更感兴趣、更有亲切感。四年级的自然课教室里,学生打开平板电脑,点击进入数字化教材,点击"小问号"按钮就能了解更多关键知识点,点击"小三角"按钮能播放微视频,点击"小书本"按钮能进入课堂练习,点击"小烧瓶"按钮则进入微实验。有了这些小按钮,教师的备课时间不仅大幅缩短,学生们自主学习的兴趣也被完全调动起来。

4. 易跟踪

数字化教材后台数据采集功能可以监测到学生观看微视频、观察 3D 数字模型、完成练习的情况,设计、模拟、记录实验操作的停留时间、操作顺序、拖动轨迹、重复次数及正确率等。这些行为数据的采集能用于分析确认学生在探究学习过程中是否朝着课程目标所期望的方向成长,帮助教师制定恰当的教学策略促进学生成长。

嘉定区"互联网＋"教师全渠道培训模式新常态

嘉定区教师进修学院　肖怡波

近年来，嘉定区教师进修学院致力于打造"互联网＋"背景下的教师全渠道培训模式，让培训方式符合教师专业发展的特征，满足受训教师在任何时间、任何地点能以任何方式接受培训的需求，采取"线下＋线上"培训、移动培训、集中和分散培训模式相整合的方式提供培训资源或服务，带给教师无差别的受训体验，逐步提升教师的专业素养。

社群式学习——重构教师的学习路径

2017年3月，嘉定区教师进修学院联合沪江教育科技、蒲公英教育智库等众多优质资源，创设了"互联网＋"见习教师网络社群式学习平台，使教师培训的教与学可以不受时间和空间的限制，知识获取渠道灵活多样；将互联网设备与培训课程相融合，形成"人人、时时、处处"的学习环境；采用"互联网＋"研训教的培训方式，提供了师德、科研、教研的全方位支持，既有通识培训课程（如专家讲座及经典教学案例

分享），又有专业研修（如教师基本技能及德研、教科研活动训练）。（如图 1 所示）

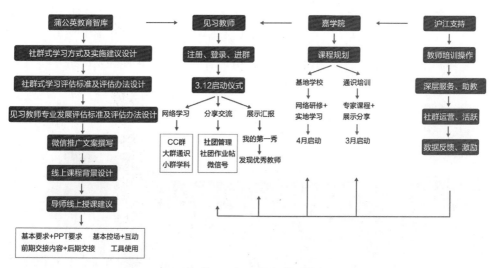

图 1　嘉学院网络社群式学习模式图

嘉定区见习教师规范化培训率先采用"人人为师，网上答辩"的社群式运营方式，鼓励青年教师利用 CCTALK 软件，进入"嘉学院"网络社群，观看网络直播课程，进行线上互动、留言点赞、作业分享。培训实行积分学习制度，如参与直播、课后作业反馈、互动展示及特色评分等都可获得相应积分。（如图 2 所示）

图 2　网络社群式培训学员作业

除了建立一个大群,每月集中组织一次系统通识培训外,我们还建立了 10 个分学科培训的小群。学院组织了一线学科教研员,通过网络直播,带领见习教师开展主题式教学研修活动。教研员在小群中适时引导见习教师开展点评及交流互动,"球赛解说"式的学科主题研修活动让培训者和受训者都能在实时分享中聚焦主题、发现自我、提升自我,如图 3 所示。

图 3　嘉学院网络社群式主题研修

截至 2017 年 6 月,学院共计组织 5 次专题培训,16 场主题研修,2 640 人次参与直播活动,视频播放 4 598 次,论坛作业回帖 1 633 个,论坛阅读人数 8 587 人次。这样的社群式培训学习方式得到了年轻的 90 后教师的普遍认可。

这种培训模式使所有的成员感受到自己和其他成员同属于一个团体,进而增进作为一名社群学习者的归属感与使命感。群内适当的情感交流也有利于凸显学习需求,提升成员的学习兴趣,维持学习者进行培训学习活动的热度。成员也会将自己深度学习的心得再反哺到学科群内,引发新一轮研修。

实地研修——打造项目式研修的新生态

除了线上培训,培训方也可以在线下组织合作项目式的实地研修,以学科教研组的形式来帮助教师分享和交流所学的专业能力,并尝试将这些新技术、新方法运用到自己的课堂教学中，与日常教学有机地整合起来。

嘉定区教师进修学院于 2016 年底依托苹果移动教育技术开设了教学变革力培训班（如图 4 所示），分为幼教、语文、数学、英语、科学、跨学科 6 个班，每班近 30 名一线年轻骨干教师，覆盖全区 16 个数字素养学校，教师 160 多人，历时长达 2 个多月。

图 4　教学变革力培训活动

2017 年 9 月，上海市嘉定区教师进修学院与苹果中国区、科大讯飞、视睿希沃、网龙华渔教育、全通教育、学多多教育、极课信息等企业达成共识，建立起"嘉学院"数字学习培训中心，共建新时代、新技术背景下的教师研修课程；专注于"互联网＋"教育理念下的创新型教育技术，体现"研训教一体"的教师研训特点，帮助教师了解和掌握新的教学工具、教学应用、云课堂平台、创客教育实践课程等，尝试通过"人机补偿"变革传统的备课、上课、作业、辅导、评价的模式，助推教师变身"学习设计师"。

"项目式课程＋教师研修"的高效培训模式开辟了教师专业发展和能力提升的新生态圈。

精准培训——关注教师的个体成长轨迹

上海市嘉定区教师进修学院的嘉学院学习中心即将推出"嘉学院"App，建立资源中心、管理中心、学习中心、评估中心四位一体的教师精准培训平台。通过"专业评估—需求诊断—课程推送—在线学习—教学教研—培训管理—发展评估—教师空间"的区域化教师"在线成长"体系,该平台有助于精确寻找到教师发展的优势与劣势,突破以职称、年龄为主的分类培训,聚焦教师个体的专业发展,按教师职业发展的能力诊断或评估来进行精准分类。同时,该平台还将针对每个学员逐步提供个性化课程推送、资源共享、学习计划制订、学习情况跟踪、发展评估等服务,以期逐步营造"人人皆学、时时能学、处处可学"的学习氛围,提高学习的精准性、针对性和有效性。

基于网络社区的教师协同研修
浦东教育发展研究院　黄　娟

　　浦东于 2009 年开始建设浦东教师研修社区(http://jsyx. pudong-edu. sh. cn),从信息技术引领教师研修方式的变革与创新角度来设计与建设教师网络空间,并由此构建了符合区域特色的四类协同研修模式——网络研修与现场研修协同、区域研修与校本研修协同、区域学科专家与基层教师协同、教师研修各个系统平台的协同,使协同研修真正成为教师专业成长的助推器。

　　浦东新区开展基于网络社区的教师协同研修实践大致经历了三个阶段。

一、初期探索阶段(2004 年 10 月～2005 年 12 月)

　　从 2004 年浦东教育发展研究院成立起,中学数学、中学物理、中学化学、中学地理、中学历史五门学科率先建立学科网站,教研员利用网络让更多教师共享学科教学研究成果。同时,区域建设了教师远程在线培训系统、学科教学资源库、教学视频课例系统、学生学习质量监测分析系统等,开发者基于这些平台完成浦东教育网络研修的初期探索。

二、平台建设与应用探索阶段(2006 年 1 月～2009 年 4 月)

1. 基于区域研修平台的教师研修

浦东教师网络研修平台的设计与开发于 2007 年开始,于 2009 年正式开通。平台提供具体的网络研修功能和场景,初步实现了"备课研讨""观课评课""专题报告""专题研讨"等网络研修形式,为教师的教研、科研、培训和课程改革提供了一个网络支撑环境,如图 1 所示。

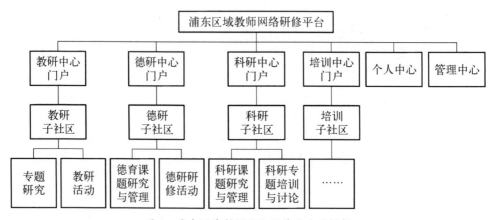

图 1 浦东区域教师网络研修平台的框架

首先在中学化学、地理、历史、物理、语文五门学科进行试点,对协同研修的组织形式、活动模式、资源开发模式、评价模式进行了试验性实践,并且拟定了协同研修系列规则。

2. 基于校本研修与教学一体化平台的教师研修

浦东学校众多,浦东新区根据基层学校实际情况,开发校本教师网络研修与教学一体化平台。该平台把信息技术与学校校本教研、校本培训、教学课例研究、教学资源建设整合起来,支持教师开展工作,在此过程中自动形成专业发展的电子档案袋;通过推送机制,形成了具有校本特色的资源库等功能的一体化应用平台,具有课前备课、课中教学、课后教研、教师管理与评价等功能。平台诞生后,先是在一所学校进行深入的试点应用。

三、深入推进应用与不断创新阶段(2009 年 5 月至今)

从 2009 年开始,随着南汇并入浦东新区,地域广、教师多、分布不均的问题进一步激发了教师的网络研修需求,浦东开始深入推进基于网络社区的教师协同研修。

1. 区域网络研修的全面与深入推进,探索现场研修与网络研修的协同

围绕教师教学中的实际问题,教研员采用主题化课程设计的方法来提高协同研修活动的质量。教研员在开学初进行课程化设计,过程中围绕主题、积累素材,帮助教师解决教学活动中的实际问题,提供教师具体的方法和策略。"网络研修"与"现场研修"间的相互协同,既弥补了现场研修活动中教师难以深入交流的缺陷,也可以最大限度地让教研员知道研修活动的效果。

2. 校本网络研修网络的推广应用,探索校本研修与区域研修的协同

通过校本网络研修平台与区域网络研修平台的整合,实行统一登录,实现教师区域研修与校本研修的协同。在校本研修网络平台试点与完善成熟的基础上,我院把校本研修与教学一体化平台推广到 40 多所学校进行深入应用。我院每月组织平台使用的交流研讨,一方面解决平台使用的问题,另一方面相互学习平台推广使用的经验,定期组织平台推广使用优秀学校的评比。

3. 教师网络协同研修手段与方式的拓展与创新,探索研修平台之间的协同

(1) 开展基于移动终端的教师听课与评课,探索听课与评课新方式。我院从 2010 年开始建设浦东教师课堂教学指导与评价平台,创新教师协同开展听课与评课方式。听课教师手持移动终端进入课堂开展课堂观察与评价,可以利用移动终端实时记录师生互动过程和学生的操作过程,采集评价和诊断教师教学所需的"证据"。平台能即时汇总每个听课教师采集的数据,以便课后开展有"证据"的评课。

(2) 开展基于区域教育云的教师沟通,构建教师在线交流新方式。从 2012 年开始,我院为全区教师构建了统一基于云计算技术的"教师沟通云"平台,创新区域教师沟通方式,整合了全区教师邮件、短信、即时消息、视频会议、视频直播与点播等多种沟通工具,实现了远程视频教研、在线培训、教育资源共享等多种沟通应用

的统一。

多年的应用与实践,浦东新区基于网络社区的协同研修模式取得了一定的成效:打造了协同研修的专业团队及网络空间"人人通",积累了协同研修的丰富资源、活动及课程,形成了区域教师协同研修的主要活动模式和基于网络的资源开发与共享模式,构建了基于网络社区的教师协同研修模式(如图 2 所示),探索了协同研修的运行、评价与管理机制,扩大了协同研修的影响力。

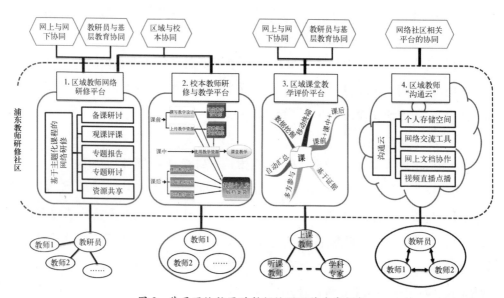

图 2　基于网络社区的教师协同研修内容框架

[学校发展]

以数字化创新实验室促进创新人才培育

上海中学 冯志刚 倪亚德 毛黎莉 程 林

进入 21 世纪以来,上海中学依据自身的办学条件和特点,针对校内高中资优生群体,提出了"聚焦志趣、激发潜能"的办学理念,着力探索国际视野下拔尖创新人才早期培育的新路。通过多年的实践与探索,我们觉得:用数字技术整合的创新实验室已成为我校促进学生"聚焦志趣、激发潜能"的重要平台,是提升学生基于志趣能匹配领域的创新素养培育的切入点和突破口。

用数字技术整合的创新实验室如何构建? 怎样使用?

以我校 2013 年创建的环境工程实验室为例,这个实验室是我校借助华东理工大学的力量构建的,它配备很多数字化设备,包括"PPM 甲醛检测仪""优莱博加热循环器 SE－26""PM2.5 气体测试仪"等。该实验室于 2013 年开始启用,对象是对科技、工程领域感兴趣或有志趣的学生,使用过程中强调与它相关的专门课程的学习、相关课题与项目的研究。我校自 2002 年起开始构建类似目标要求的各领域的创新实验室,目前累计构建了 33 个,包括:激光与光纤、人体医学、病理学等科学类实验室,节能汽车等工程类实验室,数字视频创作等技能类实验室,iPad 音乐教室等艺术类实验室,共四大类型。(如图 1 所示)

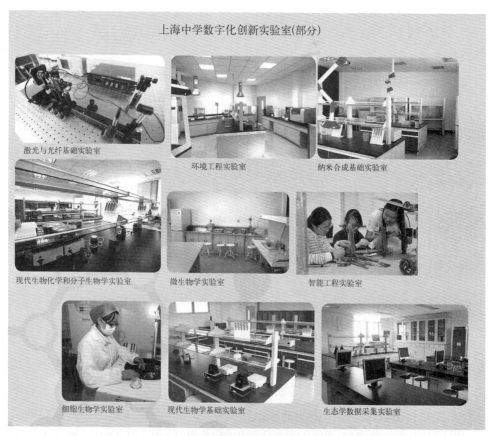

图 1　上海中学部分数字化实验室

为何要建构用数字技术整合的创新实验室?

运用数字技术整合的创新实验室的建构与使用,其关键在于要有与之匹配的专门课程,有课程配套的实验室才能迸发出活力、才有吸引力。没有适合高中生的专门课程去匹配,创新实验室就难以发挥其应有的育人价值。

在设计适用于创新实验室的专门课程时,教师主要应关注三个匹配:第一,专门课程的整体内容应与某个或几个创新实验室匹配。以我校针对科技班学生的化学领域专门课程设计为例,其内容有"从分子到分子组装""从化学的角度看待纳米世界""化学电源的昨天、今天与明天""新能源"等,相匹配的创新实验室有"纳米合成基础实验室""现代仪器分析实验室""现代生物化学和分子生物学实验室"。这是一门专门课程的多个内容点,可与多个创新实验室运用相匹配,学生在方向选择上只需关注其中的一个点。第二,专门课程涉及的数字技术应与创新实验室匹配。以我校针对工程班学生的工程方向专门课程为例,"信号的发射与接收""电机与传感器""机器人程序设计"等数字技术相关的内容,匹配的创新实验室有"自动化控制基础实验室""嵌入式实验室""VEX 机器人实验室"等。第三,基于专门课程学习的课题、项目探究应与创新实验室匹配。创新实验室的建构,为学生开展基于专门课程学习的课题、项目探究提供了良好的平台,学校要善于引导学生基于专门课程学习,提出合适的课题、探究专题,从而与创新实验室的使用匹配。(如图 2所示)

基于专门课程学习的课程、项目举例	匹配的数字化实验室
移动式自适应无线网络中继器	智能工程实验室
一个高放氢突变株的筛选、鉴定和功能机理研究	细胞生物学实验室
改性废弃硅藻土对重金属废水净化效果的研究	环境工程实验室
Windows平台上基于进程的访问控制系统	信息安全实验室
发汞水平与慢性胃炎的关系研究	现代仪器分析实验室
使用吲哚类化合物提高假单胞菌M18的申嗪霉素产量	微生物学实验室
……	……

图 2　学生基于实验室进行的部分研究举隅

以校为本的学生综合素质成长数字化档案系统

上海市格致中学　何　刚

2010年9月起,上海市格致中学开始实施以校为本的学生综合素质成长数字化档案建设,在研究与实践中逐步形成了以校为本的学生综合素质评价与保障体系,建立了数字化校园环境下的学生综合素质评价成长档案平台,并开展了为期多轮、惠及学校全体学生的实践应用,取得了广泛的应用成果。

一、基本形式

学生综合素质成长数字化档案系统,是格致中学数字化校园应用系统中最为重要的子系统之一,其核心模块嵌套在上海市格致中学网站内,是一项基于 Web 与动态数据库的在线交互应用。系统涵盖了对学生"道德操行素养""创新实践素养""健身运动素养""心理心智素养""学习能力素养"五项内容的综合记录与评价。

学生综合素质成长数字化档案系统的使用可分为学生记录和教师认证两个主要环节。首先需要学生用自己的账户登录,从五项评价指标中选择当前要记录的板块,再选择要填写的具体指标项,然后根据系统的提示与引导,选择或输入相应的条目信息。学生记录的每一项评价内容都需要由教师统一核验认证。教师用自己的账号登录系统后,可以查看自己管理的学生们填报的各项记录,然后需逐一对学生记录的信息进行认证。若准确无误,则认证通过;如发现学生填写的记录与客观事实有出入,教师会指导学生修订,学生修订后由教师再次核验认证。

　　每学期结束,学生综合素质成长数字化档案系统会根据内置数学模型,对每一名学生各项指标的记录进行转制与换算,呈现学生综合素质评价结果。(如图 1 所示)

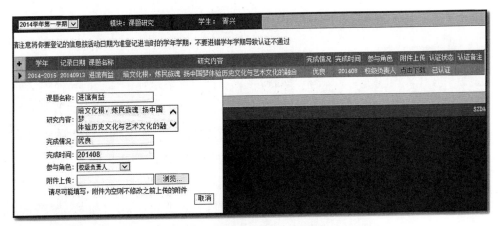

图 1　学生记录综合素质成长档案界面示意图

二、功能特色

1. 跨系统的数据动态同步

　　在学生综合素质评价指标中,"学习能力素养"的评价包含记录学生每一学期各学科校内统一考试的成绩。由于学校已有另一项专门记录汇总学生历次考试成绩的数字化校园应用系统——学生学业数据综合系统,因此在学生综合素质成长数字化档案系统的设计中,加入了跨平台调用数据库的功能,使得学生每一次的考试成绩能够动态同步到学生综合素质成长数字化档案系统的相应记录项中。

2. 评价指标的量化

量化的思想不仅体现在每一项评价指标都有具体的分值,对学生在每一项具

体事务中所承担的分工角色、完成情况、荣誉等第、社会影响等方面也均按照级差设置了对应的权重。（如图2、3所示）

项目	项目满分
┣总得分	1000.00
┣道德操行素养	300.00
┣创新实践素养	100.00
┣健身运动素养	120.00
┣心理心智素养	80.00
┣学习能力素养	400.00

图2　各项评价内容所占分值的总体分布

代码名称	分值
区级以上负责人	0.90
区级以上合作者	0.80
校级负责人	0.70
校级合作者	0.60

图3　学生在活动中承担的角色分工所对应的得分权重

3. "五能雷达图"结果呈现方式

系统通过对学生在各项评价指标中记录的具体信息赋值，换算为具体的总得分，最终以"五能雷达图"的形式向学生呈现。"五能雷达图"形象、直观地展现了学生的综合素养。"五能"评价对学生的发展能起到积极的导向作用，引导学生在发现自己的问题后，根据"五能"评价的要求，积极参与各项活动，以实现全面、均衡的发展。（如图4、5所示）

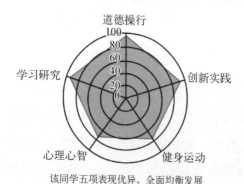

该同学五项表现优异，全面均衡发展

图4　综合素质全面发展的学生的五能雷达图

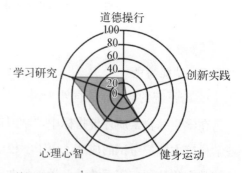

该同学学习研究素养特别突出，但创新实践素养和道德操行素养得分较低，需要引起重视。

图5　学能突出但创新素养有待提高的学生的五能雷达图

学校信息化的本质在于贴合优化工作流程
——市三女初"智慧校园平台"应用案例

上海市三女初信息中心　倪林珏

　　结合"任务单"这一工作传统，我校定制开发了一个集教学、管理与服务为一体的智慧校园平台。在使用过程中，我们切实体会到了信息化带来的便利。

　　一、任务单，统筹有序落实女初工作

　　"任务单"是女初教学工作中的一大特色，多年来沿用至今，无论是开课、运动会、毕业典礼，还是带队外出比赛、交流接待，都以任务单的形式填写递交至综合办，综合办审核协调，分配给执行任务的人员。这个流程中包含了教室预约申请、用车申请、摄影摄像申请等多个模块。我们希望平台在保留原有任务单样式的同时，借助信息化的优势满足以下几点需求：

　　1. 任务单一旦审核通过，第一时间通知到任务执行者，且有确认回复。

　　2. 在执行任务教师的个人日历上，标注出任务，起到当日再提醒的功能。

　　3. 避免纸质任务单产生的任务"撞车事故"。

市面上在售的校园平台很难寻觅到完全符合本校工作流程的，通过定制开发，我们完成了智慧校园平台的搭建工作。

借助新媒体技术，平台与学校官方公众号应用对接，师生用微信登录智慧校园平台后，就会第一时间收到相关的通知通告推送，有任务的教师也会第一时间收到任务单，按"收到通知"的按钮即可确认。（如图1所示）

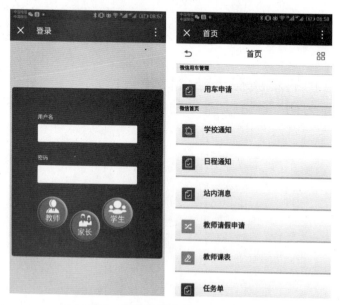

图1　智慧校园平台微信端界面

将教室预约申请和用车申请两个模块内置在任务单模块中，可以很好地规避纸质任务单带来的任务撞车风险，也大大减少了综合办教师以前总要梳理任务核对专用教室使用情况的时间。

将任务单与平台内的日程模块绑定，每位教师登录平台或者手机端就能看到当天需要完成的工作内容。

二、"资料收集"，为学校教学科研工作助力

教学工作一直都是学校的重点工作，相比较以往电子邮箱传送资料，通过定制开发资料收集模块，智慧校园平台实现了一些非常便利的功能。例如，可以按照部门分类建立文件收集库，设立文件的一级审核人、二级审核人；建立常规资料库后，每学期它会自动调整，不需要再新建。

每学期末由教研组长通过平台上传资料,科研处审核,平台可以很方便地统计出未递交者名单。微信的推送功能也会第一时间提醒文件审核人。平台按学期将工作资料有序地保管存档,不再需要使用个人邮箱进行文件中转,更显专业化。

通过资料收集模块,职能部门的资料管理、统计、存档都变得更便捷容易,教师们将撰写的工作文档上传后,也更加方便自己查阅管理。(如图2所示)

资料收集库(部分)　　　　　　　手机微信端收到的审核通知

图2　平台的资料收集功能

三、采购申请,让流程优化,效率提高

采购申请也是智慧校园平台第一批需要定制的模块之一。相比较以往需要层层找人审核签字,现在女初的教师们只需在自己办公桌前,打开电脑填写采购申请,然后就等着通知去领物品了。

应用智慧校园平台后,每一笔学校的支出费用都会通过平台存档记录,进一步规范学校的物品申购流程,实现资金支出有据可循。当领到申请物品后,有一个接收的按钮作为收货确认,也替代了原本的纸质签收单。(如图3所示)

使用智慧校园平台后,教师们明显感受到了平台带来的优势,不仅省去中间的

购物申请界面   手机端审批通知

图 3 平台的采购申请功能

各种跑腿环节,手机端的应用也让审批人无论身处何地都可以第一时间进行审批操作,大大提高了工作的效率。

当然,除了上文提到的任务单、资料收集、采购申请这三大具有我校特色的定制模块外,智慧校园平台上还有许多功能也是按照学校的实际操作流程来设计网上的工作流程的。因为只有这样,才能够让教师用得顺手,真正实现学校的信息化。

融合物联技术　创新一对一数字化学习
闵行区蔷薇小学

2013 年，上海市开始推行中小学电子学生证。最初，电子学生证仅用于图书借阅，然而随着学生证的广泛应用，我们逐渐发现了它的核心闪光点：个人身份、数据采集、人人拥有、数据个性，等等。如果能运用在学习上，是否能有更大空间与作为？

问题一：设备使用的时空限制使一对一数字化学习的深广度有待提升

解决方式：电子学生证＋魔法棒(数据采集器)＋数据平台

一对一数字化学习方式下，教师能快速收集学生反馈，对此我们设计开发了"魔法棒"(一种基于物联技术的数据采集与评价激励工具)，配合各学科采集标准，能高效收集学生课堂表现，并将课堂表现数据同传至学生个人学习平台、教师平台，为课堂教学反馈调整提供决策依据。教师在需要采集数据时，用魔法棒在学生证上轻轻一扫，相应的数据就实时进入各方数据存储空间。在此学习方式下，学生参与率高，课堂兴趣与动力得以提升，课堂学习质量得以改善。尤其是在低年级，

学生的学习动机、学习态度都有了较大的转变。(如图1所示)

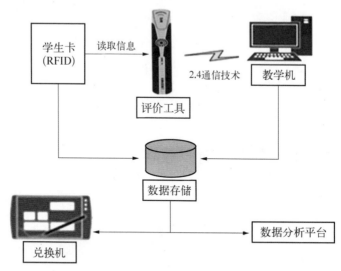

图1 基于物联技术的数据采集及评价激励工具

问题二：学习资源较有限，数字化校本资源待丰富

解决：电子学生证＋手持设备＋易百科平台

"易百科"使用二维码技术作为学习技术支撑。基于二维码技术的多媒体学习模式能够充分利用移动设备的移动性和便携性特征，将多媒体信息和课堂内容整合在一起，缩短独立信息资源之间的空间距离，使学习者在切换媒体信息和课堂内容时，不易受外界干扰，提高学习兴趣，愿意投入更多的时间来开展自主学习。

我们为校园的大部分实物设计了一个身份二维码，学生们只要运用电子学生证，刷卡识别身份，再进行二维码扫描，就可以在校园里学习真实的知识。所有的学习记录都完整地保留在学习平台上。(如图2所示)

问题三：学生个性化成长体验空间有待优化

解决：电子学生证＋心愿兑换系统

我们设计了心愿创建与兑换系统。学生根据学习与行为评价数据换算成的点

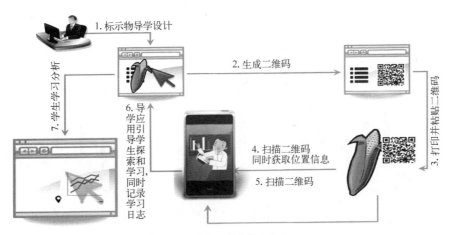

图 2　"易百科"学习方式

币数,在心愿兑换机上刷电子学生证发送心愿、兑换心仪的心愿、评价心愿,这些独一无二的体验又都存储在电子学生证上,为学生的个性化成长留下了印记。在此流程下,依据由学生参与共建的行为规范标准,通过学生的自评、他评,累积学生的评价数据,学生可在特定的平台或机器上使用电子学生证查询已有的评价数据,并在心愿学堂中获得评价激励,由此又进一步激发学生去更好地遵循行为规范。信息技术为我们提供了愈发精准的数据:学生们对心愿活动有明显的选择性,不同年级的学生对心愿活动的选择也有明显的年龄特征,这又进一步促使我们设计更加有针对性的体验活动。(如图 3~5 所示)

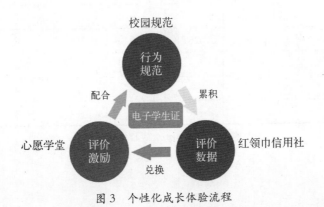

图 3　个性化成长体验流程

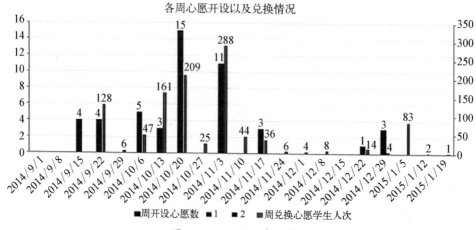

图 4　不同心愿的参与情况

不同心愿各年级的学生兑换人数					
心　愿　名　称	一年级	二年级	三年级	四年级	五年级
蔷薇影院《环游地球八十天》	—	4	12	9	1
蔷薇影院《放牛班的春天》	—	10	14	23	9
女生学堂——冰皮月饼	—	1	3	3	3
蔷薇影院《ET 外星人》	—	61	17	13	29
彩泥课程——植物大战僵尸	—	10	4	4	2
传承民族文化——气球艺术	—	18	4	2	6
蔷薇影院《哈利波特与密室》	17	35	24	24	30
传承民族文化——脸谱艺术	—	20	3	1	6
蔷薇影院《变形金刚》	25	39	11	36	19
App 分享会	—	—	—	6	4
3D 打印课程	—	—	12	4	—
瘦身俱乐部	—	—	—	5	5

图 5　不同年级参与心愿的情况

学校信息化应用真正服务于学校、教师和学生

浦东新区建平实验小学　周　明

2014 年,我们对学校的信息化应用环境动了一次"大手术",废除原有数据信息互不相通的多个系统,重建了基于新框架下的所有应用系统。重建至今,信息化应用已深入人心,各种应用遍地开花。

一、应用框架建设,顶层设计

从信息化建设长远发展考虑,学校信息化建设必须有系统的思考及顶层框架设计。我们在进行信息化革新的最初阶段,首先建立了学校的基础信息库。信息库包括学校、教师、学生、班级、任课等信息,这些信息由学校统一管理,所有后续接入的应用系统必须基于此基础信息库建设。同时,我们建立了所有账号信息的统一认证机制,所有应用系统的认证由该机制统一完成,如学校无线网络接入认证、各种第三方平台的认证等。此外,我们从学校教师、学生、家长和管理的实际需求出发,逐渐评估出适合在学校内推广使用的各种应用。基于以上的思考,最终形成了学校的信息化应用平台框架(如图 1 所示)。

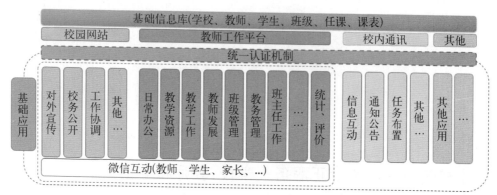

图 1　学校信息化应用框架图

二、常规应用建设,夯实基础

学校教育信息化应该贴近日常的信息化应用,把贯穿于学校日常教育教学工作的信息化基础应用做实、做稳。从学校的办学实际出发,信息化的基础应用需求可从学校的管理、教师的日常工作、教育教学等多方面考虑。

表 1　学校各方面工作的汇总表

日 常 工 作	教 师 工 作	教 师 发 展
● 内部通知	● 学生学业管理	● 心得体会
● 网上报修	● 任课班级通讯录	● 文章发表
● 请假申请	● 任课课表	● 培训学习
● 采购申请	● 日常作业管理	● 荣誉/获奖
● 用车申请	● 拓展课程管理	● 个人发展档案袋
● ……	● ……	● ……

教 学 资 源	班 主 任 工 作	管 理 与 统 计
● 资源搜索	● 学生管理	● 教学资源管理
● 教学设计	● 课表管理	● 各种申请管理及统计
● 教学反思	● 学生请假/复课	● 问卷管理
● 教学资源	● 班级荣誉/获奖	● 作业管理与监控

续　表

教 学 资 源	班 主 任 工 作	管 理 与 统 计
● 课堂实录	● 班级日志管理	● 教师发展档案管理
● 作业设计	● 学生成长档案	● 课程管理
● 听课评课	● ……	● 学业档案管理
● ……		● ……

以上各种应用,兼顾了学校的管理、教师的应用、家校互动及学生的应用,通过对访问权限的控制,实现了对各种数据的有效管理。在建设时,我们将各种应用建设成为一个综合的应用平台,所有操作界面相似,功能分布清晰,提高了系统的可用性。(如图 2 所示)

图 2　学校教师工作平台

三、移动应用建设,推波助澜

移动互联网高速发展,将现有的 Web 应用功能移植到手机端,可以促进相关应用的使用频度。我们采用了在学校微信平台中嵌入应用的方式,既实现了学校微信平台对外发布信息的功能,又实现了学生、教师及家校互动的部分应用功能。

图 3 和图 4 是建平实验小学微信服务号提供给教师和学生的移动应用服务。

教师通过校园网账号进行实名捆绑，学生则通过个人姓名和身份证号码进行实名捆绑，一旦绑定，即可享有相关的应用功能，所有应用功能都与"教师工作平台"的应用进行交互。

图3 学生的移动应用平台展示

图4 教师的移动应用平台展示

从"微信群"到"晓黑板"：用专业工具助家校沟通效率最大化

上海市少云中学

鉴于微信使用的广泛性和便捷性,在接手自己的班级之初,我校许多教师都建立了微信群,家校互动变得更加方便。然而弊端也随之而来,比如:刷屏过度、重要消息被淹没,班级群成员进出难以管理,微信群不停响,教师沦为"24 小时客服",等等。

暑假时,学校举办的培训活动介绍了"晓黑板"这个专注于家校沟通的互联网工具。尝试使用之后,教师们发现它既十分方便家校之间的互动,又能避免使用微信群带来的种种弊端,使得家校之间的沟通效率大大提升。

晓黑板把家校沟通分为四大类,让教师根据需要做选择:单向通知(不需要家长回复意见),调查类(需要家长回复选项来表达意见),讨论类(家长积极参与讨论),私信类(家长与教师的单独沟通)。

晓黑板 App 的页面非常简洁,各类标签对应着相应的功能:① 晓消息。教师发布各类通知,并能确认通知是否到达每位家长。② 晓成长。家长用于记录孩子的成长点滴。③ 晓纸条。教师与家长一对一私聊。④ 晓调查。教师根据教学需要,向家长收集意见,有效收发回执。⑤ 晓讨论。教师按照各种主题,在家长、学生中发起讨论。⑥ 晓活动。家长、学生线上参与各类校园活动。

在使用班级微信群时,群内成员之间形成的是一种基于朋友之间沟通的网状沟通结构,教师的核心角色被弱化。晓黑板则在家校沟通上突出教师的专业性引导,教师与家长之间形成了以教师为中心的星状沟通结构,家校沟通的效果和效率都大大提高。

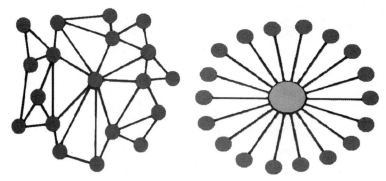

图 1　家校沟通从网状结构变为星状结构

除了用于班主任工作,我校教师还尝试通过晓黑板 App 布置学生回家后完成语音形式的作业、图书阅读打卡等,都取得了良好的效果。

1. 英语语音作业提高学生口语水平

英语的背诵作业,教师往往要跟学生面对面地检查。英语教师用晓黑板的"晓讨论"功能,学生回家后完成背诵并录音上传,教师利用空余时间检查,大大减轻了双方的负担。这种方式还带来了学生口语水平的持续进步。很多家长反映,因为有了"同辈竞争",他们的孩子面对背诵作业不再马虎完事,而是每天都要背好几遍,选择最好的那一遍上传。

2. 语文语音作业提升学习积极性

语文学科需要学生大量拓展课外知识。语文教师利用晓黑板 App 布置学生用语音的形式完成作业。当学生上传自己的语音作业后,班级成员之间还可以相互评论。这种有趣的作业形式让学生对语文的学习兴趣大大提高。

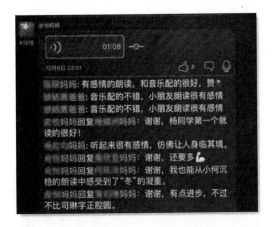

图 2　学生在晓黑板中以语音形式完成语文作业

3. 每日阅读打卡培养孩子良好习惯

还有一位教师利用晓黑板"办活动"的功能,让学生坚持每日"阅读打卡"。一天天坚持下来,学生增长了知识,同时也养成了爱读书的好习惯。

图书在版编目(CIP)数据

深度学习与智能治理:2018上海基础教育信息化发展蓝皮书 / 上海市电化教育馆组织编著. —上海:上海教育出版社,2018.5
ISBN 978-7-5444-8172-4

Ⅰ.①深…　Ⅱ.①上…　Ⅲ.①基础教育—信息化—研究报告—上海—2018　Ⅳ.①G639.2-39

中国版本图书馆CIP数据核字(2018)第081732号

图书策划 张志筠
责任编辑 周　怡　黄　伟
封面设计 陈　芸

深度学习与智能治理
——2018上海基础教育信息化发展蓝皮书
上海市电化教育馆　组织编著

出版发行　上海教育出版社有限公司
官　　网　www.seph.com.cn
地　　址　上海市永福路 123 号
邮　　编　200031
印　　刷　上海龙腾印务有限公司
开　　本　700×1000　1/16　印张 19
字　　数　380 千字
版　　次　2018 年 6 月第 1 版
印　　次　2018 年 6 月第 1 次印刷
书　　号　ISBN 978-7-5444-8172-4/G·6760
定　　价　68.00 元

如发现质量问题,请向本社调换　电话 021-64377165